基督教文化研究丛书

主编 何光沪 高师宁

五编 第**7**册

溺女、育婴与晚清教案研究资料汇编（下）

鲁静如、王宜强 编著

花木兰文化事业有限公司

国家图书馆出版品预行编目资料

溺女、育婴与晚清教案研究资料汇编（下）／鲁静如、王宜强
编著 —— 初版 —— 新北市：花木兰文化事业有限公司，2019〔
民 108 〕
目 2+230 面；19×26 公分
（基督教文化研究丛书　五编　第 7 册）
ISBN 978-986-485-806-4（精装）
1. 基督教史　2. 清代
240.8　　　　　　　　　　　　　　　　108011505

ISBN-978-986-485-806-4

9 789864 858064

基督教文化研究丛书
五编　第七册　　　　　　ISBN：978-986-485-806-4

溺女、育婴与晚清教案研究资料汇编（下）

编　　者　鲁静如、王宜强
主　　编　何光沪　高师宁
执行主编　张　欣
企　　划　北京师范大学基督教文艺研究中心
总 编 辑　杜洁祥
副总编辑　杨嘉乐
编　　辑　许郁翎、王筑、张雅淋　美术编辑　陈逸婷
出　　版　花木兰文化事业有限公司
发 行 人　高小娟
联络地址　台湾 235 新北市中和区中安街七二号十三楼
　　　　　电话：02-2923-1455 ／传真：02-2923-1452
网　　址　http://www.huamulan.tw 信箱 hml810518@gmail.com
印　　刷　普罗文化出版广告事业
初　　版　2019 年 9 月
全书字数　365313 字
定　　价　五编 9 册（精装）台币 20,000 元　　版权所有 请勿翻印

溺女、育婴与晚清教案研究资料汇编（下）

鲁静如、王宜强 编著

目次

第三部分　晚清时期由"虐婴、杀婴"传说引发的著名教案

　　如前文所记，近代中国社会一直持续大量存在溺女（婴）问题，且屡禁不止，并在各地成为风俗。即便在朝廷严厉的连坐法律面前，多数国人也多以事不关己高高挂起的态度或者清官难断家务事的推辞，对自己街坊邻居的溺婴行为视而不见甚至包庇；另一方面，却常常利用溺婴这一借口，攻击教堂、教会机构（如医院）、教士（指宣教士）、教友（多指普通信徒），成为如今所说的"教案"。但在当时的新闻或话语中，这类事件也常被中国人自己称作"闹教"。在清朝以后发生的有卷可查的教案中，"杀害婴儿"是出现频率最高的理由之一。可直到今日，也未有任何一件教案中声称的"残害婴儿"指控被中国官方以任何方式确认，反而是屡屡被朝廷官员以奏折、密折甚至圣旨、圣谕的形式，或者以衙门公开宣判、公开告示等方式，确认为谣传。同时，几乎在每一次教案的背后，都有一些人的身影，正是他们借着谣言、制造事端，一旦乱起便趁火打劫。他们中的多数人所谋取的利益与执政者的总体利益相悖，于是落得被正法的下场。如今，从客观的角度回顾当初发生的一次次教案，固然可以理解为、甚至定义为中国人民为反对外来侵略的努力，并将其一次次失败归结于腐败无能的清政府或民国政府，但在当时的统治者眼中，一次次的教案便是一次次的麻烦和对统治阶级利益的威胁。毕竟，腐败无能也好，廉洁富强也好，或大或小的政府代表，要出面与教案的另一方（多数为外国人员或机构）进行交涉，以实现和平解决。单从《清末教案》中各种书信往来的记载看，曾几何时，总理各国事务的亲王需要同时处理好

几起教案，接阅从下官来的奏折、说明，领受从皇太后、皇帝来的圣旨、圣谕，撰写自己要提交的奏折、要下发的指示，真可谓忙得不亦乐乎。

由杀婴谣言引起的教案中，影响最大的当属 1870 年发生的天津教案：共计 19 名外国人和约 30 名中国信徒被杀，最后以杀人偿命的朴素逻辑，中方处决多人，并将"负有领导责任"的天津知府张光藻和知县刘杰革职并充军发配边疆（黑龙江）。其次当属 1868 年发生的扬州教案：虽然该案没有造成任何西人死亡，但由于涉及英国这位侵华帝国主义团队中的"老大"，且其子民戴德生教士本毫无过错却无辜被冤，其合法租赁的房屋被放火（虽经邻居扑救未酿大火）、妻子和同工被迫跳楼而受重伤，因此也同样被视为性质严重，最后以处罚肇事者（坐监）、罢免当地府县官员、修屋、赔款、邀西人重回扬州并立碑保护结案。遍览国内"主流"资料和观点，对这类案件，多数是出于民族主义或感情，认为是西方列强加腐败（清）政府带给中国人民的羞辱和灾难。与扬州和天津这两起发生在腐败清朝时代的教案相比，发生在民国时代、北伐胜利时期的"福州仁慈堂案"（详见第四部分），则尤其显得中国人冤枉：仅有少数几名西人受轻伤，几间教会机构（包括医院）被破坏、几家教士住家被抢劫，却导致至少 10 人被处决。无奈当时的中国疆界内到处处于动乱之中，似有似无的中华民国政府也好、何应钦的北伐军政府也好，拟成立的临时政府也好，都没能为这些"冤死"的人留下什么只言半语的资料。那之后大约 20 年左右的时间，由于相同的谣言（溺婴、迷拐）而引发的教案还有很多，同样因为动乱的原因，鲜有系统可靠的官方文字资料留存。而比 1927 年早了几乎一个甲子的 1868 年发生的扬州教案和 1870 年的天津教案，则有完备的官方资料在册。中国第一历史档案馆和福建师范大学历史系合编出版的《清末教案》（共六册），对 1842-1911 年发生的教案进行汇总，有些教案的资料非常详尽，既包括中方为主保存的中文文件，如宫廷和官员就教案处理等来往的谕旨、奏折和各种附件材料（第一、二、三、五册），也包括外方如法国国会（第四册）、英国议会（第六册）保存的就相关事件的信件、记录等，都属于国家级资料，可靠性不容置疑。虽然对于同样的一个事件可能有不同的解读，但至少需要本着对事实的尊重。我们将其中部分档案抄录如下，以期读者对扬州教案、天津教案的来龙去脉有个大概了解。

对比这些前后跨越多半个世纪相似的案件，忽然悲从中来：中国固然有数百年溺婴的恶俗，而且人人皆亲见之；但"教堂杀婴"这样的谣言幽灵何以肆虐在中国人心中近百年并激起无数教案、反过来又给中国人自己背上沉重的政治、经济和情感负担？因为资讯不发达么？不！天津教案发生后三天，山东德州、烟台都有人接到友人信件，广州也有人不久后就知晓了天津事件的大致经过或原因。因为政府没有尽到教育百姓的责任？不！当时的清政府，也屡屡叮嘱各地的各级行政官员通过告示等方式，提醒民众不要造谣、信谣、传谣，更不要因此轻举妄动、攻击洋人。为此，我们试图稍微详尽地回顾扬州和天津这两件由"溺女（婴）问题"引起的教案资料中，较多涉及原因分析的案卷，希冀可以帮助现代的我们更清晰地了解历史。虽然当今的中国，不再有屈辱的不平等条约，但由谣言促成的各种混乱及其带来的伤害仍时常进入视野。以真实的历史为鉴，才会起到长鸣警钟的作用。为此我们将两次教案相关的官方历史资料，摘录如下。同时，也将《申报》自 1872 年创刊以来报道的部分教案或对该类教案所做的分析做一汇总。

第一章 曾国藩与扬州教案、天津教案

1868 年，扬州人民因为"看到"（更准确地说法应该是"听说"或"猜想到"）法国天主教传教士金缄三设于扬州的育婴堂"虐死中国婴儿四十多口并挖眼剖腹"，愤怒的情绪最终于 8 月 22 日爆发。成千上万人手拿刀棒和砖块，包围了由英国耶稣教宣教士戴德生及其同工的寓所，抢劫财物、殴打众人，甚至放火烧屋。传教士及眷属和同在一起的中国信徒被迫跳楼逃生，火则被邻居们扑灭。戴德生设法找到当时处于两难境界的县令寻求保护，后者于第二天下午看到洋人再次面临愤怒人潮的攻击时，雇来轿子把传教士护送出扬州城的南门，让他们逃往镇江。当地人的愤怒固然宣泄了，对这一事件的处理，则落到政府的头上。时任两江总督的曾国藩开始代表清政府与英方协商，在找不到戴德生等人任何过错的情况下[1]，也是在英军 4 艘军舰游弋南京长江水域的强大压力下，11 月 9 日，已经确定赴京任直隶总督的曾国藩和新任两江总督马新贻接受英方的要求：罢免扬州地方官，发表公告并赔偿损失。11 月 19 日达成协议大致如下：3 名为首滋事的百姓中，刘春（当时为首抢劫女眷者）和张锦春，按大清律，以阴谋纵火罪判处两个月枷禁与三等流放（即到最近的边疆为军奴）；而武秀才葛标因戴德生等否认他是为首作乱的主犯，而"暂行具保释放"（杨朝全，"档案里的扬州教案"，《档案与建设》，2003 年

---

[1] 关于育婴堂的传闻，事后曾国藩的评语可谓客观公允："婴孩死伤虽多，并无挖眼挖心等弊；是医生与乳妈之咎，并无教士之过；育婴乃法国教堂之事，尤非英国教士之过。如此数语，则扬州百姓之疑可释，而戴教士之冤可伸矣。"（中国第一历史档案馆、福建师范大学历史系合编，《清末教案·第六册：英国议会文件选译》，2006 年初版，中华书局）。

10月期）。后来，经进一步梳理，之前未到案的葛寿春被判定为首犯，刘春等则按从犯处理并且被减刑。案发后为确定损失情况，戴德生曾经列过一张"损失清单"：7名传教士共损失1131元，其中医用仪器和书籍占了近三分之一，房屋修理费仅估算为70元，同住的17名成年华人损失438元，另丢失43元现洋，共计1612元，按当时洋元与白银的汇率合算为白银1128两4钱整。当时戴德生预付给华人教师和仆人的200元补偿费、疗伤休养（当时怀孕6个月的戴德生夫人在暴乱中跳楼逃生时摔断腿，另有多人受伤）、以及过渡期间在镇江租屋的相关费用，都未计算在内。后来在确定中方赔偿金额时，英方处理该案的外交官、英国驻沪领事麦华佗直接在戴德生的损失清单金额基础上，将金额凑成2000两，说多出的八百多两白银作为传教士及家属的医疗费。解决方案确定后，麦华陀带领两艘军舰和300名士兵来到扬州，受到款待。11月28日，双方正式议结扬州教案：除惩罚肇事者、赔偿教会损失、修复被毁的住宅外，为避免再次发生类似事件，在戴德生租住的住所门前立碑，碑刻内容："案照此屋现系英民戴德生禀明领事暨地方官，准令租赁居住，一切闲杂人等，毋许进内滋扰。如违拿究。凛之。特示"，邀请传教士返回扬州[2]。如果说这样的结局对扬州人民来说虽然是一种羞辱、但也早有预料的话，后来的结果则显然出于扬州人自己的想象：案发之后经过近半年的调查确定，当

2　对于当年发生的类似中外冲突的处理，后来或如今的人们总爱冠以中方官员卑躬屈膝、卖国求荣。实际上，当年的那些官员可能并没有我们想象的那样毫无铁骨。虽然在扬州教案的处理过程中，对失职地方官进行撤查，对西教士的损失进行赔偿，但为了维持朝廷的体面，曾国藩等人对于英方"查办幕后士绅"和"示谕勒石"这两项，始终据理力争、坚持拒绝。他的理由是："传教载于条约，乃奉旨通行之事，何必刻碑"（《清末教案》第六册"扬州府袭击英国新教传教士往来文件"一章中所录"曾国藩总督致麦华佗领事文"（1868年10月8日），第61页）。但英方认为，并非所有当地人都知晓条约的内容，更无从了解国际法的原则，将无形、遥远的法例，化作肉眼可见的"勒石刻碑"，对防止类似事件发生，更加可行。也许是因为后期曾国藩的离任，最终达成的折中办法是，碑可立，但告示内容从简从泛。作为对比，麦华佗起初提出的碑文版本则是："查传教系条约所载，至入教与否，仍听各人之便，并不相强，合行出示晓谕。为此，示仰知悉，自示之后，各该处军民人等，务须恪守钦定条约，毋得滋扰教堂，借端生事，遇有来往洋人，亦不得肆行无礼。倘敢故违，绝不姑宽。凛之。特示。"（《清末教案》第六册"扬州府袭击英国新教传教士往来文件"一章中所录马新贻、曾国藩、丁日昌联名告示，第84页；可比较麦华佗于1868年11月9日与曾、丁二人所拟具的布告草稿，第82页。

日带领会考学生和群众发起这场运动的领袖——"秀才葛寿春"竟是一位长期患有精神病、人称"葛疯癫"、"神志显然不健全"的71岁老人，他本人对煽动民众的反教排外情绪供认不讳。更意外的是，他从未真的考取过秀才的功名，也就是说，民众拥为领袖的人，其实是个假秀才。

扬州教案后事料理期间，曾国藩把摊子留给了马新贻，自己则升任直隶总督。所以扬州教案处理结果带给中国人民的"伤害"，并没有怪在曾国藩头上。话说福兮祸所伏，这话正应验在曾总督头上。他到任京城不到两年，1870年6月21日，天津发生了堪称扬州教案升级版的天津教案。几乎出于同样的流言（天主教堂虐杀中国婴儿），在沟通中被霸道的法国领事激怒的天津人民奋起：焚烧了望海楼天主教教堂、育婴堂和法国领事馆，以及当地英美传教士开办的其他4座基督教堂，并杀死法国领事丰大业及其秘书西门、10名修女、2名神父、2名法国领事馆人员、2名法国侨民、3名俄国侨民和30多名中国信徒。曾国藩奉命前往天津料理后事，在求和的心态中，在法国的要求下，最后本着"一命抵一命"（李鸿章语）的原则，决定最后处死为首杀人者18人、充军流放25人，包括将天津知府张光藻和知县刘杰革职并充军发配到黑龙江，赔偿外国人的损失46万两银，并由崇厚派使团至法国道歉。

事后有分析称，天津教案发生后不久的7月19日，法国开始与德国的战争（即著名的"普法战争"），无暇顾及天津教案，否则按照当时中外各方面地位的对比，以及教案本身的严重性和复杂性（涉及法、英、俄三国人员伤亡和多国财产损失，当时即有七国使者联合向中国政府施压），中国为天津教案所付出的代价可能会更沉重。按照当时协议，时任三口通商大臣崇厚作为专使于1870年10月28日由上海起程，前往欧洲向法国道歉，以示与法国"实心和好"。抵达马赛时，普法战争正酣，法国政府无暇此事。直到1871年11月23日，才得到法国第三共和国首任总统梯也尔接见。崇厚把同治帝的道歉书呈递，并希望法国对中方惩凶与赔款感到满意，梯也尔回答："法国所要的，并非（中国人的）头颅，而是秩序的维持与条约的信守。"1897年，望海楼天主堂在空置了20多年之后被重建起来，1900年又在庚子之乱中第二次被烧毁。1903年用庚子赔款第二次重建。

第二章　扬州教案相关资料

关于扬州教案的发生背景，2017 年 8 月 17 日的"百度百科"如此介绍："清同治七年（1868），扬州发生过一起教案。先是法国天主教传教士金缄三于扬州设育婴堂，不时有教堂残害婴儿的消息传出，后又听说被虐死的婴儿有四十多口，引起扬州人的极大不满。这时又有英国传教士戴德生来扬州强行租赁房屋，开设教堂，遂激起民众的公愤"。2003 年 10 月出版的《档案与建设》杂志刊登了中共扬州市委党校杨朝全的一篇题为《档案里的扬州教案》的短文，是同样的基调。但并非所有人都认同这样的论调，特别是在如今各种资料逐渐公开、信息获取更加方便的二十一世纪。在 2008 年基督教界纪念扬州教案 140 周年时，《教会》杂志发表了题为"请你来当陪审员"的文章（作者亦文），针对上述文章中的说法逐一辩驳。我们无意全文照录亦文的辩驳全文，但为便于读者在对比中得出自己的结论，将亦文总结的杨朝全文章的主要论点抄录如下："1866 年（天主教）传教士……不顾扬州知府'不准私相租赁'的禁令，偷偷……租屋建教堂。……1868 年，英国基督新教传教士戴德生也在琼花观巷口强赁楼屋传教。扬州民众对传教士无视官府禁令的恶劣行径早有所闻，均持极其厌恶的态度。……8 月 22 日……各县考生……在秀才葛寿春的带领下……在傍晚时分赶到戴德生住处。愤怒的群众撞开街门，推倒墙垣，用砖石将门窗砸坏，拆毁家具，焚烧传教书籍。戴德生见势不妙，乘黑暗从后门逃出，直奔扬州府衙。知府孙恩寿立即会同江都、甘泉二县令，带领兵丁，亲往弹压，将百姓驱散。次日，又有百姓到戴德生处示威，孙恩寿考虑'百姓既动公愤，传教事一时势难举行'，便将教堂所有洋人雇船送至镇江。事发后，英国驻沪领事麦华佗……向两江总督曾国藩提出申诉……（并）乘英国兵船赶到扬州，提出赔偿损失、惩办凶犯、出示申明教士权利等条件……在英国武力威慑下，此案完全按英方的要求解决。"

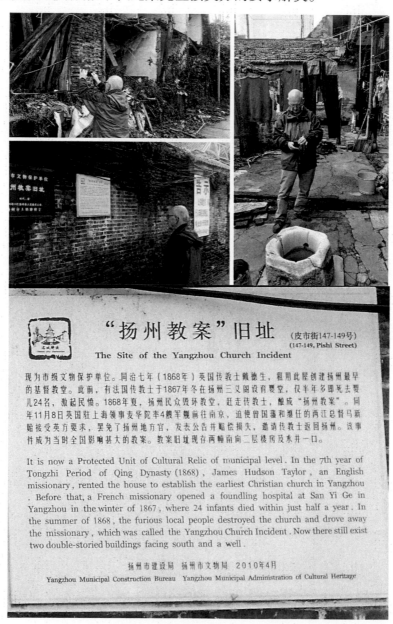

图 一位剑桥大学毕业的英国专家，在扬州教案旧址前驻足凭吊（王宜强摄于 2016 年 10 月）。当年内地会派往中国的宣教士中有七位是剑桥大学毕业生，后被称作"剑桥七杰"，戴德生是其中之一。

虽然"百度百科"并非严谨的学术资料，但很大程度上反映了普通人对事件的理解或了解。上述关于杨朝全文章中所述"英国传教士戴德生来扬州强行租赁房屋……在英国武力威慑下，此案完全按英方的要求解决"等等，其实都与官方在案的资料不符。但这样与事实不符的认知、带有偏见的论调，其实也正是当年引发各种教案的因素之一，不可等闲视之。

本书摘抄、编录的关于扬州教案（以及下一章中"天津教案"）的主要资料，均来自《清末教案》（中国第一历史档案馆和福建师范大学历史系合编，中华书局出版，2006 年）之第一和第六册，在本书中的次序略行调整，但未作任何影响完整性和真实性的修改。扬州教案发生后，时任英国驻华大使阿礼国先后数次向中方提交照会，中方负责该类事务的为恭亲王奕䜣。从二人之间的照会往来可以看出国与国之间处理问题时复杂的考虑。

此处涉及的主要人员与身份：

戴德生：Hudson Taylor，英国内地会派驻扬州的宣教士

麦华陀：Walter Henry Medhurst，英国驻江沪地区领事

斯坦利：Edward Henry Smith Stanley 伯爵，英国外交大臣

阿礼国：Rutherford Alcock，英国驻华大使

佛礼赐：R.J. Forrest，代理副领事

阿林格：Clement F.R. Allen，麦华陀的助理

曾国藩：两江总督大臣

蔡：常（州）镇（江）道台

孙恩寿：扬州知府

甘泉：扬州县令

一、早期就扬州教案的报告及信件

（一）扬州教案主要当事人戴得生教士就事件来龙去脉之报告

扬州事件（8 月 22-23 日）发生后，时任英国驻江沪地区领事的麦华陀即于 1868 年 8 月 27 日写信致阿礼国爵士，同时抄送给时任英国外交大臣斯坦利伯爵，简报"在镇江以北约 12 英里的扬州府，发生一件对居住该地英国传教士的人身与财产极为严重的暴行……据称，以一些科场生员为首的暴徒袭击并焚毁了传教士家属的住宅；事件突然发生而且来势凶恶；儿童与妇女们不得不由窗口跳出以保全生命；一男传教士的眼珠被打出；这批传教士的全

部人员都受到轻重不同的伤害。据传，事故发生之前，十余日来，屡有扬言将袭击传教士者，而当地官员未予注意亦未作任何防范以避免损害，直至传教士们实际上已被逐出方派人护送他们去镇江。我拟立即前往镇江，并已请南京总督委派一相当地位的官员与我在镇江会合，以便同往扬州，对此案进行正式调查。以后情况当随时具报"。

稍后，麦华陀分别于 8 月 31 日和 9 月 3 日，先后向阿礼国提交了较全面的报告，由代理副领事佛礼赐寄送给斯坦利【9 月 8 日寄出，11 月 1 日收到】，同时附上了戴德生提供的详细事件报告【附件 1】、扬州府事后张贴的告示【本书略】、扬州居民蒋元给其在上海的朋友写的关于扬州事件的过程【本书略】、丹徒王就戴德生合法租住扬州住房所出具的告示【本书略】，以及曾国藩总督就此事给麦华陀的信以后麦华陀的回复。现分别抄录如下【来自《晚清教案》第六册第 3-17 页】：

麦华陀领事致阿礼国爵士信件正文

镇江，1868 年 8 月 31 日

先生：

前于本月 27 日呈文中，我曾报告我拟即赴镇江，就距镇江不远之一大城——扬州——发生对居住该地的英国传教士伤及人身与财产的严重暴行一案调查实际情况；并申陈我已请南京总督委派一官员与我在此会合，以协助我调查。

我已于昨晚到达此地，今日早晨我已详细询问了传教士们在此事件中他们的处境与遭遇。兹附上教士们当我面宣誓签证的声明副本【附件 1】，其内容足以使阁下了解本案的全部事实。

我认为从此声明中可以得出以下几项重要的推论：

（1）传教士们遭遇之袭击完全不是他们引起的；

（2）事件是由一些生员与绅士的煽动而爆发的；

（3）暴行很明显是事先策划并有充分时间来执行；

（4）尽管传教士们曾提出可能将发生骚动的预告，并多次有礼貌地请求保护，然而地方当局未采取任何措施以防范或制止骚动；

（5）实际上地方当局一面听任暴徒恣意嚣张，一面对传教士勉强给予保护，但又威吓这些受害者说，除非他们自愿写下供词，说明此次袭击为一简单的骚动，俾使参与者仅受枷禁而已，否则，就听任事态的发展。

（6）从事件发生时起，地方官员对暴徒头目的行为，一直未表示不满。

鉴于这些事实给予本案如此严重的性质，我遂决定亲自赴扬州，不管总督委派的官员是否到场，尽力谋取对已知的有关暴徒，给予适当的惩处，对受害人给予合理赔偿，并力促官方发出布告，借以保证传教士将来不受干扰。如我不能达到上述目的，我拟将全案向曾国藩总督本人提出交涉；倘若这样，我将要求将知府、知县降职惩办。

以上是我自己想提出的计划。我已将此项计划函告女王陛下驻华最高海军军官并随函送去传教士宣誓签证的声明副本。我深信无疑他会认为有必要出面支持我的行动，并与我合作。我相信对于我处理此案的经过，会得到阁下的认可。

我高兴地报告，在接到传教士们遭遇危险的报道时，助理阿林格先生立即奋力支持了他们，并对地方当局胆怯无能的行径提出了抗议。地方当局企图免受直接的责备，向阿林格先生出示了一份刚发布的布告，并保证被毁的房屋已在修理中，所有罪犯应予惩罚。但他看到了他们没有诚意实现他们的保证，而他又无权作进一步的表示，于是回到了镇江。兹附奉上述布告的译文，从中可以看出对此事件之处理是何等的马虎。我已对阿林格先生的行为表示了我的赞许。

另外，我荣幸地附上一份涉及此案饶有兴趣之文件的译文。它是一个扬州居民写给他的上海友人的信，原无意让外国人阅看，奇怪的是此文件竟证实戴德生先生声明中所述的某些文人为此次袭击的煽动者，而且他们对地方官之反对洋人具有相当影响。

麦华陀

附件 1　扬州教士宣誓作证之声明书

1868 年 8 月 31 日，中华内地会教士戴德生、童跟福、路惠理及李爱恩等在镇江领事馆，当着我--女王陛下驻上海领事麦华陀--之面，集体并单独宣誓、签字作证：下列在扬州对他们和他们的家庭所施的暴行的详情，就他们所知并所信的完全属实。

戴德生 James Hudson Taylor

童跟福 George Duncan

路惠理 William Rudland

李爱恩 Reid Henry

关于 1868 年 8 月 22-23 日在扬州府发生对中华内地会的暴行真相的声明书

约两周以前，我得悉一些文武秀才曾集会，决定用谣言煽动百姓将我们逐出扬州。我曾尽力使报信之人，即以前帮助过我们租赁房屋的中人之一，从恐惧中安静下来，但从那时起，我们就经常受到干扰，并有时受到石块向窗户及窗内掷入的危害。我们竭力防止骚动，静静地修理房屋损害之处，指望息事宁人。

不久，手抄的匿名小字帖张贴了出来，老百姓开始喧闹，然由于我们的耐心劝告，成功地制止了扰害。后因小字帖不足为害，又贴出长达几乎三英尺的大字帖，称我们为耶稣教匪并诬蔑我们挖取死人的眼睛；开设育婴堂是为食小儿肉，与剖开孕妇之腹用胎儿制药等等。虽然我们站在住宅门口与聚集的百姓整日辩解，避免了一场暴动，我感到有责任函告知府，请他采取他认为必要的措施。8 月 14 日星期五，我去信并附上一张匿名的揭帖，信文如下【该信文在《清末教案》丛书中录在第一册第 611-616 页 "411. 英使阿礼国为扬州教士受扰请即查办事致奕诉照会" 部分】：

<u>内地会督理戴德生致扬州知府孙（恩寿）信：</u>
同治七年六月二十六日（1868 年 8 月 14 日）
督理内地会愚弟戴德生奉申府宪孙大人台座。

前外日蒙赐谕示一张，感情不已。弟由来俗虑萦心，常时生病，至今未痊，故未趋辕作谢，欠礼之甚，祈恕祈恕。兹予月初在治琼花观巷口租屋一所；今在修饰，屡有无知百姓及兵勇人等抗示不遵，逐日来屋游玩，大为不逊。闻有擅自登楼者，不顾人有内眷，入室闯走，毫无避忌。弟曾着人与伊等理说，皆不能禁。今又有人捏造谣言多端毁谤，且用黄纸大书，四方遍贴，意欲使人周知。倘愚人信以为真，邀集多人，滋生事端，如何是好。今将谣言词语抄粘呈电。所修芜禀无别，仰求公祖大人设法弹压，杜其私意，遏其流言，庶可相安无事。似此若不严禁，必要大受其害。因此预申案前，再扰清听，祈赐回示，并请勋安不尽。

次日即 8 月 15 日，星期六，我们收到了<u>孙知府答复如下</u>：
同治七年六月二十七日（1868 年 8 月 15 日）
顷接来函，得悉一切。扬城人情浮动，由来已久，贵处租屋一节，曾否报明该管县中未经声叙。扬州百姓人本多杂，且好生事，地方官只能出示谕禁，势不能执人人而止之也。既据函知，候即饬县遵照常镇道宪札谕禁。先此布复，并请刻安。

当日，几个熟识的人士预先警告说，明天或许将发生暴动，并劝告我们立即做好准备，以避免与百姓冲突。我们遂将房屋前后各处的进出门户阻塞，并于由街道至房屋的通道上安置两把大交椅，由二人坐守以封住那条路。旋有一批人群约一、二百人集合，我们不时向他们解说，总算达到阻止破坏和平的实效。另外，在前几天我们已雇用了两名地保的助手作为门丁，此二人对安抚群众颇为得力。

至星期日，我们发现所作的准备确实需要。从早到晚，我们不得不守住门口的岗位。很明显，群众的愤怒是由穿着整齐的人士所激发的，他们不时在群众中来去。当我们听懂他们讲些什么时，就立即向群众申辩解答。有两、三次人群企图冲进屋内，并多次用石块与碎砖向窗户掷击。但我们用劝说办法和既不恐惧又无意报复的态度，促使大多数暴徒认为正义是在我们这方面。

就是在这个星期天，16 日，比以前所贴的更为恶毒的新揭帖又四处贴了出来，首句为"耶稣何畜，流毒中国"，末尾是通知生员与百姓在（农历）七月初一日即生员考试之日（扬州考期为七月初一日和十五日）在考场聚齐后再到我们的住宅来，焚毁房屋，并不加区别地杀害全部屋内的洋人与华人。

星期一，聚集的人大为减少。我们利用这一较为平静的间歇，散发了一些传单，指出无端诽谤的愚蠢，并解释我们此刻不能开门让人们进屋内察看，因为房屋尚在修理，施工架及未完工的墙有塌下的危险，但二、三星期修好之后，当再请他们来。这样做似乎取得了有益的效果。虽然七月初一日（星期天）仍整天有很多人围聚，而且有些文人几次企图鼓动群众，其中尤以葛姓秀才为甚，但除由后面向房屋投入的砖石损坏了百叶窗与屋顶之外，尚无其他破坏。8 月 19 日（星期三），因官方未采取镇压骚乱的行动，我又写了一信给知府，信文如下：

戴教士再致扬州知府信：
同治七年七月初二日（1868 年 8 月 19 日）
事在急迫，恕不谦言。
启者：外日捧读回函，言及扬城人情浮动及且好生事，候饬县遵照常镇道宪札谕禁等因。至今未见弹压，故百姓格外肆行无忌，连日拥门骚扰已极，势必眼前生事。非弟胆小，再来告急，所虑者，不测祸生，如何得了。请细思之。弟来治地传教，实奉通商和约圣命而来，何能受此欺负。请查和约款内，载有准英国人民在内地买地，建造礼拜堂，并准在各处听便游历，不得留难拦阻。如遇事故，妥望随时保护帮助等因。故尔敢来烦渎。昨日有本城葛姓系该处地保认识者，临门骚扰，面指弟诬以抉目剖腹、吸食婴儿脑髓、地窖幽囚人口。厉言伊不日率众前来攻打诛灭，许多狂言，凭该地保刘标见证。因仰求公祖大人饬差提究，禁止强梗，以靖闾阎是幸。专此布达，并候勋安不尽。

当日下午，知府送来如下的复函：

扬州知府致戴教士覆信：

同治七年七月初二日（1868 年 8 月 19 日）

敬覆者。接奉来示，敬悉一切，扬城人杂，性情浮动，前函已及。连日因满街粘贴匿名揭帖，并造谣言，敝处已密差人访查拿究，并饬县一体谕禁矣。惟此等造言贴帖之人，多系暗中造作者，无名无姓，故难一时获案。贵国奉和约来此设教，自当随时护助，府县奉道宪谕禁，且随地已饬差访查，一俟获到问明实据，自应究办。至地保认识之人，竟敢登门骚扰，俟即刻饬传讯究，以示惩儆。先此布复，顺请台安不一。名正具。

收到此复函后，我听说孙知府查悉该葛姓系一秀才，竟未传讯，仅通知府学老师制止该秀才再滋生事端，而这还是阿林格先生在镇江进行干预的结果。显然，孙知府虽已回复了一封措词委婉的信，他却深恐保护洋人会引起反感。

直到 8 月 22 日，形势尚稳定。该日有两位居住在镇江的洋人曾到扬州盘桓数小时，发现全城亦属安静。但他们的访问，似乎被引用作为暴动的另一借口。在考场与茶馆内以及沿街路旁，又散布一谣言，谓来了不少洋人，并说已有二十四名小孩失踪。约于下午四时，一仆役跑进屋内叫我立即出来，因为内外两门已被撞开，人群已涌入厅堂。此时我始感到危险，于是立即跑出一看，果然如此。但我们却成功地把他们赶出去，和以前一样，在进门小道的一端，当即安排了二人防守，同时叫在屋内工作的木匠把门修好。未几，人群开始向坐在门口的二人掷打，这是前所未有的事。至天黑，暴徒仍不散走，反而更加喧嚣。我们接连派了二人去禀告知府，他们都未回来，亦无援助之人前来，而匪徒之袭击益甚，一些窗板从外面被击落，后花园的一部份墙也被推倒。显然如无支援，我们不能长久阻拦这些匪徒。童跟福先生与我乃决定穿过暴徒之间亲自去见知府，因为派华人去送信，已无希望能见到他。穿过一邻居的房屋，有一条小路可通往衙门，我们就这样避开了门口的暴徒。但一上大街立即被认出，并受到石块与碎砖的掷打，若不是当时天已昏黑，掩护我们暗中逃走，我们断难到达府衙。当我们临近门口时，门房受到尾追我们的匪徒叫喊声的惊吓，正在关闭大门，而追逐的匪徒也快要追上我们，在此千钧一发之际，那尚未加栓的大门被我们用力推开，我们摔进了门厅；我们被引到师爷的房里，等候了约三刻钟，知府尚不接见。而此时，距离约一英里处暴徒的大叫大喊声仍能听见，估计不仅是我们的财物，或许连我们最亲爱的人的生命正受到摧毁。迨最后见到知府时，他反提出一些使我心情不能忍受的询问，他追究我们对婴儿干了些什么，购买婴儿是否属实，曾买多少，现在闹事所因何事，等等。我回称：现在的骚乱，全系因他的疏忽，在事件未扩大尚能控制之时，不为严禁，以致如此；我仍请他先镇压暴动，保证我等尚幸存的朋友的生命安全，然后再作必要的调查。否则我对事态结果恕不负责。他连声称是，并说"先安定人心，再作调查。请静坐，让我想想看怎么处理。"

他边走边嘱我们留此等候，因他必须不让我们被人看见，才能作些安排。此时暴徒人数已达八千或一万，当地的人估计有二万之多。我们又耐心等候约两小时，他同参府回来，告诉我们现已一切平静，他本人和参府、守备及两知县皆曾到出事现场，已拿获数名在屋内抢劫之匪，即可惩办，并差人护送我们乘轿子回家。沿路听说，屋内洋人全被杀害。我们到家时，屋内情况简直难以形容。这里一堆燃烧过的芦苇，表示曾在此试图放火；那边一堆破碎的墙砖；四处都是损坏的箱子、家具、散乱的文件与信札、破坏的工具箱、写字台、梳妆台、外科用的医具箱，烧毁的珍贵书籍残余，等等；然而屋内的人却无踪影。随即听说，他们已逃出，好不容易才查出他们现在何处。最后，我找到他们，经甘泉县令的照顾，他们都在一邻居家中。县令说，他考虑须把他们搬到此屋内才可安全。但我仍带他们回来。于是他们告诉了我，在我与童跟福教士同去府衙以后这里发生的情况。

我以为，如知府早就差人来援助，就不至于造成损害。这就使我难以排除这样的观点，即该知府似乎故意不来援助，使暴徒有时间制造充分的骚乱，让我们由于恐怖而不敢留居城内。当我们离开之后，李爱恩与路惠理两教士尽力守住各处门口，为等候可能前来的援助起见，他们决心逐步后退，希望能阻止匪徒的进展以争取时间。然而当他们在前门阻拦时，堵塞边门的一堵墙被推倒，他们不得不后退。同时，雨点般的石块继续向正屋的窗户扔来，后面的墙又被破坏。路惠理先生乃跑过去，试图不让他们再迫近。由于屋后已无防御物，暴徒指望可掠夺得多些，都朝该方向集中，屋前的人较为稀少，李爱恩先生得知后，即让仆役守住前面，他自己到正屋与路惠理先生会合。李留在楼下，路则奔往楼上，此时正屋已被暴徒突破两处，但尚无人敢冲入。未几，其中较为大胆的就冲了进来，击毁楼下家具，搬走任何能够搬动的贵重物件，另有人上楼开始进卧室掠夺。抵抗已不可能。他们立即抢走小箱子，较重的箱子与抽屉均被背走。同时楼下的人正在放火，楼上受到烟的窒息。李爱恩先生在楼下庭院中立即以嘶哑沉重的嗓音，似乎已筋疲力尽，叫道："戴德生夫人，赶快设法下来，他们在放火烧房屋，我不能来帮助你。"于是路惠理夫人、我们的印刷工头之妻安新（Ansing）及我一个孩子，经路惠理先生协助，用床单与毯子从卧室窗下突出的屋顶吊下，我们全都聚在此处。而此时楼上，有一人进入卧室，戴德生夫人规劝他，说他干扰妇女与孩子未免可耻。就在此交谈的一瞬间，路惠理先生将一华人幼女和我的两个男小孩吊下。我们的护士卜汉伦夫人，抱了一婴孩，紧跟着一个抢了一只箱子向楼下跑的人由楼梯跑下，从楼梯底下的火中逃至屋外。前述之人则四处乱摸妇女的身体，抢走白爱妹小姐的钱、夏安心小姐的皮夹与发饰及戴德生夫人的结婚戒指。浓烟愈来愈大，砖墙倒塌声、石块击碎玻璃窗的响声，夹杂着暴徒的呼喊声，真令人惊恐。当夏安心小姐用毯子吊下时，即有尚在燃烧之物向窗下扔去，以阻止其他人被救，那一抢劫妇女之人，两次企图杀害路惠理先生，如非戴德生夫人与白爱妹小姐在中间拦阻，路教士定难逃生。李爱恩先生这之前已多次躲开了袭击他的暴徒，此时向楼上的戴德生夫人和白爱妹小姐叫道：赶紧从屋顶（约 12-15 英尺）跳下，他在下面接住她们。他多少避免了戴德生夫人直接跌落地上，但此时他被一块碎砖击中，打瞎了一眼，以致不能再援接白爱妹小姐，以致她摔到石头上。当此二妇女均跌晕受伤趴在地上时，雨点般的碎砖仍扔向她们。路惠理先生旋即自行跳下，立即有一匪徒用棍棒突然打来。但他逃脱仅受轻伤，乃协助其他诸人逃走。房屋任暴徒抢掠。早先由屋内逃出之人均隐藏在花园内一凉亭下，等到全部会集，遂跑进同一院落内的一家近邻的屋内，因暴徒均在屋后忙于掠夺，前面此时无人阻挡。

我们回家时已是午夜，一队兵丁和公差彻夜看守房屋，但黎明撤走后，无人接替。未几，人群又开始聚集。我们仅能在一短暂时刻阻挡他们不进屋内，因现在已有五处入口，而且昨晚的掠夺，加强了他们的欲望。我不得不再向知府求援。知府未亲自接见我，但差甘泉县令对我说，此时我们教士中任何人欲离开此城都难保安全；但如果我备函向知府申明，我们并非购买婴儿之人，将昨晚之暴乱仅称为骚扰，不详述细节而要求赔偿，俟知府将该信转发给他后，他即可将数人责枷示众，并出示安民。他说："这样，我们就可希望在夜晚到来之前起码恢复一点平静。到了明天如果你想把妇女及伤员送走可以安然行事；由你亲自送去还是自己留下均听尊便。"我乃随同县令回到屋内。我发现又有一堵墙被毁，财产受到更大损失与破坏，情况甚至比昨晚更不如。此时屋前屋后全是人群，已无路可逃。但我无需赘述，因有几个人只挨几根棍棒和几片飞瓦，还未受伤。我立即写信给知府，虽未详述，但已写进暴动情况，因我忖度，此信可能将被作为凭证，借以说明暴行并不严重，这对于我们是不利的。去信的译文如下：

戴教士致扬州知府信【该信未署具日期，但实为 1868 年 8 月 23 日，农历七月初六日】

恕事急不套。启者。

昨晚已有无数百姓到弟处烧屋，幸蒙同居邻人救熄，又将桌椅家伙尽皆打坏，拿去衣服、洋钱、首饰及零星，尚未查出数目多寡。将敝国李先生打伤眼睛，多人被打，实因谣言诬弟处烹食婴儿之故。弟处向无开设育婴堂之例，并未买过婴儿，遭此奇冤，是何道理？望求公祖大人作主，馀不尽意，并请刻安。

【《清末教案》版本中，该信后面还有"上孙大人台览。七月初六日右信系骚扰后百姓仍未大散，甘泉县教写给扬州府。写成封好，甘泉县自己拆看，又教换写一张，不必写出定情。故此张未用"等语，当为戴德生事后报告时补写一编者注】

我将此信封好后，交人送给知府，但途中此信被甘泉县拆阅，并退回，认为不合适。我向他指出，虽然我们对此很抱歉，但过去的事实怎能更改；他尽可对罪犯按照他的意愿从轻处罚，然而事实真相应该说明。他答称："如你坚持将此信送给知府，我即回去，不管理此事，你们可尽力保护自己，但我预先警告你，你们一伙人的性命或许难免牺牲。"因此，遵照他的指示，而且几乎按照他的口授，我写了另一封如下的信：

戴教士致扬州知府信（重写）

恕事急不套。启者。

因百姓妄造谣言，诬弟开堂育婴，暗将婴儿烹食，不知弟处并无开设育婴堂之事，以此妄言相诬。昨晚有无数百姓来弟处，十分骚扰，无理之极。官府曾捉去百姓数名，未经惩办，犹恐馀波复作，定有大害。因望公祖大人赶将此数名百姓责打，枷号弟之宅外示众，一面出示安民，庶可相安无事是幸，并请刻安不尽。上呈孙大人台电。

七月初六日右信甘泉县勒写，如不照伊口写出，数十口性命难得逃出。

此信当即由该知县带走，他答应安排我们由城内迁出，因据他说他也许不能通宵保护我们。为此，他午后雇了四只船及需要的轿子与苦力来搬未损坏的行李，并派人护送我们至南门，我们于星期一早晨从该处启程前往镇江。途中我们未走多远即遇阿林格先生，他正去扬州亲自看望李爱恩先生的伤势，以后他又查看了我们在扬州的房屋。

上述各节，我还遗漏说明：我们听说，暴徒在星期六夜间携带了刀、矛、棍棒等武器。有关我们的损失，目前我尚不能估计。星期六晚上扬州知府答应了童跟福先生与我，不论损失多少均将给予赔偿，并为我们修复房屋。但次日知县通知我们，不准我们回到原来的住宅。

我们以前所住的房屋，在租赁过程中李蔚海先生是知道的，而且通过他的调停才租到。他曾为我们取得了镇江道台致扬州知府的推荐信，后者终于给了我们一张盖有关防的布告，准许我们根据条约在城内居住。于是我们顺利地达成了协议；我们迁入时付了二百元押金，并订了经中人签字的正式租约。后来此租约业经在镇江领事馆登记备案。

在暴行发生之际，在场的内地会教士们是：戴德生先生，童跟福先生，李爱恩先生，路惠理先生；戴德生夫人，路惠理夫人；夏安心小姐，白爱妹小姐，卜汉伦小姐；另有四个孩子，都是戴德生先生的子女，计男孩休伯特 8 岁、弗雷德里克 6 岁、塞缪尔 4 岁三人，女孩玛丽亚 2 岁。

此外，在屋内还有教师及仆役（当地人）共男女 19 人，外带小孩一名。

上述外国人全都穿着华人服装。

内地会在扬州设站布道的整个时期中，也就是自 1868 年 6 月 1 日以来，每个教士都谨小慎微，竭尽全力避免引起老百姓哪怕极其轻微的反感，而另一方面却随时遭到他们无故的侮辱，不得不耐心忍受。不仅如此，我们的传教士从未开始以公开形式进行布道工作，而只限于同前来家访者作个人谈话。自始至终我们从未持有任何种类的武器。

戴德生

中华内地会督理

（二）中英两国官员就扬州教案的交涉信件

两江总督曾国藩覆麦领事札文【《清末教案》第一册，第 616-617 页】

同治七年七月十六日（1868 年 9 月 2 日）

为札覆事。据贵领事申陈【具体申陈内容本书略】，内称扬州地方本月初五日有居民凶殴在彼寓居之英国传教士，将其房烧毁内有一人眼遭横击，珠已脱出，馀者之伤轻重不一，拟亲赴扬州详细查明，申请速派称职火员会办，定于十三日行抵镇江等候等情，到本署大臣。据此，查此事已经扬州地方官办理完结，并据驻镇各领事往扬查看，房屋实未烧毁。又据该教士戴德生所致地方官函内亦毫无言及受伤情事，足可为凭。是办结以后情形，贵领事远在上海，自尚未悉。想抵镇晤见各领事时当可尽知，似已无可再看，不须另行派员同往。且贵领事文到金陵，已在十三日巳刻。若此间派员往镇，亦必不能践十三日之约，是以不复派员前往。为此抄粘戴教士原函，札复贵领事查照可也。须至札复者。

麦华陀领事复曾国藩总督文【《清末教案》第六册，第 16-17 页】

镇江。1868 年 9 月 3 日

为申陈事。

七月十七日（9 月 3 日）接奉贵爵阁部堂札复，以传教士被扬州乡人逞众殴抢一案，不须派员同往扬州查办等因【即上文，又见于后述 10 月 2 日"英使阿礼国为扬州教士受扰请即查办事致奕䜣照会"之附件八"录两江总督曾国藩覆麦领事札文，同治七年七月十六日（1868 年 9 月 2 日）"—编者注】。奉此，接阅之下，殊深怅怅。

窃思贵爵阁部堂查阅扬州府所禀办结云云，并以戴德生所致地方官函内，亦毫无言及受伤情形各语，似系因此有不欲派员同往之意。但该府所禀各情，实属捏饰不真。查该教士房屋，为绅士怂恿之乡民持械抢夺。该教士中有一人眼被打伤，有女眷二人，并有胎孕，因受惊恐，且被殴打，实为危险。传教士等众人俱各打坏，轻重不等，且教士等已被赶至城外。至贵爵阁部堂所指教士所写之信一层，查此信乃是甘泉县勒令缮写，并云如不照写，则百姓仍然任意逞凶。该城中复有揭帖，内云如洋人再至城内，必将杀毙等语。地方官惧怕百姓，反以故意结党行凶、焚烧抢夺，称为骚闹。似此情形，何为了结？本领事素钦贵爵阁部堂情理至公，且深知按照条约办理外国之事，断不能以此等办法，即谓已经妥结。

现在无论贵爵阁部堂以为此事办结与否，本领事既已到镇，定行前往扬州，伸此行凶之案。如有兵丁带去，借以保护，亦无不可。否则亦必前往。为此恳请贵爵阁部堂鉴核，迅赐立即派员来镇，会同前往，以便安允妥办。

贵爵阁部堂设再不允所请，本领事心中实深深不安。缘观此情形，该知府既纵百姓如此大闹，定难弹压伸理。如到彼见该知府不能弹压伸理，本领事无可如何，只得请其同至金陵，前诣贵署，面为切实呈请参办。本领事之意，此事实属紧要，因扬州既有此事，宽纵不办，又生事端，昨晚镇江以外国人在城内租房，复有纷纷不平之事，谅必有信息至尊处矣。为此申陈贵爵阁部堂，请烦迅赐办理施行。须至申陈者。

麦华陀于 9 月 23 日写信给斯坦利伯爵报告事件调查和初步处理过程【《清末教案》第六册，第 18-39 页】，后续附加共 12 份文件作为附件，现按时间先后摘录如下：

麦华陀领事致扬州孙知府文

镇江，1868 年 9 月 2 日

据传教士戴德生等禀，在扬州府城内安居，忽有百姓逞凶赶出，禀请伸理，仍准同回原房居住等语。并据镇江领事委员阿【指阿林格—编者按】禀，已前往扬州与贵府面晤等情。据此，当即择传该教士等四人至署，面为细询。据其所供各情甚长，毋须全抄，兹特节录数层，照会贵府查阅：

一、该教士在扬州租住房屋，本系贵府先为查允准，给发谕单，又经禀明驻镇领事衙门允准，并将租房合同注册存案。

二、该教士在扬州传教以来，其言语行为毫无惹人嫌厌之处，且时被百姓欺殴，而该教士均随时隐忍，并未报复一人。

三、揭帖控传教士将婴孩偷去烹食之语，毫无凭据，实系奸人捏造谣言，图污蔑教士等之名，以便怂惥百姓殴打之意。

四、该处绅士，无人不知系其捏造谣言，怂惥百姓，以致酿成此案。其绅士姓名，查系晏端书、卞宝第、厉伯孚、吴文锡等数人。

五、该教士等数次恭禀地方官，以有此等揭帖，请预为防护，虽数日前即经说明，而地方官一味空言推复，置之不理。

六、本月初五日晚间，百姓纷纷前来毁打房屋，戴德生等二人逃至贵署，恳请保护。贵府故意羁留耽迟两点钟之久，始行查办。若早出弹压，则房屋尚可保全。

七、该百姓攻打时，均持枪刀木棍。

八、该教士房屋有数处，屡被百姓放火，幸焚烧未成，旋即闯入内室，抢夺净尽。

九、当攻闯时，十分利害，女眷幼孩无奈，只得由楼上窗隙坠下，内女眷二人，已有胎孕。

十、该女眷跳下之时，百姓用砖头焦木赶其进去，不准逃走。

十一、该传教士内有一人一目打伤失明，况孕妇二人因坠窗受伤，现甚危险，余人受伤轻重不等。

十二、初五日晚，虽有地方官调兵救护房屋，初六日早，该兵丁又复散去不管，仍让百姓毁抢。

十三、该教士将一切情形写信一封，送与贵府，以事情甚属重大，请代为伸理。其时甘泉县即威虐勒令该教士另写一信，捏饰此案但为骚扰之事，并云以此为抢案，则仍纵百姓任意逞凶。

十四、该教士等房屋既经毁抢，人口又被赶出，地方官仍不保护，令其在署等候，俟修理房屋，再回居住。反用兵丁将其解送镇江。

十五、解送该教士之后，贵府偏纵甘泉县办法，出示晓谕，以此案但称滋事而已。

本领事查核以上各情形，足见地方官其错有：一、虽据该教士几次禀称，有奸计欲杀害抢夺无辜洋人，而地方官闭目不顾。二、地方官串通将此案案情捏饰不真，以图蒙混。又有该地方官绅士，怂惥百姓，抢夺焚毁行凶殴打安分人民及其眷属幼孩之弊。贵府暨甘泉县行为，本领事当详请曾爵阁督部堂按照违背职任之例参办，并申明本国驻京大臣查核。至绅士照理应由地方官惩究，应请贵府立提到。以上所开各人及案内有分之人，照串通行凶抢夺之例严办。如中有绅士贵府不能传提者，本领事应请转详曾爵阁督部堂，将该绅士降级严惩，并希贵府查核以下所开各层照办：

一、须银若干两，送交本领事转给被抢各人，作为赔偿物件并医伤及各项费用。

二、该教士房屋须照原式修好。

三、出一告示晓谕居民，此案凶犯已照例重办，并须声明英国民人照约均可在扬州租屋居住，如有人滋扰及难为英人者，定即拿获严究。

四、须将此项告示勒石立在该教士原房门首。

五、须写一信致传教士处，请其仍回原处居住。如不便写信，或派人往请亦可。

六、如有人因此案无辜连累被押，立即释放。

为此合行照会。特将以上各情形，并所请照办各层，面交贵府，请烦查阅，立即办妥示复，免致另有不平之事也。

麦华陀

扬州孙知府致麦华陀领事文

1868 年 9 月 6 日

先生：

本日来文收悉，内述各情尽知。

当戴德生先生来扬州传教时，本府曾发出告示，通知民众。8 月 22 日法国传教士金缄三开办的育婴堂秘密掩埋了若干女孩，同时并有许多尸体被掘出（在育婴堂旁边）。现在民间传出谣言，谓有些尸体曾遭挖眼取脑，故掩埋这些尸体遂致激成众怒。

人们奔赴戴德生先生住宅，发生骚扰，业经本府与知县会同巡检予以有效的镇压。传教士等未遭受伤害，财产亦未被偷窃，此可由戴德生先生本人的函中证实。肇事者当场即被逮捕，并已惩办；戴德生先生亦已被安全护送到镇江。

本府已将令部情况告知英国副领事阿林格先生，以及来扬州与本府会晤之其他国家的副领事，并向曾总督呈报后，承他指示如下：

"如该洋人再行前来，应即劝令于数月之内，不可赴扬，免生他变。俟本部堂将此案详细咨明总理衙门，总署商之公使，订定各教士断无取脑、取眼行径，由本部堂大张告示，俾扬州士民晓然共知。然后传教士奉文而来，自不至与之为难。中外相信，庶诸事毫无扞格。告示未到之先，切嘱其不宜冒昧复往。待激出事变，再求惩治，补救之法，则已晚矣。此不特保全扬民，正所以保全教士也。"

总督阁下并提及，贵领事 8 月 27 日的来文已收悉并已答复在案。

兹准来函称，拟于日内亲来此处一行，本府须提请贵领事注意这一事实，即本案已宣告结束。

匿名揭帖内并未指明洋人即系暴行之对象。

遵照总督的指示，戴德生先生应静候总理衙门的决定。本府正拟亲去南京面聆总督训示；如贵领事趁此忙乱时前来，恕本府不能接待。总督已详诫百姓恪守本分，且本案亦已处理完毕，因此，毋须如来函所云，烦请海军高级官员随带护卫与贵领事同来，以免引起民间疑虑。本府已将此意禀告总督。兹特请贵领事对以上所述予以重视。

【正如当时戴德生所担心的，虽然麦华陀在 9.2 给孙知府的信中明确表明有人员受伤、有财物损失，孙知府仍以戴德生 23 日重写的求救信中未提及受伤和被劫之事，而曰"传教士等未遭受伤害，财产亦未被偷窃"。】

曾国藩总督致麦华陀领事文

1868 年 9 月 6 日

为札复事。七月十九日（9 月 5 日）酉刻，据贵领事申称，十七日接奉札复，以传教士被扬州乡人逞众殴抢一案，不须派员同往扬州查办等因"本领事既已到镇，定须前往，恳请迅赐派员来镇，会同前往，以便妥办"。又云教士所写之信，系甘泉县勒令缮写。又云如扬州知府不能弹压伸理，只得请其同至金陵，面为呈请参办。又云昨晚镇江以外国人在城内租房，复有纷纷不平情事各等情，到本署大臣。

据此，查戴教士在扬，初五日民间滋闹一案，据扬州府第三次禀称"初七日午刻，据英副领事阿林格、法副领事幹霓发、美副领事散查厘，自镇江来扬，面见卑府，以为百姓将戴德生所赁房屋烧毁。卑府即告以并无烧毁之事，现已出示谕禁，不准再行滋事，戴德生业已护送暂回。其滋事之人，已饬县讯究，该副领事亦复无词，索取示稿而去，复又亲自看明，房屋实未被毁，随即回镇"等语。本署大臣见各副领事详细看过回镇，是以称为办结，至戴教士所致地方官之函，贵领事以谓系甘泉县勒令缮写。查戴教士函中，有请将百姓数名责枷示众一语，似非他人勒令缮写者。其所谓责枷之百姓，顷据扬州府知府呈报，所获滋事之谢增福、韩泰、任义发、尹士才等四人，已枷号示众矣。兹特派运同衔上元县知县张令开祁会同赴扬，再行查看副领事切实究办之意。惟此事起衅之由，系因法国金缄三私租房屋，收养育婴，该堂幼孩死伤太多。据江都县禀呈各供词，李得义之供称，已埋了十四个婴孩，据陆荣仁之供称，今年堂内死了四十多个婴孩，皆乳妈糟踏死的，百姓平日闻教堂有将幼孩挖眼挖心之事，久已怀疑，今见死伤甚多，相验又皆系女尸，遂致激成众怒，齐声喧闹，虽经江都县验明均系病毙，并无他故，而喧忿之际，弹压不住，遂致纷纷闹至戴教士寓所。其滋事固属可恶，而其激怒尚属有因。此次张令开祁赴扬，本部堂告以开导百姓之法，宜晓之曰："婴孩死伤虽多，并无挖眼挖心等弊。是医生与乳妈之咎，并无教主之过。育婴乃法国教堂之事，尤非英国教士之过。"如此数语，则扬城百姓之疑可释，而戴教士之冤可伸矣。并请贵领事将此数语反复言之，一面开导百姓，一面抚慰戴教士，俟各事查看明确，即请贵领事速来金陵，与本署大臣面商一切，将此案妥为办结。扬州府孙守现在金陵，亦饬与张令一同回扬，款接贵领事，妥为照料。为此再行札复贵领事查照可也。须至札复者。

扬州孙知府致麦华陀领事文（1968 年 9 月 8 日）

……关于逮捕授有顶戴之绅士，兹应声明本府无此项所具权力以满足贵领事之要求。至于其他几项，虽然并无本府不能同意之处，但遵照总督的指示，本府必须事先呈请总督核示。为此，本府建议陪同贵领事前往南京一行。

曾国藩总督致镇江蔡道台批复（1868 年 9 月 9 日）【第六册，第 45-46 页，摘录于此】

两禀均悉。查城内建堂之案……此次英教士戴德生在镇所租夏姓房屋，该道按约查理，并无错处。惟当夏李氏控告退租，该道既与英委员阿林格说明允愿另觅，其时即应详告丹徒王令，饬其料理清楚，另觅了结。该道不及详嘱妥办，而遽行赴苏。王令亦责夏姓先租后退之非，又不另为觅屋；以弥衅端，均有不合。王令业因另案撤委，应免置议。该道虽失之疏忽，咎不至于撤参，所请改委之处，应毋庸议。夏姓始则违例私租，后则复又控退，本应惩究。惟惩究夏李氏恐及触洋人之忌，若惩究夏李氏，坚执仍租夏姓之屋，又恐愚民疑忿，激成事变。

　　查同治五、六年间，法国雷教士在安庆已买定双莲寺之屋，因绅民怀疑不允，改作书院公所。经府县在城外择买堂基，城内另租公所，雷教士始欣然允从。镇江亦可仿照安庆之例，仰该道督同府县，于城内另租公所，妥办禀复。如洋人不甚乐从，则俟麦领事来金陵时，本部堂再与之面商定夺。至租屋传教，必须百姓出赁者赴县呈明，方准成交。一则恐外国教士并非安分无过之人，与中国刁民私相授受；二则恐奸民伪契盗卖，使教士之买者吃亏；三则与上海租地先行查明查视再行税契办法，亦属一律；四则与会稽案内，只准买立教堂，不准置买私产，亦属相符。仰将此四层与领事暨各洋人反复陈说，当可信从。仍将传教系条约准行，开导士民，务使人人共知，不必与之为难。如再有聚众生事，断难姑容。不论兵民旗汉，概即择尤拿办。以示儆戒。切切。

麦华陀领事致曾国藩总督文

"里纳尔多"号军舰，1868 年 9 月 11 日

　　先生：

　　关于不久前在扬州之骚动，我须请求阁下召见扬州知府，因我已要求他今日晋谒请示，并呈交我本月 2 日写给他的信，且令他按信中提出的赔偿要求办理。除信内已列举之事实以外，我再提请阁下注意，当我到达扬州会同知府及其他官员查看出事现场的房屋时，我发现：虽然整栋房屋有明显的强行闯入和其他暴行的痕迹，然而墙上被暴徒破坏之处均已巧妙地修复，若非传教士中一个受到迫害者向我指明，我完全看不出；火烧的痕迹也已全被刮掉或扫除；家具与屋内装置被破坏之碎片也几乎全部清除。阿林格助理可以作证，他在发生暴动次日曾见屋内之情况，与此次陪同我察看时所见的情况相比，二者之间有很大的差异。假使总督阁下亲自派来的官员，到达扬州仅仅看见目前的情况，他的报告一定不能说明真实的情况。

　　另外，我请阁下特别注意，阿林格先生第一天要求同去查看现场时，曾被当地官员坚决拒绝。因此，他们对于暴动后留下的屋房状况所提出证据是不可靠的。自始至终，他们的行为完全体现了不可宽恕的怠忽与欺骗。可以这样说，他们呈给阁下的任何禀报，都不能轻予置信。

　　麦华陀

曾国藩总督复麦华陀领事文

1868 年 9 月 14 日

　　为札复事。前据贵领事于二十五日（9 月 11 日）申陈扬州一案，"本领事已请扬州府晋谒贵爵阁部堂，应请饬将本领事于七月二十一日照会该府公文一通呈请鉴核等因。兹又接二十八日来函内称，酌给赏恤银一千两，本领事极为感荷。至此案内本领事前照会扬州府所请将起衅绅士降级及刊石勒碑，并请赔偿毁抢价值各层，未识如何办理，本领事专候明复"等因均悉。贵领事照会扬州府公文，已据该守抄呈。本大臣派上元张令会同贵领事前往查勘，乃贵领事两次申文，据称必须派员会查。及派张令前往，又不会同查验，遽行来宁谒见，未免失信。本大臣俯念和好多年，即行接见。查此案百姓误扰戴教士一层，均系愚民因婴孩死者太多，怀疑生忿，仓卒生变，不与各绅士相干。况所指之绅士职分较尊，平日敦品晓事，决（绝）无于钦准和约故欲违背之理，此层断可不必查办。至出示一节，扬州府应拟示稿，先送本大臣酌核改定，再行缮发。若恐不能经久，尽可用木板张挂，早悬晚收，俾士民人人共晓，无须勒石。至毁失物件之价及医伤费用，本大臣昨已酌给赏恤银一千两，由上海道送交贵领事查收转给。即以此为该教士买补物件及养伤一切之用。扬州府初未违约，亦无庸参办。本大臣已饬该守回扬，将该教士房屋照原式修好，并出示晓谕居民，此案凶犯已枷号示众，声明英国民人可照约在扬州租屋居住。如有人滋扰及难为英人者，定即拿获严究，并约期两月，邀令戴教士仍回原处居住。仍先饬县将此案无辜连累被押诸人，速行释放。以上各层，本大臣前于会晤贵领事时，已说明大概。并派常镇蔡道前赴贵领事处详细告知，似此衡情酌理。总期中外相安，免致愚民再行滋事。除咨行总理衙门查照外，为此札复贵领事完案可也。

麦华陀领事致阿礼国爵士文

镇江，1868 年 9 月 17 日

　　先生：

　　前于本月 15 日有关扬州暴行的呈文中，我已叙述了访问扬州以后至本月 8 日返抵镇江的一切情况，兹荣幸地再继续向你呈报。

　　当到达镇江时，我发现总督派来的张知县正等着我，我立即与他会晤，将我在扬州所见所为详细告诉了他。他敦促我与他重去扬州，以便执行总督对他的指示。但我不得不拒绝，由于我认为再去扬州毫无裨益，又因我抱着这样的宗旨：若无迫切需要，就不应将女王陛下之军舰，羁留过久。

于是我邀他同往看望戴德生先生等人，使他得以亲自询问他们。他询问得很详细。在分手前，经我劝说，他同意与我同乘女王陛下的军舰前往南京，并于临别时达成谅解，他将于次日早晨上船来。

在 9 日指定的时刻，"里纳尔多"号准备起锚时，我们竟找不着张知县，等了半小时之久，我们终于启程不再等他同行。后来据我曾嘱咐送张的助理阿林格先生说，张知县确曾乘船离岸来与我们会齐，但他佯作慑于风浪，遂命船夫驶回。其实当天早晨风平浪静。

约一小时，我们到达了与扬州知府约定聚集的地点，并按日前的安排派小轮去接他，而他也失约了。听说他于一小时之前已去南京。于是我们继续前进，当晚抵达南京。

总督毫不犹豫地应允了我请求的接见。次日早晨我拜访了他。他出乎寻常地接待了我，以示友好。但我发现他那种异乎常情的冷淡与迟缓的性格，很难激使他对我此行目的之严重性表现出我所希望的重视。经一再耐心和恳切地敦促他重视我的案件之后，我才争得了他的允诺，在一两天内我可得到合理的解决，他的决定将以书面的形式通知我。从他的言谈中，我推测此案的真实情况完全被扬州知府的诳报歪曲了。他既没有听说传教士之中有谁受了伤，或者他们丢失了什么财产，也没有得到戴德生先生向知府多次提出的申诉及知府复函等文件的副本，更不曾看到甘泉县索去的两封信的副本，而这两封信正是甘泉县向戴德生施加压力的明证。我谨慎地向他指出，这些事实是地方官的罪责和虚伪的初步证据，我的陈述似乎当时引起了他的注意。但是他最后仍然坚持原来的诺言，我只得就此暂作停顿，而与他另谈了一些其他手头上的事。

在即将离开衙门之前，我们发现那位跑掉了的扬州知府正于此时露面。我请总督让他进来，与我当面对质，但总督借口以尽力避免可能发生舌战为宜而拒绝了。

当日没有发生其他事情，到了傍晚，镇江道台带着总督给我的信到"里纳尔多"号军舰上来见我，他为了镇江的纠纷，恰好此时也在南京。他逗留了约两小时，企图以总督给戴德生先生一笔数达一千银两的赏恤金为条件，诱劝我就此了案，放弃别的行动。他极力劝我应以总督上午曾予优渥款待为理由，要我尽力从多方面为总督设想。我认为我的责任不容我对他的建议有所考虑，但他讲述时的迫切口吻，使我耽溺于一种希望——总督或许会让步，明天可望得到满意的答复。

很不幸就在此关键时刻，一连几天患病的布席舰长病情严重起来，不得不立即回上海，他自然表示要带军舰走。当然，我不可能伴随布席舰长，因此我搬到恰巧正在现场的一个朋友的座船上，并雇了一只中国船以安顿施维祺和阿林格两位及中国文案等人。

13 日晨，我原指望总督的正式答复并未如愿，而收到的却是镇江道台的简函（其译文见附件），略称：他奉命通知我总督以仁慈为怀，愿赠与戴德生先生赏恤银一千两，已饬上海道付给我。函中竟未涉及我所提出的昭雪和索赔的要求。我立即直接函复总督，感谢他对我受难同胞之仁慈，并询问有关命令扬州府当局对受害者给予昭雪、赔偿等事他将采取什么步骤。

为了促使事件从速解决，我于次日（本月 14 日）早上派人送去一照会，要求第二次谒见。当天深夜，镇江道台送来回信，大意谓总督已得到将调任直隶总督的消息，无暇接见；已嘱镇江道台转来关于扬州一案的最后解决方案，因此已无再会晤之必要。

兹附上该文抄本及译文，我深信阁下将同意我的意见，认为照会所提解决争端的办法不能令人满意。文中之意，显然要打消我在信札中再费精神，而我仍不揣冒昧，作了回答，以极其坦率的语气，但又合乎对一位权高爵显的官吏所应有的礼貌，指出他的决定里那样肯定地认为合理和公允者正是不合理并且不公允之处。我相信我复函（译文附上）的语气与要旨能得到你的赞同。

我现在只得将全案呈请阁下英明裁决，就我所能回忆的，在中英关系的事务中我从未经历过，在控诉暴力案件中，在受害者方面，有哪一件比这次更加令人激忿的；而地方官在处理过程中的疏忽与渎职，亦无较本案更为明显而无可争论的。甚至也少有这样的事例，授与最高省级当局及时并公正处理的权力有比这次更易到达。因此，我真诚地相信，对我现在呈请你裁决的案件，我们抗议的理由可说是非常充足的；你会为此案取得北京最高当局的重视和公正处理，因为我认为它严重地关系到全面的权益，是我们必须提出的要求。

在结束此报告时，我提请阁下注意，在我致力于交涉和谋取赔偿之际，布席舰长带领女王陛下军舰"里纳尔多"号曾给我迅速的并且宝贵的支持，如有必要，请向女王陛下海军总司令表示感谢。若非他突然的并且不幸的病情，我相信他定会一直支持我到最后，帮助我在交涉中可能得到更为满意的结果。我也应为施维祺先生公道地说明，他在必须处理的冗长而麻烦的往来函件中从事于辛勤、准确的英汉互译工作，给了我极大的帮助。

麦华陀

附启：

当天晚上，在拜访总督后，我曾给他去信，述及我到戴德生先生住宅所见的情况，我现在发现误将该信的译文错附于别的信中。

麦华陀

麦华陀领事致曾国藩总督文

上海，1868 年 9 月 18 日

为申陈事。奉贵大臣七月二十八日（9 月 14 日）所发来札，内开扬州一案议办各情，当查会晤时曾蒙面允定将此案秉公速办。兹阅札复，均未按照办理。本领事深为怅怅。札内有云，所指之绅士职分较尊，平日敦品，决（绝）无怂恿居民殴打教士之事等语。此言谅系揣度之词，如于扬州地方认真访查，即可知其言未必真实。况该处自始至今，均有传言，皆谓所指之绅士，乃系此案根由。是案前后，该绅等并别项绅士，曾于公所屡次会商，有永不准洋人入城居住之议。当前月初五日起事时，该处有一体面华人，曾于众中指挥唆使，并将教士衣服用力拉扯，口出恶言辱骂。询诸该处地保，知其人系属葛姓。兹如不将此等故为生事之人从严惩办，则扬州以及别处，难保无复有此项祸事。

至札内所云"出示一节。扬州府应拟示底，先送酌核改定，再行缮发"等语。但本领事业经拟一示底，移交扬州府查照，此时所云者，未知是否即此底稿。如另有所议，亦应先送本领事查核所请各情曾否妥办，方昭公允。

至告示一层，札内又云"若恐不能经久，尽可用木板张挂"等语。查核此情与本领事意见相合，缘经久共晓，本属要务；既系如此，何以又将经久共晓之法多方辩驳。贵国官长遇有公务，必须经久，无论大小，均以勒石为常事。本领事细核此事，实惧性命财物均有关碍，所请勒石，并无不合，亦非格外之求。

至赔偿一节，前经贵大臣派来会晤之常镇道言及贵大臣自愿酌给赏恤银一千两。本领事当即明白回复，告以如将此银作为赏恤该教士之款，本领事或可代收；如以此款为赔偿，作为罢论，本领事势有不能。检查常镇道七月二十七日来函所云词意，似非就此了结，是以本领事当即函申贵大臣，声明此款乃系格外恩恤，极为感荷。而来札欲将此款作抵本领事向扬州府索赔之款，故不得已置之不收。本领事揆度案情，传教士受害被抢，究竟应赔与否？如无应赔之理，无论何款，概不能请；倘属应赔，业已开单，当面译述扬州府知照，兹译呈贵大臣查阅。设单内并无虚浮，自应照数赔给。贵大臣若将自定小数，始而以为酌给赏恤，继则作为了案赔款，似非敦礼平允之道。

查札内有扬州府初未违约之语，本领事毫不可解。未识以前有无言伊违约之语否，至本领事照会扬州府文内，有云"虽据该教士几次禀称，有奸计欲行杀害抢夺无辜洋人，而地方官闭目不顾"，又有"地方官串通将此案案情捏饰不真，以图蒙混"等语。如贵大臣查阅此文，自可明晰该地方官所行。以上情弊，确有证据，其一有该教士戴德生与该地方官往来信件；其二有居民逞凶抢夺殴打情事；其三有甘泉县勒该教士所写字据；其四有贫民四名现受枷号轻罪。兹查此等情形，按照为官大理，实有违负职任之弊。贵大臣素称明鉴，办事公直，兹忽庇护此等获咎之官，殊深诧异。

札复有"英国民人可照约在扬州租屋居住"之语。本领事闻此公议，甚为欣喜。惟又云"约期两月，邀令仍回原处"一语，事在未解。如贵大臣札令该府立邀该教士回扬居住，一面嘱该领事转劝该教士，且俟风险稍平，再行前往，似觉情理具尽。若以所约之期，即为安静之日，恐属虚话。札内所云，仍先饬县将此案无辜连累被押诸人，速行释放一事。本领事前在扬州时，早经该府允办，此时贵大臣独允此条，已属无用。

札内有云"及派张令前往，又不会同查验，遽行来宁，未免失信"等语，本领事受此言语，实为无故。缘张令来时甚迟，并非本领事之误。前于面晤时，已将张令未到扬州、不能同来江宁之事，细为陈明。当时贵大臣如以本领事为失信，不妨面谈，何必于起程之后，形之公牍。

札复有"已咨行总理衙门查照"之语，本领事更为欢悦。兹将此项公文并案内一切事件，均须抄送本国驻京大臣查照；如或转咨总理衙门核办，而亦照衡情酌理之法办理，未免奇异。

札复又有"总期中外相安"之语，本领事于此一层，较众尤为心切。倘有居民按照以前荒谬风俗，欲将条约所载各情任意违背，而贵国官长不及弹压严办，则中外相安一层，最易相反，谅贵大臣已经深悉也。为此申陈，须至申陈者。

二、后续更高级别的较量与解决

从前述麦华陀与曾国藩等人的信件中可见，双方在对案件的定性和处理层次方面的期冀存在差距。由于本案久拖未决，英方确定谋求更高级别的参与，英国大使阿礼国于 10 月 2 日向清廷分管外交事务的恭亲王奕䜣发去照会【《清末教案》第一册第 611-616 页】。自此，案件进入国家层面，并得以迅速进展、解决。

英使阿礼国为扬州教士受扰请即查办事致奕䜣照会

同治七年八月十七日（1868 年 10 月 2 日）

大英钦差驻扎中华便宜行事大臣阿，为照会事。

案据上海领事官兼理镇江领事事务麦详报，转据寓居扬州传教士声称在该处多受扰害。本年闰四月间在扬州初立传教等事，于六月间教士戴德生租赁房屋，曾经该处知府与伊印信告示，允准在城内居住。后搬住此房时立即付房主洋银二百元，立有字据，且有保人画押。曾于六月间戴德生闻说该处文武生员会议诬造谣言，蛊惑百姓，欲令教士搬离此地，每日惊受路人抛掷石块，致将窗櫺打坏。教士惟有小心忍受，并不理会，仍旧修理房屋。又未久墙上贴有无名小字帖，彼时百姓随即喧闹，教士出劝，告以不必恼怒，因此始不扰害。后因小字贴不足为害，又贴有大字帖，内言教士系耶稣教匪，遇有临死之人挖取眼睛，所盖育婴堂系为食小儿肉而设等语。因此附近百姓情急，遍街喧闹辱骂，以致朝暮不得安生。曾于六月二十七日【根据前述文件，可知此照会所记日期有误，实为二十六日一编者注】戴德生禀知知府，次日曾接该府覆函。是日有良民数人告知戴教士，明日恐有人寻衅，谆嘱不可得罪等语。因见遍街多人，该教士向其善言理论，更有看门代保二人亦为拦劝。二十九日仍有多人在房前用砖石抛击，且常有身穿儒衣数人，唆使匪民滋闹，因此匪民欲将街门撞开，教士向其善劝始止。是日墙上仍贴有字帖，上写"耶稣何畜，流毒中国"。似此污辱之言甚多。七月初一日月课之期，该处秀才与百姓等在教场会齐，赴教士住房放火，房内无论洋人、华人俱焚等语。三十日教士自写告白多张，散给众人，告知以上谣言皆系说谎，现在房屋尚未修妥，俟工竣房内查看有无藏匿死尸并食小儿之肉等事。至七月初一日街市见有多人，并有葛姓秀才怂恿众人喧闹，用砖石将房瓦窗户击坏。初二日因地方官未办此事，戴教士又禀知知府（见第三件）【即附件三，下同】。

知府覆函（第四件）。知府惟恐保护洋人得罪葛秀才，并未传询。至初五日申刻【下午 3-5 点一编者注】有众匪将街门撞开，教士向其拦劝，至晚间仍不肯散去，喧扰更甚。教士遣二人告知知府，而该府并未差人禁止，该匪等入院，四面分扰益甚。戴教士出后门急赴知府衙门，行走间匪等用砖抛打，身受多伤，若非时已昏黑，暗中逃走，则竟难赴府衙。及到府衙，在该府幕友屋内等候四刻，始见知府。知府所问言词殊不合理，究问曾买多少婴儿藏于何处，现在闹事所因何故。教士回称，现在骚扰系因贵府始初不为严禁，以致如此。今仍请即为办理保护教士房中等人性命。知府随即走去。约一时之顷，同参府回来，云伊同守备、知县皆到教士房内，将抢夺匪民数名拿获收禁，即可责惩，并差下人护送教士回去。沿路闻说房内洋人尽被杀死。及教士到家，见洋人俱在邻家房内，闻该洋人等云，教士去禀知府时，该匪人等将门撬开，所有房内家具摔抢一空，并入妇女卧室滋闹少时，欲将房屋烧毁，楼上妇女几被烟熏致死，俱从楼窗跳落。内有怀孕将产之妇二人，因跳楼受伤甚重，其馀受伤者亦甚多，所有金银宝石首饰俱为抢尽。又有李教士被该匪用石击伤一目。至夜间知府差官人来看守房屋。次日官人回去，该匪等仍复来扰，戴教士随又赴知府衙门，曾见甘泉县知县，令教士具禀转报知府。教士随同知县回归房内具禀（第五件）。知县见禀内所诉，遂向教士云，据此禀所言，必须另改，不然不能管理。并告以须用此禀云云（第六件）。次日知府饬令教士等皆赴镇江，知县并告知戴教士等不准居住扬州房屋等语。麦领事官一闻扬州戴教士被扰，急赴镇江，将戴教士等被扰受伤等情详报两江总督，请派委员。旋据覆称，此事业经办妥，惟查戴教士禀内并无受伤等语，因此未派委员查办。麦领事官复又照会，将戴教士与知府具禀时甘泉县知县勒令如此缮写信函情形叙明，并云无论派员不派员，本领事即刻亲赴扬州等情。

　　本大臣查阅此事甚为悬系，该教士等俱甚良善，且伊等住房距总督衙门不过数十里，乃该秀才等竟敢怂恿滋事，情殊可恶。况匿名帖及教士屡请保护，该地方官共见共闻并不未雨绸缪，置若无事。秀才等唆使匪民肆扰，地方官不行禁止，明系有意纵容，否则即系惧怕该秀才等。为此本大臣照会贵亲王，非请贵亲王止于申饬，务请将该地方官认真严惩，即请撤任。因该官等办事不能认真，若仍令其供职，惟恐匪民照旧滋事扰害。且匪民为首之人不难知其姓名，急应拿获，置之重法，以昭儆戒。至拆毁房屋，应饬地方官修理。所抢摔碰家具、衣服等物，亦请饬其赔补银两。现再（在）镇江匪民闻知此事，亦将为乱。虽此处洋人与华人多年和睦，此时颇有传言，云该匪民等欲赴领事官署滋事，该处有火轮兵船，倘匪民来扰，必致该匪民等多伤性命，本大臣深愿幸无此事。贵衙门谅已早经行知该省总督按例办理，本大臣并不愿自行强令该地方照办，若自行办理，岂不人人皆知中国显有不肯或不能令官民顺从律例，遵守条约？不论如何，必须将该地方官民严惩。不但扬州一处，并镇江、台湾近来扰害之事，皆应速为如此办理。

为此照会，即希贵亲王查照可也。须至照会者。右照会大清钦命总理各国事务和硕恭亲王。

（军机处照会档）
附件一　录英教士戴德生致扬州知府信【1868 年 8 月 14 日见前文，第 244 页】
附件二　录扬州知府致戴教士覆信【1868 年 8 月 15 日见前文，第 244 页】
附件三　录戴教士再致扬州知府信【1868 年 8 月 19 日见前文，第 245 页】
附件四　录扬州知府致戴教士覆信【1868 年 8 月 19 日见前文，第 246 页】
附件五　录戴教士致扬州知府信【1868 年 8 月 23 日见前文，第 249 页】
附件六　录戴教士再致扬州知府信【1868 年 8 月 23 日见前文，第 250 页】
附件七　录扬州府告示【本书略—编者按】
附件八　录两江总督曾国藩覆麦领事札文【1868 年 9 月 2 日见前文，第 251 页】

恭亲王致阿礼国爵士照会

1868 年 10 月 8 日

照得英教士戴德生在扬州被扰一案。先于八月初四日（9 月 19 日），据贵大臣函述扬州百姓抢掠焚烧情形，并照录麦领事申陈一件。当经本爵抄录来函各件，飞咨上海大臣派委妥员，会同该处府县，将此迅速办结，务使民教相安，不致别生枝节。八月十七日（10 月 2 日），复准贵大臣照会前因，当经函复。俟上海大臣咨复到日，即行照复在案。兹据上海大臣咨报，委员张令禀复，查验并无烧毁房屋及洋人受伤各情形，并由常镇蔡道、扬州孙守与麦领照验商办。据称李教士眼伤甚微，业已痊愈。扬州百姓因误听浮言，致扰英教士寓所，损失物件应酌给恤赏银一千两，由上海道转给，以为该教士买补物件及养伤一切之用，该教士房屋已照式修好，并示谕居民，声明英国民人可照约在扬州租屋居住。如有滋事扰及难为英人者，定即拿获严究。并约期两月，邀令戴教士仍回原处居住。至百姓怀疑生变，已将凶犯枷号示众，本不与绅士相干。所指之绅士职分较尊，决（绝）无于准行和约故欲违背之理，应免查究。

【在此期间，曾国藩、马新贻委任另两名官员负责调查、处理该案。参见后文所列"告示"一节】

李升司、应道台致麦华陀领事文

扬州，1868 年 11 月 14 日

关于前在扬州发生的对教会房屋之骚乱事件，我们荣幸地通知你，刘春经查明为阴谋企图纵火之首要罪犯，已按律被判处两个月枷禁与三等流放；从犯张锦春已判处两个月枷禁与三年流放，并已令当地知县向上级报告。

葛姓武秀才，因戴德生先生未能确认，而且查无罪证，业已暂行具保释放，随传随到。

我们已令甘泉县令采取周详与秘密措施，追查另一葛姓平民之下落，并严令其属下的巡捕限期捉拿该犯归案。

四面八方均已分布了干练的侦探，对本案的其他从犯进行查访。

戴德生先生致麦华陀领事文

扬州，1868 年 11 月 19 日

阁下：

遵照你的指示，我们昨日曾往甘泉县衙门，当即有三人被带来，其中一人经路惠理认出，即在楼上抢劫戴德生之妻及其他人等的暴徒，并为抢劫犯之首脑，他的名字叫刘春。另外二人我们全不认识，但我相信其中之一为姓葛的武秀才，然而不是那个曾袭击与威吓我们的科场文人；另一人我们好像在混乱的人群中看见过数次，却不知他就是真正暴徒之一。

至于某些官绅所犯的罪行，我深感遗憾地告诉你，我无法提供真凭实据。两个月以前，曾有这种普遍的谣传，除此以外，目前似乎不可能获得任何旁证，而且在扬州也难以找到愿意出来作证的人。我们以前弄到过一些匿名揭帖，声称书院人士已商定农历七月初一日考试以后在教场聚齐，并与百姓一道焚烧洋人住宅，消灭屋内洋人及其当地雇用的仆役（不加区别），不幸的是，这些揭帖在暴徒袭击时连同许多别的文件全被烧毁，以致丧失可能在其中找到的线索。此外，由于我们房屋的业主李泰怡与旅馆老板平玉山（Ping Yu

shon）二人及与他们有来往的人，现都不在扬州，我更难以设法取得确切的
证据。

李升司、应道台致麦华陀领事文

扬州，1868 年 11 月 19 日

先生：

　　我们前奉两位通商大臣马、曾之命，对扬州事件进行调查处理，兹将与
贵领事商讨之结果逐项扼要说明如下：

　　（1）由于在对国外人士的关系方面犯有错误与失职，扬州知府孙及甘泉
县令李已被曾大人撤职。

　　（2）关于告老返乡之绅士，对他们的控诉，因查无实据，不予考虑。

　　（3）与暴乱事件有关之刘春、张锦春及葛标业已逮捕，并经戴德生先生
当甘泉县令之面指认为罪魁祸首，按照中国法律，预谋纵火之为首罪犯应判
处两个月枷禁与三级充军（发配关外）之刑罚；从犯降级论处。

　　（4）对损失与开销之赔偿确定为 1,128.40 两。

　　（5）对路惠理先生、白爱妹小姐及戴德生师母所受到的人身伤害，经商
议同意给予补偿费 500 两，如英国女王陛下公使认为此款过多则酌减。

　　（6）我们已发出会衔布告，陈述本案情节，以晓谕民众。【见下一编者
注】

　　（7）扬州知府已发一布告交戴德生先生以便刻于石碑上。【见下一编者
注】

　　（8）戴德生先生之房屋已经修缮，并于昨日请该教士搬入。

　　以上各项均已按照我们的指示执行，兹特备文通知，本案可视为全部结
束，并请查照见复。

　　外，木箱两只，内装银 1,628.40 两。

【上文所言之告示与勒石内容—编者注】

告示

盐运使司李（藩台衔）、上海道兼江海关监督应（臬台衔）为出示晓谕事。

　　案奉通商大臣马、曾指示，扬州事件着由该李升司与应道会同处理等因。
经查得前于 1868 年 8 月 22 日，曾有歹徒煽惑扬州百姓，闯入英国人戴德生

等租赁房屋，狂暴地袭击并抢劫了居住屋内人等，直至最后将之逐出，内有人曾受重伤。复查当地官员疏忽失察，事发之时未能制止暴行，显然应负罪责。因此，经查明后，本制抚合呕令饬，将该城官吏撤职，为首滋事之人予以适当惩处，受害者给以适当赔偿，并修葺遭破坏之房屋，使原居住人依旧居住。

除以上简单公平处理外，理合再出示晓谕上下各级人等一体知悉，凡从事合法活动的英国人，按照皇上陛下所订之条约，均可自由进入内地，任何人以任何方式企图侮辱或伤害彼等，均将受到应有之惩办。各处地方官员对于英国人申请帮助或要求赔偿时，应予以相应的保护。特此布告，懔遵毋违。

同治七年正月初五（公历 1868 年 11 月 18 日）

扬州戴德生住宅内石碑上勒刻的告示

扬州府正堂示。

案照此屋现系英民戴德生禀明领事暨地方官，准令租赁居住，一切闲杂人等，毋许进内滋扰。如违拿究。凛之。特示。

【编者注：其实麦华陀在早期曾拟就一份勒刻碑文内容，希望扬州知府采用，但并未被接受。麦华陀拟就的内容为：查此屋经本地有关领事准许，业由□□□租赁给英国人戴德生。兹因英国女王陛下驻上海领事要求，在石碑上镌刻告示，警戒对此屋进行骚扰等因前来，合呕立此石碑，警告一切人等不得非法闯入扰乱，如有胆敢违犯者，定将依法惩办不贷。仰即懔遵毋违。】

麦华陀领事致李升司、应道台文

扬州，1868 年 11 月 20 日

两位先生：

我荣幸地收到你们昨日的来函，扼要地说明关于扬州暴行一案你们审议的结果。兹就来函所述答复如下：关于第三项，你们已逮捕并判处袭击戴德生先生之为首罪犯固然很好，但另外一定还有本城官民都众所周知的参与者。地保林标（Lin Piao）承认，他知道戴德生先生控诉中特别谴责的一个姓葛的人，他是一个秀才，抓他定无困难，而已被捕之罪犯亦必能供出他们的同犯。因此，我期望除来函所述之三人外，其他有关者应受处罚。

麦华陀领事通告

扬州，1868 年 11 月 26 日

兹通告：今年 8 月在本地发生的对英国人士的骚扰，现已获得应有的纠正措施，另外，淮关与镇江两处之留难事件亦圆满解决。

关于扬州事件，骚扰发生时在职之本地官员均已撤职，而且对传教士及他们的佣人与当地友人所受的损失与伤害，已支付如下赔偿：

单位：两分

传教士及佣人之损失，包括房屋修理·····················1,128.40

伤害（须按女王陛下公使之意见增加或减少）·····················500.00

华人地主与木匠（270 元 9 角）·····················197.75

1,826.15

曾总督、马总督及丁抚台已就此案发出了一布告，另外，李升司及应道台也发了一张布告（译文见附件【如前—编者注】），在戴德生先生住宅前已建立一块石碑，上镌禁止骚扰的告示（译文见附件【如前—编者注】），原来的传教士团体，包括妇女成员，均被邀请回来正式安置完妥。为首的两名骚扰罪犯（其中之一经戴德生先生认出是对妇女进行抢劫并带领暴徒上楼之人），一犯已被判处两个月枷禁，终身流放边疆为奴；另一名判处两个月枷禁，流放三年。一笔 6,000 两现银已交本领事暂存，作为保证金，以担保在法定期限内逮捕一潜逃之葛姓秀才归案法办（此人是士绅中唯一经查明有罪证者），如地方官不能如期拿获此犯，他们应受撤职处分。

前文提到的 6,000 两保证金，在保存期间，如证明淮关分卡监督仍违背条约而造成损失，同样可以从此款中提供赔偿。至于镇江存在的问题，原仅为戴德生先生能否在他城内租赁之房屋内平安居住一事，这些房屋已正式移交戴德生先生，并已办妥签订租约登记手续。

以上种种，曾一度成为严重问题，现均圆满解决，主要是由于女王陛下的高级海军军官的衷心合作，如果没有他们自始至终的努力，可能会导致较不愉快的结果。

女王陛下领事麦华陀

三、事件解决后进一步的沟通与解释

该部分为双方就扬州教案商议结案后，恭亲王奕䜣给阿礼国写了一封信，其中表达了对麦华陀带领兵船两只和三百余名兵士前往扬州【即上文麦华陀领事通告所言"主要是由于女王陛下的高级海军军官的衷心合作……他们自始至终的努力"】的不满，认为英方是试图用武力施压，实乃"措置失当"。阿礼国于 1869 年 2 月 6 日以照会作为回复，进行了辩解。

恭亲王致阿礼国爵士照会

1869 年 1 月 2 日

　　案查英教士在扬州被扰，前经贵大臣照会内称：办理此案未能俱臻妥协，须拣派能事大员查办等因。当经本爵行文上海大臣，即日委派司道大员，会同麦领事赴扬再行查勘去后。兹据前任上海大臣曾、新任上海大臣马，于十月二十六、十一月初十等日，会同咨部结案前来。据称，于九月十七等日，先后札委新授江苏臬司、两淮盐运李升司元华、苏松太应道宝时，会同领事前往扬州查办。旋据麦领事带同兵船，于九月十九日由沪起程，经应道邀同麦领事于九月二十五日到江宁省城，辩论良久。麦领事言必须一的保，因指应道乘坐之新造轮船，谓须扣留一同行止，事竣乃可送还等语。

　　十月初二日，麦领事带兵船二只，驶抵扬州徐凝门外，带兵三百余名，驻扎城中兴教寺。经李臬司、应道带同府县在官，在万寿寺地方，邀同麦领事及兵官、翻译官等，逐层开剖。所指绅士一节，因误听人言，疑为从中指使，嗣经明白晓譬，麦领事亦复无词，遵照作为罢论。所有滋事人犯，业由甘泉县先后拿获刘春、张锦春、葛标三名，现已饬县令戴教士及地保人等指认，即于三人之中，究出首从，分别惩办。恤赔一节，已照戴教士所开，养伤连累以及逃避房租等项数目，共给银一千二百二十八两四钱，洋二百七十元九角，取有麦领事实据，即交该领事转给戴德生收领，仍回原租屋内居住。并由前任上海大臣曾、新任上海大臣马、江苏巡抚丁，会衔出示，淮扬镇三属军民人等恪守条约，毋得滋扰教堂。仍由扬州府发给简明告示一小方，交与戴德生勒石。以上各节，均于十月初四、五、六等日议定。麦领事深以诸凡迅速为感，已带领兵船，于十月十五日出口。查办业已竣事等因。

　　查此案前于教士被扰起恤之初，即经上海大臣督饬府县，将教士屋房修好，并酌给赏恤一千两，为养伤及买补损失物件之用，嗣又将办理不善之扬州府孙守、甘泉县李令，均行撤任，并派能事干练之李臬司、应道，会同麦领事前往扬州，秉公查办。本爵复查所办各节，核与贵大臣八月二十五日照会内，所请另派大员，缉获正犯，加增赔偿诸大端，均已逐一照办。麦领事亦以诸凡迅速，深为铭感。相应抄录告示底稿，麦领事等给扬州府信函，并结案情形，一并照会贵大臣查核。

嗣后遇有教案事件，已钦奉谕旨，通饬各省持平办理，总期民教相安，不致酿成事变。所有各省传教人等，应由贵大臣转饬各领事官，妥为晓谕，务令安守本分，毋得滋生事端。倘有未甚妥协之处，亦应据理婉商，推诚相与。此次麦领事于教案未经议结之先，辄带领兵船，并欲扣留中国新造轮船，作为担保，未免所见者小，措置失当。殊非两国共敦睦谊之义，应由贵大臣行文申戒，将来不可如此办理。所有扬州教案会同办理完结缘由，统行照复贵大臣查照可也。

附件计有总督告示，扬州知府为戴德生先生房屋设置石碑上的告谕，以及麦华陀先生和赫尼奇舰长的咨文，向知府和当地政府为达成和解而申表谢意。另又交下壹佰贰拾元作为酬劳下属人员出勤招待之礼金。

英使阿礼国为辩明麦领事办理扬州教案并无措置失当事致奕䜣照会

同治七年十二月二十五日（1869年2月6日）

大英钦差驻扎中华便宜行事大臣阿，为照覆事。

同治七年十一月二十日接到贵亲王来文，内称扬州教案办理完结缘由等因前来。近亦据上海领事官麦禀报此案详细情形，本大臣查彼此将此案商辨完结，实堪庆幸，并此案既经完结，其原案情形本大臣本不愿再为提及。乃贵亲王照会内称麦领事办理此案情形，以为该领事措置失当，殊非两国共敦睦谊之义，是以本大臣不能不向贵亲王讲明其理。麦领事所办备节，甚属合宜，系因当时情形不得不然。贵亲王所不以为然者有二：一系麦领事将新造轮船扣留作为担保；一系麦领事前赴扬州，带同兵船二只，并驻扎城中，带兵三百余名。本大臣查该领事初次前赴金陵，谒见两江总督通商大臣曾，因系办公，是以乘坐兵船。当经曾制台将该领事请办各节俱已允准赶办，麦领事即行赶赴扬州，曾同地方官照依曾制台所准各节办理。及抵扬州，诇扬州府甘泉县显有哄骗，假作办理及遮饰滋事人等情形，是以麦领事复行折回金陵，再行谒见曾制台。所深惜者，管带兵船之总镇因病必须带船回沪，只剩麦领事一人办理此事，而曾制台竟行托故不见，置商口协议于不顾，藐视麦领事；并麦领事所请赔补之款，曾制台减为一千两。查其发银之意，并非为赔补教士亏累受伤之费，似系有意示恩。再细阅曾制台札行麦领事文内语意以及一切施为，俱有藐视麦领事之意。藐视本国领事官即与藐视本国无异。

据曾制台推诿情形，似欲驱之使去，有意将行欺侮。麦领事因此即行回沪，将一切情形理宜禀报本大臣前来。本大臣接阅后，当即赴署面晤贵亲王暨列位大臣会商，承允秉公办理，派委有权大员前往该处，会同领事官查明情形，以伸冤抑。本大臣细思麦领事初次赴金陵，未能将扬州案件办妥，亦似系曾制台相待轻侮，是以该领事二次赴金陵，不能不令其带同兵船前往。一则以重公事，二则亦可借资保护，并可以随时襄助办理。麦领事因鉴于前次兵船一经回沪，曾制台即行轻侮，故二次扣船作为担保，庶可操完案之权，是以不能谓其措置失当。而且必须扣船，缘由金陵大宪允办各节，既可食言，则此次允准办理即不能再以虚言为据，亦不能第以说话之人为可凭。再，该处官员等直以此案为戏，领事官暨兵船一经离去即将所许各节置之不顾。此等作为，以后万不可有，是以本大臣饬令领事官办理案件必须完结方可离去，并必须取一的保，以免该处官员等翻约之举。总之麦领事扣船之举，为贵衙门所甚厌之事，然实因曾制台以前举动情形以至如此，故曾制台应任其咎。麦领事前赴扬州，带同兵船二只，又驻扎城中带兵三百余名，贵亲王以为殊非两国永敦睦谊之义，亦非办理此案和之法。本大臣细思两国永敦睦谊，和乎办理此案，麦领事带船带兵之举，实为最善之法。而且此案最为危险之处，或地方官办事颟顸，或有奸民起意谋害并未得罪百姓之洋人，地方官默示以意，该奸民心知即经谋害洋人之后，其罪辜必能解脱。扬州百姓不久之间扰害扬州一会教士，该教士人等无论男妇老幼，均非对敌角力之人，而百姓盟誓将教士人等或系焚死，或系粉身碎骨，方快其意。竟将教士会中三人内有妇人二人扰害，受伤甚重，延医诊视，憾云已成终身之患。既有此事，麦领事前赴该处，如何可以只身放心前往？再者，该处地方官尤难仗恃，缘该处教士未受扰害之先，屡请地方官保护，并教士等被扰十日之前，地方官即知该处有名绅衿起意谋害教士，唆使百姓抢扰，及至作成凶恶之事，虽在耳目之前，并不能弹压。倘领事官入扬城时，或受百姓欺凌，或被谋害。此事最关重大，不惟扬州案件愈加难办，即与两国和好，亦甚有妨碍，是以麦领事带领船兵前往该处，只为遇有百姓扰害等事，有兵可以相敌，并可借资攻责再行滋事之人。因该领事如此办理，入扬城后毫无滋事情事，现已将全案妥协完结。以此而论，则麦领事所为实为合宜。

贵亲王来文内犹有数层，本大臣亦不能不为言明。即如所称，绅士等并无从中指使一节，此言不过仅系曾制台咨报之言。据麦领事禀称，案内之犯有一葛姓者系为首之人，该犯当查办之时，即先期逃避，一则情屈胆怯，一则亦明知教士等认识，必能将伊指出，是以不敢相见。该司道等同麦领事会办时，曾经允许于两个月限内定将在逃葛姓拿获到案，令戴教士指认。本大臣尚望贵亲王严饬该处地方官，务获此犯，从严究治。盖此犯为案中至要关健（键），凡百姓扰害洋人，率皆该绅士等怂恿调唆。及至有变，而该地方官又徇庇开脱。如果该绅士深知无论有何等职衔顶戴，倘有怂恿百姓扰害洋人情事，地方官定可将伊究治，其滋事之心自可立戢矣。

至来文又称，所有各省传教人等，应由本大臣转饬各口领事官妥为晓谕，务令安守本分，毋得滋生事端。本大臣查本国传教一流俱系安分善良，并无惹人嫌厌之处，其所作之事，皆系以善济人。本大臣若发此晓谕，必须该教士等确有不守本分滋生事端实据，方能照办。今毫无事迹，本大臣实难无故转饬晓谕，亦不能无故申戒，遽以伊等为有过之人。查戴教士在扬州所受污辱以及故杀幼童等事，皆系该处绅民宣播流言，有心陷害，愚民闻知，信以为实，遂尔衔恨。戴教士岂知皆系凭空捏造之词，委系毫无实迹，该绅民等彼时心内亦自知事属子虚，以故不敢赴万寿寺面见中外官员，与戴教士质对。该地方官等心知善人受辱，绅民任意布敝谣言，并投递匿名揭帖，乃竟袖手旁观，不肯认真究办造言生事之徒。而孱弱远人，力有不及，全赖中国律例为护符，地方官竟尔漠视，不为保卫，厥咎甚重。嗣后各省官员务须更改素行，恪守条约。而各省大宪尤须如此，庶两国不失和好，共敦睦谊。本大臣切望贵亲王转饬各省官员，令其体会修睦之义，想贵亲王亦必以为然也。

再，同治七年九月二十四日曾制台札复麦领事，文称贵领事前请各情，本大臣亦知系属在理，现又札饬地方官实力保护，并令出具严禁内地人民不准滋扰教士切实甘结等语。查麦领事于接此札复之前两月初次前赴金陵，曾制台若于彼时即行严查扬州府甘泉县办理此案情形，并于彼时有秉公办理之意，则彼时亦非不知麦领事所请系属在理，而地方官办理不善，理应撤任。是曾制台九月札复麦领事之文，既称亦知该领事所请系属在理，则七月间麦领事初次前赴金陵亦系讲明此理，曾制台于彼时即应秉公办理，何俟麦领事二次带领兵船前赴金陵，始将此案办理完结。自七月至九月两月之间，缘扬州之案未经办理，因而镇江地方亦几险有滋扰等事，以致外国官有逼令该处官员办理情事，实皆曾制台所招致，而且镇江几有滋扰等事，并外国官逼令该处官员办理，若不欲事势至此地步，在当日惟曾制台能操其权，又况按照条约，曾制台亦不应令事势至此地步。本大臣细思，曾制台应亦思当日于麦领事初次赴金陵时，即将案件办理，诸事甚有便宜，亦深系两国共敦睦谊之义。

为此照覆贵亲王查照可也。须至照会者。右照会大清钦命总理各国事务和硕恭亲王。

第三章　天津教案相关资料

1870 年（同治九年）6 月 21 日，天津民众为抗议"天主教会机构残杀中国孩童"而攻击、焚毁天主教教会机构包括育婴堂、教堂、医院，并造成近 20 名外国人和 30 名中国信徒被杀。后称"天津教案"。

较之扬州教案，天津教案影响更大，且因毗邻京城，故而引起更大关注，各种中外资料更多。此处不拟将关于天津教案的所有资料（比如后续各方角力的来往函件等）详述，仅引用与引发该教案相关的若干官方资料，均来自中国第一历史档案馆和福建师范大学历史系合编、中华书局出版（1996 年 06 月第 1 版）的《中国近代史资料丛刊续编》之《清末教案》第一册（中方资料）或第六册（英国议会资料）。

俄日等七国使为请惩办天津教案人犯事致奕䜣联衔照会
同治九年五月二十四日（1870 年 6 月 22 日）

大俄国署理全权大臣布、大日国钦差驻扎中华便宜行事大臣巴、大美国钦命驻扎中华便宜行事全权大臣镂、大布钦差大臣代管北德意志公会事务李、大比国钦差驻扎中华便宜行事大臣金、大法署理钦差全权大臣驻扎中国京都总理本国事务罗、大英署理钦差驻扎中华便宜行事大臣威，照会事。

照得天津府城系京师门户，所有法国领事各官并传教教士、守真女子以及商民人等，均在天津寓住，忽被发狂民众纵凶杀害，并将衙署教堂焚烧拆毁，其余在彼居住各国官民是否能以保全，至今情形虽无全足确据，尚恐凶多吉少。本大臣等闻之，未免怜恨交加，想似此凶残，贵国必亦同情公愤，岂不知此事责有攸归国家有应尽之分？若不妥筹善法，预保将来，倘再滋生事端，贵国将何以对各国耶？试思各国之人，皆系各国付与中华，赖以保全，而各直省保护之法均无足恃，由天津一处已可概见。是宜迅定善法，务使各省确知秉政者定见，必将各国客民身家保守。此议与外邦既属有益，亦更为中国免损之举，其要尤在迅速。盖政令之源，枢要统在京师，津郡距京路程不过三百余里，尚有此患，外省较远地方，法令更无成效。案内各犯不能迅为惩办，诚恐他省效尤，亦所不免。要在使各国闻知此案，亦即得知经将各犯惩治，可期子民寄与贵国，定能保其无虞，以解深虑而抒中怀也。

为此会衔照会。须至照会者。

右照会大清钦命总理各国事务和硕恭亲王。

三口通商大臣崇厚奏报天津教案经过请饬直隶总督曾国藩来津查办折

同治九年五月二十五日（1870 年 6 月 23 日）

三口通商大臣、兵部左侍郎崇厚奏。

窃天津一带自入夏以来亢旱异常，人心不定，民间谣言甚多，有谓用药迷拐幼孩者，有谓义冢内有幼孩尸骨暴露者，有谓暴露之尸均系教堂所弃者，遂有谓天主教挖眼剖心者，纷纷谣传，并无确据。旋经天津府县拿获迷拐幼孩之匪徒张拴、郭拐二名，讯明正法。民间迷拐之事愈传愈多，街巷为之不靖。旋经民间拿送教堂教读之沈希宝，殴打送官，经天津县刘杰讯明，实系带领学生回家，并非拐带，遂即释放。本月二十日又有桃花口居民拿送迷拐李所之武兰珍一名，天津县讯出有牵涉教堂之王三等情。于是民情汹汹，闾阎蠢动，经天津道周家勋往晤法国领事官丰大业，查问王三之事。该领事亦允为查办。奴才以民心浮动，恐滋事端，当见丰大业，约其限同地方官，讯问犯供，以明虚实。并告以民情蠢动，必须确切查明，方免生事。该领事与其传教士谢福音，约定二十三日巳刻，天津道府县押带该犯前赴该堂查看对质。及期，该道周家勋、知府张光藻、知县刘杰带匪犯武兰珍前往，面见教士谢福音，亦甚恭顺，指令该犯识认所历之地方房屋。该犯原供有席棚栅栏，而该堂并无所见，该犯亦未能指实，遍传堂中之人，该犯并不认识，无从指证。该道府等遂带犯回署。旋据教士谢福音来奴才署中，面商日后办法，以期民教相安。奴才与该教士议明，嗣后堂中如有病故人口应报明地方官验明，限同掩埋。其堂中读书及收养之人，亦应报官，任凭查验，以释众疑。该教士均允照办。

该教士去后，奴才正拟出示以安民心。未刻，忽闻有教堂之人与观看之众闲人口角相争，抛砖殴打。当派武弁前往弹压，适丰大业来署，当即接见。看其神气凶悍，腰间带有洋枪二杆，后跟一外国人，手执利刃，飞奔前来。未及进室，一见即口出不逊。告以有话细谈，该领事置若罔闻，随取洋枪当面施放，幸未打中。经人拉住，奴才未便与之相持，暂时退避。该领事进屋，将什物信手打破，咆哮不止。奴才复又出见，好言告以民情汹涌，街市聚集水火会已有数千人，劝令不可出去，恐有不虞。该领事奋不顾身，云我不畏中国百姓，遂盛气而去。奴才恐致滋事，当派弁随同护送。讵意该领事路遇天津县刘杰自该堂弹压而回，该领事又向其放枪，未中，误将刘杰之家人打伤。众百姓瞥见，忿怒已极，遂将丰大业殴毙命。传锣聚集各处民人，将该教堂焚毁，并将东门外之仁慈堂焚烧，别处讲书堂亦有拆毁之处，传教、习教中外之人均有伤毙。奴才赶即督同地方文武，并派队弹压。奈百姓人多势众，顷刻之间，杀伤焚毁，已经成事。堂中教民亦纷纷逃散，奴才等分投劝解弹压，一面督饬将火扑救，以免延烧民房。其焚烧拆毁教堂共几处，伤毙中外教民若干名，札饬天津府县，赶紧查明，详细具报。

此事初因掩埋幼孩谣传有挖眼剖心之事，继又因拿获迷拐匪徒供出教堂之人，以致百姓怀疑积忿，有激而成。现在妥为开导，众民渐已解散。事关重大，应请饬下直隶总督曾国藩来津确实查办，以靖地方。

（夷务清奉）

着直隶总督曾国藩迅赴天津与崇厚持平办理该处教案事上谕

同治九年五月二十五日（1870 年 6 月 23 日）

军机大臣密寄大学士直隶总督、一等毅勇侯曾、三口通商大臣兵部左侍郎崇。同治九年五月二十五日奉上谕：

崇厚奏……等语【内容类上，此略】。

仍着崇厚督同地方文武，将该民人等设法开导，妥为弹压，毋令聚众再滋事端。曾国藩病尚未痊，本日已再行赏假一月，惟此案关系紧要，曾国藩精神如可支持，着前赴天津，与崇厚悉心会商，妥筹办理。匪徒迷拐人口，挖眼剖心，实属罪无可逭，既据供称牵连教堂之人，如查有实据，自应与洋人指证明确，将匪犯按律惩办，以除地方之害。至百姓聚众，将该领事殴死，并焚毁教堂、拆毁仁慈堂等处，此风亦不可长。着将为首滋事之人查拿惩办，俾昭公允。地方官如有办理未协之处，亦应一并查明，毋稍回护。曾国藩等务当体察情形，迅速持平办理，以顺舆情而维大局。原折着抄给曾国藩阅看。将此由五百里各密谕知之。

钦此。遵旨寄信前来。

三口通商大臣崇厚奏为自请治罪及将天津道府县分别严议等情折

同治九年五月二十七日（1870 年 6 月 25 日）

三口通商大臣、兵部左侍郎崇厚奏：

窃本月二十三日天津民人因法国领事官丰大业赴奴才衙门施放洋枪后负气而出，路遇天津县刘杰、该领事又向其放枪，未中，误将刘杰之家人打伤，众百姓忿怒，致将丰大业群殴毙命，当将该教堂焚毁。各等情驰奏在案。

伏思奴才奉命办理通商多年，不能绥靖地方，以致酿成巨案，有负天恩；天津道周家勋有表率之责，不能先事豫防；天津府知府张光藻、天津县知县刘杰于办理拐案操之过急，以致民情浮动，聚众滋事，均属咎无可辞，相应请旨将奴才治罪，天津道、府、县分别严议革职，以为办理不善者戒。并恳天恩，明颁严旨，宣示中外，以安各国人之心而弭衅端。

三口通商大臣崇厚奏陈天津教案衅由并责成天津县不准民间擅自拿人片

同治九年五月二十七日（1870 年 6 月 25 日）

三口通商大臣、兵部左侍郎崇厚又奏：

再，查津郡百姓与天主教起衅之由，实因愚民无知，莠民趁势为乱，始而有迷拐人口之谣。于是各处民人率行拿人送交府县，甚至殴打成伤，始行送官。地方官不问由来，即行收讯，于是沿街沿巷百姓拿人之风因此而起，谣言日多，酿成巨案。现在众民解散，尚有匪徒以奉官查拿迷拐为名，或以查拿教民为说，有径入人家以查教为名搜抢，并将男妇送官以为得计。津郡五方杂处，人心浮动，岂可为此乱阶！当责成天津府县，剀切晓谕众民，不准民间擅自拿人，并派队分投弹压查拿，严行惩办，目下已渐安贴。

着将崇厚等交部议处等事上谕

同治九年五月二十七日（1870 年 6 月 25 日）

同治九年五月二十七日内阁奉上谕：崇厚奏，津郡民教起衅争殴，自请治罪，并将地方官分别严议革职一折……崇厚、周家勋、张光藻、刘杰着先行交部，分别议处。仍着曾国藩于抵津后，确切查明，严参具奏。至迷拐人口匪徒及为首滋事人犯，均应查拿惩办，并着曾国藩会同崇厚彻底根究，秉公办理，毋稍偏徇。

钦此。

着直隶总督曾国藩抵津后与崇厚察情妥办事上谕

同治九年五月二十七日（1870 年 6 月 25 日）

军机大臣密寄大学士、直隶总督、一等毅勇侯曾，三口通商大臣、兵部左侍郎崇。

同治九年五月二十七日奉上谕：……着曾国藩于抵天津后，与崇厚体察情形，妥为办理。嗣后遇有此等案件，惟当责成地方官，严密拿办。并饬该府县剀切晓谕，不准民间擅自拿人，徒滋纷扰。至百姓殴死领事，焚毁教堂各情，尤宜迅速查明。一面檄饬地方官，严缉正凶，弹压滋事人众，毋任再起衅端，以安中外人民之心。原片着抄给曾国藩阅看。将此由五百里各密谕知之。

钦此。遵旨寄信前来。

法署使罗淑亚为请派妥员一同赴津棺殓被杀法人事致奕䜣照会

同治九年五月二十七日（1870 年 6 月 25 日）

大法署理钦差全权大臣驻扎中国京都总理本国事务罗，为照会事。

本大臣文移贵亲王暨诸贵大臣阅之。兹因天津突起惨情痛心之变，闻之至极，如捣于心，并据驻京各国钦差大臣同具茨心难安约片，请本大臣画押其上，以昭同情之切。本大臣允此，乃系所应。除此之外，仍有所应者。因本大臣系法国大皇帝特派之大臣，缘天津被凶杀之多命皆系法国之人，所焚烧之房产皆系法国之业，是以皆分所应办之事。前本大臣曾与诸贵大臣言过，不知将来本国皇帝闻此凶惨重案心意何安？尚不知夫命下之日，派走何路而办。据本大臣又云，于此不过行两国联合之孔道各等语。与目今之所筹思，仍然无异。如现在若拟定办法，请烦贵国如何完结乃合本国之所欲，暂且非本大臣所应干。现时所应为者，即逾早逾好，本大臣前往天津，以便亲认死尸棺殓埋葬，并可于曾中堂查讯之处，随在得闻其详。因此切请贵亲王于总理衙门诸贵大臣之内指派妥员相同赴津，订于二十九日起程。

为此照会。须至照会者。右照会大清钦命总理各国事务和硕恭亲王。

直隶总督曾国藩奏覆目前病情并拟赴津办理教案折

同治九年五月二十九日（1870 年 6 月 27 日）

大学士、直隶总督、一等侯臣曾国藩跪奏，为钦奉谕旨，恭折覆陈，仰祈圣鉴事。

窃臣接准军机大臣密寄同治九年五月二十五日奉上谕：崇厚奏津郡民人与天主教起衅，现在设法弹压，请派大员来津查办一折……钦此【上谕内容见前，此处从略——编者注】。

臣查各省打毁教堂之案层见迭出，而殴毙领事洋官，则为从来未有之事。此次法国领事丰大业以激犯众怒，群殴毙命，案情较为重大。外国于各省教案稍为轇輵者，往往挟制多端，如七年扬州、台湾之案，该国均派兵船前往；八年贵州、四川之案，亦带兵船溯江上驶。闻该公使回京之时，颇以携带兵船为得计。此次领事伤毙，该使尤为忿恚，其由香港、上海等处调派兵船来津，乃意中之事。惟该使将调兵船必先与总理衙门商论及之，如总理衙门多方劝阻，令其不调兵船自为上策。如不能先事阻止，则臣等在津亦必无能阻之势，但立意不欲与之开衅，准情酌理，持平结案，彼即调派兵船，不过虚疑恫喝之举，无所容其疑惧。现闻罗淑亚声称，此案必需请示本国君主，固系张大其事，推波助澜之词。然此等重案，该使未曾经历，其言不敢自主，或亦实情。总之或调派兵船，或请示国主，计皆展转需时，非一两月间所能速了。目下二者未露端倪，如何办结之法未暇骤行议及。

惟此案起衅之由，系因匪徒迷拐人口，牵涉教堂。昨据天津镇道来牍，武兰珍所供之王三业经弋获，必须讯取确供。武兰珍是否果为王三所使，王三是否果为教堂所养；挖眼剖心之说是否凭空谣传，抑系确有证据。此两者为案中最要之关键，审虚则洋人理直，审实则洋人理曲。即使曲在洋人，而公牍亦须浑含出之。外国既毙多命，不肯更认理亏，使在彼有可转圆之地，庶在我不失柔远之道。若其曲不在洋人，则津民为首滋事者尤须严查究惩，推求所以激变之由，不能不从此两层悉心研鞫，力求平允，以服中外之心。至传教、习教之人伤毙若干，中国、外国之人无故被害者若干，皆须切实查明。严拿凶手，以惩煽乱之徒；弹压士民，以慰各国之意。皆系目前要务，想通商大臣崇厚必能妥为料理。

谕旨饬臣前往，仍谆谆垂询臣病。臣之目疾系属根本之病，将来必须开缺调理，不敢以病躯久居要职。至眩晕新得之症，现已十愈其八。惟脾胃亏弱，饮食减少，月余以来在署登阶降阶需人扶掖，因医者言，眩晕之症，恐一跌辄半身不遂也。此等重要案件，臣不敢因病推诿，略加调理，练习行步，数日内稍可支持，即当前赴天津，与崇厚悉心商办。其刻下急宜查讯各事，仍一面先派候补道员博得宏武陈重迅速赴津，会同天津道府详讯办理。法国之在津者丰领事、谢教士既已殴毙，尚无主持之人，各道府趁此时查讯衅端，当易就绪。至该公使将来如何举动，是否调派兵船，臣等随时请旨遵行。

所有微臣奉旨饬赴天津缘由，谨缮密折覆陈，伏乞皇太后、皇上圣鉴训示。谨奏。

恭亲王奕䜣等奏各使馆洋人均怀疑虑请明降谕旨宣布中外折

同治九年五月三十日（1870 年 6 月 28 日）

总理各国事务恭亲王等奏：

窃天津民教滋事一案，经崇厚于本月二十五日具奏，臣等连日叠据法国使臣罗淑亚及各国使臣联衔照会，皆以此事关系重大，非寻常各省教案办法所能了，又恐各省谣言四起，人心惶惑，设有不虞，更难结局。坚请中国设法保护洋人并其货产。昨复据俄国使臣来函，声称通州东定岸村闻有匪人欲行焚毁教堂，请为行文保护。又据各国使臣面称，各馆洋人等均怀疑虑，请派人照料。各等语。

臣等公同商酌，因恐再滋事端，更难措手，当即行文顺天府府尹，转饬通州地方官派役弹压，并约步军统领存诚等来署，密嘱派员，分赴各馆左近常行巡查，暗地保护。惟查天津未经滋事以前，该使即有风闻江浙各省因拐掠人口牵涉教堂之言，欲亲赴各地查探等情。是外省人心惶惑，已有传闻，难保不有意外之事。该使臣等请明降谕旨，以安众心，自系为先事豫防起见。伏念津郡业因讹传，酿成巨案，至今百姓犹未深悉原委，似宜趁此宣布中外，解释群疑，免致各处为谣言所惑，群起与洋人、教民为难，或亦防患未然之一法也。

恭亲王奕䜣等奏请简派大臣一员亲赍国书前往法国相机办理折

同治九年五月三十日（1870 年 6 月 28 日）

总理各国事务恭亲王等奏：

窃查天津滋事一案，臣等连日往晤法国使臣罗淑亚，筹商办法。该使臣总以案关重大，必待本国之命而行，非伊所敢干预为词。查该使臣遇各省细故，皆暴躁异常，此次反若不甚着急，似伊已有定谍，恐成不测。其翻译官德微理亚声称，此案有四件重情，最要者系拉毁本国旗号，其次伤毙职官，三杀伤本国人命多人，四焚毁教堂。所以伊公使不敢作主，看中国如何办理。臣等因向各国使臣，告以法国倘因此事遽行决裂，于各国通商大有关碍。据各国使臣云，亦知法国因此用兵，于各国商情有碍，惟中国若无妥善办法，各国即欲相助，亦难代为居间排解。且罗淑亚性情躁急，其水师提督尤暴躁非常，现在各海口停泊，难保不遽尔失和，各国亦无词阻止。若赶紧奏请大皇帝特简大员，亲赍国书，驰赴法国，先尽中国友谊道理。设伊提督等遽欲逞强，则各国自可从旁代为理阻，否虽爱莫能助等语。

臣等查泰西各国，向以旗号为重。如有拉毁情事，即与伤其国主无异，每每因此动兵。况加以杀毙领事各节，其势尤为可虞。各国使臣所云自系泰西各国实情，似非虚声恫喝。且恐各国平时联络密于中国，若不从其所请，则各国受损，将来势必协以谋我，其患更深。臣等再四商酌，迄无善策，祇好权其利害轻重，惜图挽回补救，相应奏请简派大臣一员，亲赍国书前往法国，相机办理，或亦亟图弭衅之一端也。至一切未尽事宜，容臣等随时酌核具陈。

着各直省督抚严防所属因天津教案而滋事端事上谕

同治九年五月三十日（1870 年 6 月 28 日）

同治九年五月三十日内阁奉上谕：

前因天津地方有匪徒迷拐幼孩，牵涉教堂，民间怀疑起衅，将法国领事官群殴毙命，焚毁教堂，并殴毙多人，兼误杀俄国商民，情形甚属可悯。业经降旨将崇厚及办理不善之地方官先行交部议处，仍令曾国藩确查具奏，并将迷拐人口匪徒及为首滋事人犯严拿惩办。因思各国通商以来，遇有交涉事件，皆有条约可循，中外商民相安已久，朝廷一视同仁，但分良莠，不分民教。各处匪徒如有影射教民作奸犯科者，即应随时访拿，详细究明，从严惩办，岂可任令民间传播谣言，妄行生事。此次天津既有民教滋闹之事，恐各省地方亦不免因此怀疑启衅。着各直省督抚严饬所属地方官，务须剀切晓谕，妥为弹压，并将各处通商传教地方随时保护，毋任愚民借端滋事。

钦此。

着三口通商大臣崇厚充出使法国钦差大臣事上谕

同治九年五月三十日（1870 年 6 月 28 日）

同治九年五月三十日奉旨：

三口通商大臣、兵部左侍郎崇厚着充出使大法国钦差大臣。钦此。

醇郡王奕譞奏拟思患预防培植邦本四条折

同治九年六月初三日（1870 年 7 月 1 日）

醇郡亲王奏：

臣恭读五月二十七日内阁奉上谕：崇厚奏，津郡民教起衅争殴。等因。钦此。仰见圣度宏绰，维持国体至意。在事诸臣必能力顾大局，筹措尽善，不致滋蔓难图，益伤国脉。原无须管窥琐陈，第起衅原委，固备载于纶音，而措置机宜，非局外所应预闻。此区区愚忧有难安缄默者也。

伏思自办理和约以来，各国处心积虑，无非剥削中国，惑人心而侵土地，平日借端要求，虚声恫喝，已不堪其扰。此次该酋被戮，教堂被焚，有不自讳其曲极力与我为难者乎！然事之操纵固难，理之曲直自在，虽不能以之喻彼犬羊，正好假以励我百姓。谨拟思患豫防培植邦本四条，为圣主陈之：

一、津民宜加拊循，勿加诛戮，以鼓其奋发之志也。民为邦本，载在圣经。此次衅端，自夷而开，我民茹痛含仇，非一朝夕。一旦激于义愤，致成巨案，正宜加意拊循，激其忠义之气，则藩篱既固，外患无虞，非禁遏刁风可同日语者也。

一、地方官勿轻更动，以洽民望也。风闻天津府县力缉奸宄，颇为百姓爱戴。此次夷酋肆其披猖，擅向崇厚等放枪，立遭诛夷，民知捍卫官长，岂非国家之福。臣愚以谓不可因此概将地方官罢斥左迁，正宜博采舆论，斟酌去留，不惟民望有归，亦可借以儆顽梗也。

一、海防机宜应密筹也。该夷经此惩创必寄信回国，甘心于我。若不早为密防，其患有不可胜言者。请饬下直隶总督暨沿海将军、督抚，统筹胜算，严密奏闻。一面密觇民心向背，设法鼓舞，免为诡谲所诱，庶四海之内众志成城，该夷纵坚甲利兵，又乌能逞其技哉！

一、住京夷人宜密察也。臣去年条奏折中曾列稽查夷人数目一条，今既构衅，据我腹心，睡我榻前者，岂容漫无稽核。总理各国事务衙如何防范之处，臣不能悉。据理而论，不外乎知其成数，察其行为，阳示大公，暗为布置。趁此患难未作，勿耽苟安，凡该夷一举一动，务得其详，庶临事不致徬徨失措，实为要着。

以上四条，均为目前急务，可否饬下总理各国事务衙门、曾国藩斟酌办理。总之不能使彼不来，要在虽来而不惧，不能遏彼欲战，要在虽战而无虞。然后再讲和约，可免别生枝节。

【奉御批：总理各国事务衙门悉心妥议具奏】。

恭亲王奕䜣奏报照会法使冀遏兵端等情折

同治九年六月初五日（1870 年 7 月 3 日）

总理各国事务恭亲王等奏，为体察天津滋事一案，亟宜筹办情形，现经照会法国使臣罗淑亚，指示切实办法，冀遏兵端，恭折密陈，仰祈圣鉴事。

窃查此案前经三口大臣崇厚奏陈起衅缘由，即蒙谕旨，派令曾国藩驰赴天津查办。复由臣等两次密奏，钦奉上谕：着各直省督抚切饬所属，将传教通商地方妥为保护。旋经奉旨派令崇厚出使法国，均由臣衙门恭录谕旨，照会各国使臣在案。

臣等悉心筹商，此案关键首在详核案情，确究虚实，方足以服中外之人心。尤在审机度势，豫杜兵端，庶不至有碍中外大局。现据曾国藩奏报，业经先派道员赴津详究实情，复准该督臣函称，拟初六日起身前往查办，自必可有端倪。所陈一切机宜，悉中款要，必能仰副圣廑。至法国使臣罗淑亚自闻津门之事，总以请命本国为词，隐挟制之意。各国使臣均以事情重大，难免用兵，于我则故示关切之谊，于彼则暗为怂恿之谋。迨奉钦派大臣前往法国之旨，臣等面见法国使臣，称述恩命，适因接据崇厚公函，以该国巡海兵船不日到津，必须远泊紫竹林，与英国巡船同在一处，方免百姓惊疑等语。遂将此层一并告知该使臣，谓现在此事意在修补，不在用力。并谓巡船到津，可与英船同泊，其意已微露转圜。臣等公同酌度，若不乘机说入，恐稍纵即逝，或被他国从旁煽动，办理必益形棘手。而此案现在办法，自以力遏兵船为第一要义。彼族性情向来遇事皆刻不欲缓，此时距天津起事之日业已经旬，尚无实在相许之事，只以空文往复，恐伊本国及在中国之该国水师兵官不能耐此迁延。万一因无准约，遽尔启衅，将来更难收拾。再三审酌，即由臣等备给一切实照会，以安该使臣及其本国之心。词意所指，仍不过缉凶抵偿，赔修教堂及领事寓馆，并议恤已毙人命之端。撰厥事机，现在即无此照会，日后议抵、议赔亦属势所必然。不如先用切实语气，使之忿心稍平，而兵端或因之稍戢。自缮给该使臣照会后，该国翻译官德微理亚于初三日来臣衙门，面称收到照会，钞寄本国，当不至为浮言所动等语。虽此后办理各节未易就绪及是否弭衅，尚无十分把握，而障水于未澜，薙草于未蔓，或亦豫遏兵船之一端也。

除钞录照会密致曾国藩、崇厚查照核办外，谨缮折密陈，并照录臣等给罗淑亚照会一件，恭呈御览。

【御批：依议】。

直隶总督曾国藩奏报赴津查办日期及伤毙洋人数目折

同治九年六月初七日（1870 年 7 月 5 日）

大学士、直隶总督、一等侯臣曾国藩跪奏，为遵旨前赴天津，恭报起程日期，仰祈圣鉴事。

窃臣于五月二十九日覆陈赴津查办一折，奉上谕……其伤毙人口，据天津县知县禀报，已获尸具妥为棺敛者，法国十三人，俄商三人，其余尚未查确。其焚毁房屋，据天津县知县禀报，法国教堂一处，公馆一处，仁慈堂一处，洋行一处。又误毁英国讲书堂四处，美国讲书堂二处。臣与崇厚往返函商，拟先将俄国误伤之人及英美误毁之讲堂速为料理，应赔偿者先与赔偿，不与法国一并议结，以免歧混。此议能否办到，现尚未敢预期。至教堂牵涉迷拐之案，讯供虽稍有端倪，尚未能确指证据。天津倡首滋事之众，弹压虽渐就安戢，然而未敢查拿正凶。二者查办之要，莫大于此。而棘手之处，亦在于此。臣智虑短浅，此次赴津，深惧措置乖方，失机偾事。

除俟到津后，随时奏明请旨遵行外，所有起程日期，恭折由驿驰报，伏乞皇太后、皇上圣鉴训示。谨奏。

【军机大臣奉旨：另有旨。钦此】。

着直隶总督曾国藩等先将英美俄国等案先行议结事上谕

同治九年六月初八日（1870 年 7 月 6 日）

军机大臣密寄大学士、直隶总督、一等毅勇侯曾，三口通商大臣、兵部左侍郎崇。同治九年六月初八日奉上谕：

曾国藩奏起程赴津筹办情形一折……曾国藩拟将误毙俄国人命及误毁英美两国讲堂先行设法议结，不与法国牵混，所见甚是。着即会同崇厚妥为商办，以免辗转。将此由五百里各密谕知之。

钦此。遵旨寄信前来。

曾国藩奉旨到达天津后即颁布谕天津士民（同治九年六月初九日）【载于《曾国藩卷》，董丛林编，中国人民大学出版社，2014年，第498页】

自咸丰三、四年间，本部堂即闻天津民皆好义，各秉刚气，心窃嘉之。夫好义者，救人之危难，急人之不平，即古所谓任侠之徒是也。秉刚气者，一往直前，不顾其他，水火可赴，白刃可蹈之类是也。斯固属难得之质，有用之才，然不善造就，则或好义而不明理，或有刚气而无远虑，皆足以偾事而致乱。即以昨五月二十三日之事言之：前闻教堂有迷拐幼孩、挖眼剖心之说，尔天津士民忿怒洋人，斯亦不失为义愤之所激发。然必须访察确实，如果有无眼无心之尸实为教堂所掩埋，如果有迷拐幼孩之犯实为教堂所指使，然后归咎洋人，乃不诬枉。且即有真凭实据，亦须察告官长，由官长知会领事，由领事呈明公使，然后将迷拐知情之教士、挖眼剖心之洋人大加惩治，乃为合理。今并未搜寻迷拐之确证、挖眼之实据，徒凭纷纷谣言，即思一打泄忿。既不察明中国官长，转告洋官，自行惩办；又不察明官长，擅杀多命，焚毁多处。此尔士民平日不明理之故也。我能杀，彼亦可以杀报；我能焚，彼亦可以焚报。以忿召忿，以乱召乱，报复无已，则天津之人民、房屋皆属可危。内则劳皇上之忧虑，外则启各国之疑衅。十载讲和，维持多方而不足；一朝激变，荼毒万姓而有余。譬如家有子弟，但逞一朝之忿，而不顾祸患人于门庭，忧辱及于父兄，可乎？国有士民，但逞一朝之忿，而不顾干戈起于疆场，忧危及于君上，可乎？此尔士民素无远虑之故也。

津郡有好义之风，有刚劲之气，本多可用之才，然善用之，则足备干城；误用之，则适滋事变。闻二十三日焚毁教堂之际，土棍游匪混杂其中，纷纷抢夺财物，分携以归。以义愤始，而以攘利终，不特为洋人所讥，即本地正绅，亦羞与之为伍矣。

本部堂奉命前来，一以宣布圣主怀柔外国、息事安民之意；一以劝谕津郡士民，必明理而后可言好义，必有远虑而后可行其刚气，保全前此之美质，挽回后日之令名。此后应如何仰体圣意，和戢远人，应如何约束同侪，力戒喧哄，如何而惩既往之咎，如何而靖未平之气，仰读书知理君子悉心筹议，分条禀复。特谕。

英使威妥玛为天津教案内英女露义萨被杀事致奕䜣照会

同治九年六月十一日（1870年7月9日）

　　大英署理钦差驻扎中华便宜行事大臣威，为照会事。

　　照得本年五月二十三日津郡民众凶杀在教之守真童数口，据报内有本国阿尔兰地闺女露义萨，此女前数月在西城仁慈堂居住时，本大臣赴堂相拜，见伊在堂经理一切，旋知前赴天津教堂照管。今闻滋事案内一同被害，始知即是其人。此次在津守真童各人惨遭戕害，民气忿激至此，是否别有他故，暂置弗论。要在津民既以该童每收小儿入堂，渐疑或有挖眼剖心作为药材等事，以致动众，焚毁法国馆堂。数日以来，更闻外省各处议论沸腾，乃以绝无影响之事，竟尔深信不疑。在愚民无知，尚可原谅，而搢绅士族亦皆众口一词，不但官府出示提及此事，甚至有学问之人妄称各省水旱之灾，皆由上天不忍睹此荼毒生灵而归咎于外人。夫仁慈堂守真童之设，究其实意，初在法国于明末十年以前建立善会，其中不止一国之人，无论富贵贫贱，一经出家，俱似无亲可依，无友可恃，专以自承重任至终。司理其事，不分何国何类，凡有疾病困苦人类，均归经管。更有婴儿，或系父母亡故无靠，或系父母无钱养赡，或系父母因贫弃抛，皆为守真童抚育，此不但在中华为然，即在各国亦见每年不下数百婴儿收入各堂。存者入门奉教，亡者按礼葬埋，由来如此，毫无别情。忖思杀孩坏尸，虽在野番理亦不能以此凶恶举动见疑。彼守真童始终务此仁业，独可以此疑之乎？设小民谬怀此疑，而官长不能设法为之解释，其贻害于中华，伊于胡底。盖出诸学问深沈者，乃以一心救苦之女，指为忍心害理之徒，则百姓于凡属远人何免一律相看，岂非视为仇敌？既视为敌，焉得不思乘机以敌待之？总之，残幼一事，有之固属可恨，无之殊属可笑。而贵国官民绅士均竟深信不疑，一至于此，则外国何所凭依以为保护本属人民？倘若并无足倚，疑虑属民如此临险，大邦何不自任字民之责？迨其越界欲以本力自庇之际，中华相让，难免失体，意欲弗让，力实未逮。是此二举兴一，于天下大局尚可问乎？贵国如斯危重，实非专用此一良策彼一善计，冀能斡旋。何则天津一案凶惨之极，不但法国一邦，凡秉化诸国闻之亦觉怜恨交加。

　　嗣议何办，现难拟料，所有主使为从各等人犯，固必严拿惩办，自不待言，亦未能因此一举，即使各国尽以婉语温词，克期毕事无虑。盖中外每生不洽之由，实原直省各处官民懵然弗明，匪但以教士作恶一端为然。此外尚有多节，心中素昧，是当于远人每行刻待，全以外人品行以及在华应得分例，各省丝毫未明。类如外国，原属人物，奈何称为鬼夷，仍以中华自居为长，外国视为属邦，岂知此皆往古虚饰之言，则于中外两国交聘，未免疑谓似此往来碍于国体。不知两国设不以礼交待，和好之谊未能斯须可保。又于各国官长本属职员，士民茫不知晓，第以内地官宪仅可随时驾驭，督责华洋通商，每疑益偏于外，弗知通商日盛，中华地利自兴，久之财物现发，则国力当不次于海外。以上数层，京外官民迄今未能省悟。敝见无从开其茅塞，则失和之机在于朝夕。盖保和之底蕴，可以一言贯之，总以务见措施为证。贵国果有永保友谊之心，首在交接外国之气神动作全须变更。思之前叙敝言有约，各国无不有案未结，适与一国失和，诸国视同一律，似此兵端，是否贵国隐忧，无庸具论。祈思预防之策，实不过一议。百姓景仰在于绅士，绅士以外人为敌者，皆缘未明外国之实情，则发蒙振愤系贵国秉政之重责，诱启之方，不在托诸空言，尚须用于实行，此防危之至计。再者，以速为要，本大臣不能不附此言及。斯理前与贵亲王暨列位大臣论之匪止一次，事已至此，窃再为复赘，尚希见原。英民露义萨被杀命案，当经咨会本国转行具奏外，合行备文照会贵亲王查照可也。

为此照会。须至照会者。右照会大清钦命总理各国事务和硕恭亲王。

内阁学士宋晋奏为天津教案似坐罪镝重百姓应饬曾国藩从实研讯折

同治九年六月十四日（1870 年 7 月 12 日）

内阁学士宋晋奏：

窃臣于六月初一日，恭读邸钞，内阁奉上谕：前因天津地方，有匪徒迷拐幼孩……钦此。【上谕内容见前，此处从略】。仰见圣明于悯恤夷人之中，仍寓确实查办之意。惟详绎词句，自天津而推之各省，似坐罪偏重百姓一边，恐舆情未能允服。臣伏查自通商以来，各国所住之处，民间久与相安，从未有怀疑散谣之事，惟传教之法国，则到处不能安静，历有明征。果其真能行善，人当欣喜听从，何以所在皆传有损折幼童、挖眼挖心等事？是其教中之良莠难齐，该国亦难自保。此次天津滋事，闻因三四月间拍花案多，曾经访获一人讯明正法。嗣又拿获两人，正在研讯，即为法国公使挟请释放，民间遂已滋议。嗣又讯出教堂中有奸民王三，主使迷拐，并给人红药等事。随向法国公使查讯，回称并无其人，嗣经天津府县前往搜查，百姓亦聚众相随。

该公使不服，径至通商衙门寻衅，开放洋枪，崇厚幸未被伤。嗣路遇天津县，又放一枪，愈致百姓激怒，登时将公使殴毙。随至天主堂于地窖内放出小孩，杀其毛女，烧其洋楼。又至该国所设之仁慈堂，搜出幼孩，并搜出坛装幼孩眼睛。因而又将该堂教夷杀毙，并将天津所有教堂，全行拆毁。此天津官商来往都中，所言大抵相同。

近又闻天津自前月二十三后，大致业已镇定，自奉第二次谕旨后，人心未免惶惶，复有教民向天津府轿中掷砖之事。似此百姓怀疑，教民长恶，更恐别滋事端。臣窃惟和局必当保全，民心尤宜维系。矧天津县于咸丰年间，曾经民团倡义，击退贼匪，先帝深为嘉奖。此次激成众怒，愤杀教夷，自因拐失幼孩太多，痛心疾首，而该公使复叠次放枪，向通商大臣及天津县寻衅，激变亦非无因。且迷拐之事，民间绝不猜疑他国，而动辄指名法国，即各省地方滋事，亦大率以此为辞。如谓毫无影响，何至处处凭空捏造。岂天下百姓，于他国皆可耦居无猜，而独于法国有不解之冤耶？设使法国意不传教，民间又何从谣言生事耶？

总之欲惩擅杀之罪，必究起衅之根。一国之疵瑕，固关全局；天下之得失，尤系民心。现在既奉谕旨，交大学士、直隶总督曾国藩查办，闻王三现已拿获，赶出之幼孩，闻亦经绅士收养，无难立时查究。应请饬下曾国藩，速将此案孰有孰无，孰曲孰直，研讯的实，一切毋庸回护。想曾国藩公忠正直，素为中外所推，必能明白昭章，使各国与天下百姓，均得晓然于起衅之由。则纶言所沛，即可示天下之平，疑窦释而民心允服，各国更可相安于无事矣。

【编者注：接到7月12日大学士上述奏疏，1870年7月21日，同治皇帝连发两道谕旨，曰"有人奏，风闻津郡百姓焚毁教堂之日，由教堂内起有人眼、人心等物，呈交崇厚收执。该大臣于奏报时并未提及，且闻现已消灭等语。所奏是否实有其事？着曾国藩确切查明，据实奏闻……原折着抄给阅看。将此密谕知之"。"前据曾国藩奏本月初六日启程赴津，现抵该处，已逾多日，此案起衅根由，想该督必已详细查明，妥为筹办矣。迷拐一案，究竟有无确据，此系紧要关键。即着该督迅速具奏，以慰廑系。并将现在筹办之法及该处近日民情，一并奏闻。崇厚已派出使法国，自应及早启行……将此由五百里各密谕知之。钦此，遵旨寄信前来】。

接旨当日，曾国藩呈上奏折如下：

直隶总督曾国藩等奏为查明天津教案滋事情形折

同治九年六月二十三日（1870 年 7 月 21 日）

　　大学士、直隶总督、一等侯臣曾国藩，兵部左侍郎、三口通商大臣崇厚跪奏，为查明天津滋事大概情形，恭折仰祈圣鉴事。

　　窃臣国藩于六月初九日静海途次，承准军机大臣字寄，六月初八日奉上谕：曾国藩奏起程赴津筹办情形一折……钦此。【上谕内容见前，此处从略】。臣等伏查此案起衅之由，因奸民迷拐人口，牵涉教堂，并有挖眼剖心作为药材等语，遂致积疑生愤，激成大变。必须确查虚实，乃能分别是非曲直，昭示公道。臣国藩抵津以后，逐细研讯教民迷拐人口一节。王三虽经供认授药与武兰珍，然尚时供时翻，又其籍在天津，与武兰珍原供在宁津者不符，亦无教堂主使之确据。至仁慈堂查出男女一百五十余名口，逐一讯供，均称习教已久，其家送至堂中豢养，并无被拐情事。至挖眼剖心，则全系谣传，毫无实据。臣国藩初入津郡，百姓拦舆递禀数百余人。亲加推问，挖眼剖心，有何实据，无一能指实者。询之天津城内外，亦无一遗失幼孩之家控告有案者。惟此等谣传，不特天津有之，即昔年之湖南、江西，近年之扬州、天门及本省之大名、广平，皆有檄文揭帖。或称教堂拐骗丁口，或称教堂挖眼剖心，或称教堂诱污妇女。厥后各处案虽议结，总未将檄文揭帖之虚实剖辨明白。此次详查挖眼剖心一条，竟无确据，外间纷纷言有眼盈坛，亦无其事。盖杀孩坏尸采生配药，野番凶恶之族尚不肯为，英法各国乃著名大邦，岂肯为此残忍之行？以理决之，必无是事。

　　天主教本系劝人为善，圣祖仁皇帝时久经允行，倘戕害民生若是之惨，岂能容于康熙之世？即仁慈堂之设，其初意亦与育婴堂、养济院略同，专以收恤穷民为主。每年所费银两甚巨，彼以仁慈为名，而反受残酷之谤，宜洋人之忿念不平也。至津民之所以积疑生愤者，则亦有故。盖见外国之堂终年阖闭，过于秘密，莫能窥测底裏，教堂、仁慈堂皆有地窖，系从他处募工修造者。臣等亲履被烧堂址，细加查勘，其为地窖不过隔去潮湿，庋置煤炭，非有他用。而津民未尽目睹，但闻地窖深邃，各幼孩幽闭其中，又不经本地匠人之手，其致疑一也。中国人民有至仁慈堂治病者，往往被留，不令复出。即如前任江西进贤县知县魏席珍之女贺魏氏带女入堂治病，久而不还，其父至堂婉劝回家，坚不肯归，因谓其有药迷丧本心。其致疑二也。仁慈堂收留无依子女，虽乞丐穷民及疾病将死者亦皆收入彼教，又有施洗之说。施洗者其人已死，而教主以水沃其额而封其目，谓可升天堂也。百姓见其收及将死之人，闻其亲洗新尸之眼，已堪诧异，又由他处车船致送来津者，动辄数十百人，皆阻见其入而不见其出，不明何故。其致疑三也。堂中院落既多，或念经，或读书，或佣工，或医病，分类而处，有子在前院而母在后院，母在仁慈堂而子在河楼教堂，往往经年不一相见。其致疑四也。加以本年四五月间有拐匪用药迷人之事，适于是时堂中死人过多，其掩埋又多以夜，或有两尸、三尸共一棺者。五月初六日河东丛冢有为狗所发者一棺二尸，天津镇中营游击左宝贵等曾经目睹死人皆由内先腐，此独由外先腐，胸腹皆烂，肠肚外露，由是浮言大起。其致疑五也。平日熟闻各处檄文揭帖之言信为确据，而又积此五疑于中，各怀忿恨。迨至拐匪牵涉教堂，丛冢洞见胸腹，而众怒已不可遏。迨至府县赴堂查讯王三，丰领事对官放枪，而众怒尤不可遏。是以万口哗噪，同时并举，猝成巨变。其浮嚣固属可恶，而其积疑则非一朝一夕之故矣。

今既查明根原，惟有仰恳皇上，明降谕旨，通饬各省，俾知从前檄文揭帖所称教民挖眼剖心戕害生民之说，多属虚诬。布告天下，咸使闻知，一以雪洋人之冤，一以解士民之惑，并请将津人致疑之端宣示一二。天津风气刚劲，人多好义，其仅止随声附和者尚不失为义愤所激，自当一切置之不问。其行凶首要各犯及乘机抢夺之徒，自当捕拿严惩，以儆将来。在中国戕官毙命，尚当按名拟抵。况伤害外国多命，几开边衅，刁风尤不可长。惟当时非有倡首之人，预为纠集，正凶本无主名。津郡人心至今未靖，向来有曰混星子者结党成群，好乱乐祸，必须佐以兵力，乃足以资弹压。顷将保定铭军三千人调扎静海，此军系记名臬司丁寿昌统带。该员现署天津道缺，一俟民气稍定，即以缉凶事件委之该署道督同府县办理，当可胜任。至武兰珍犯供既已牵涉教堂，经臣崇厚饬令地方官赴堂查验，实为解释众疑起见。近日江南亦有教堂迷拐之谣，亦即如此办理。其后丰大业等之死，教堂公馆之焚，变起仓猝，非复人力所能禁止。惟地方酿成如此巨案，究系官府不能导化于平时，不能预防于先事，现已将道、府、县三员均行撤任，听候查办，由臣国藩拣员署理。同日另片具奏其杀毙人口，现经确查姓名实数，惟仁慈堂尚有女尸五具，未经寻获，其余均妥为棺殓，交英国领事官李蔚海收存。俄国三人，已由该国领事官孔气验明掩埋。谨开列清单，恭呈御览。法国公使罗淑亚业经到津，议及赔修教堂事宜，臣等拟即派员经理。余俟议有端绪，续行陈奏。其误毙俄国之人命、误毁英美两国之讲堂，亦俟议结，另行具奏。

所有查明大概情形，谨具折先行会奏，伏乞皇太后、皇上圣鉴训示。谨奏。

恭亲王奕䜣等奏报接据两江总督马新贻等函述民教相安情形折

同治九年六月二十五日（1870 年 7 月 23 日）

臣奕䜣等跪奏，为接据两江总督马新贻等信函，备述近日民教相安情形，恭折密陈，上慰宸廑，仰祈圣鉴事。

窃臣等本年五月二十四日据法国使臣罗淑亚来臣衙门，面称中外交涉，期于相安，近闻江浙各省，有因拐掠人口牵涉教堂之言，拟自天津前往各处密察情形，查明虚实等语。先是，臣等接得三口大臣崇厚函称，天津府县等现拿获迷拐幼孩匪徒武兰珍，讯出牵涉教堂王三等事，当以该使罗淑亚所称，谅必确有见闻。旋即飞函知照两江总督马新贻、江苏巡抚丁日昌、署浙江巡抚杨昌浚等迅即确切查访声覆。去后嗣于六月初十日准两江总督马新贻等覆函【下页附件一】，内开四、五月间江宁省城内外及皖省等处，屡有报失幼孩牵连教堂之谣，当时获犯讯明，实系游勇造言生事，立即按律正法。并饬地方官带领绅民前往天主堂，经该教士遍引堂内看视，群疑始息等因。适法国翻译官德微理亚来臣衙门，询及江浙等省有无信息，臣等当即面述前因，并摘录该督来函付阅。复于六月十七日准江苏巡抚丁日昌函开，江宁、扬州均有行拐案浮言，旋即绥靖，苏属尚皆安恬。惟本月初据上海道禀称，外国洋泾浜租界闻有天津法领事被众殴毙之信，洋人心颇惊慌，已饬该道就近调凤凰山练勇五百名前往弹压，并出示华洋界内，以安众心等语。又于六月二十一日准署浙巡抚杨昌浚函开，该处省城地方，尚未闻有此等匪徒，各属亦无禀报拐掠之案。省城居住洋人无多，各属虽有传教者，亦无与民争闹之事，等因前来。

臣等查近来各省教案层见迭出，天津迷拐人口一案，尚未办结，倘各省复以讹传讹，不免另启衅端，彼族必藉为口实，将来更难收拾。兹据两江总督马新贻等先后声报前事，是江苏等处虽以谣言四起，经该督抚等设法晓谕弹压，人心借以大定，民教亦相安无事。至浙省虽有风闻，明查细访，尚无此等情事，洵足以上抒朝廷廑念民生，怀柔远人之至意。再，臣等前以天津一案事关重大，曾经函致各直省督抚将军，嘱其先事预防，以期有备无患。兹准湖广总督李鸿章覆函，内开持平办法数端，与臣衙门现在筹办各情大略相同。其所称酌调他军扎于附近一节，亦经曾国藩函称，拟由保定调兵三千扎于静海在案。

　　所有该督抚备述各省近日情形及筹商津案办法，谨缮折密陈，并将原函四件抄录【本书仅抄录马新贻来函，其余三函略一编者注】，恭呈御览，伏乞皇太后、皇上圣鉴。谨奏。

附件一　照录两江总督马新贻来函（同治九年六月初十日）

敬肃者：

　　六月初二日接奉上字第三十三号钧函。据法国罗使述及江浙各省，有因拐掠人口牵涉教堂之言，拟自天津前赴各处密察虚实等情。讵闻天津竟有因迷拐牵涉等事，致法国丰领事被群殴致死之变，嘱即密饬地方官遇有此等拐掠之案，倘有牵涉教堂，务必确查其实，慎勿轻信讹言，致滋事端等因。新贻按，罗使所言固未指实何案，在于江浙何处地方。窃以江宁近事证之，洵如示谕，谓该使必有所见闻。缘此地讹言甫起旋息，是以新贻未敢遽登函牍，徒添痕迹。兹将先令一切办理情形详陈梗概，以释廑系。

　　当四五月之交，江宁省城内外屡有报失幼孩之案，获犯研究，词连教堂，以其并无确实证据，未便深追，只就本案迅为办结。而民间之以迷拐呼诉者纷纷未已，并有拐犯登时被捡送官，供出堂中教民赵得胜为首之说，因此群疑益不能解，传说变而加厉，至骇听闻，城中积忿汹汹，几不可遏。新贻督饬善后局司道讯明现获之犯，实系游勇无赖托词入教，渔利害人，立按军法严惩数起，以平众怒。一面出示剖析晓谕勿听无稽之言，并令洋务局委员将此等讹言函致在堂教士。该教士答书自辨，求为设法预弭事端。是时已值午节之后，察听民间疑团未释，亦实有游民喜事，从中簧鼓。甚至定期约会城中强壮有力之人，齐到天主堂种种诸议。当经饬传保甲各段员董，分头晓谕访拿造言生事之人，而地方府县各官带领绅士齐赴天主堂，经该教士引导，遍视堂中房屋及隐僻诸处，毫无他异，足征讹言，未得其实，于是群疑稍稍解矣。而城厢内外惊惶未定，颇有行路之人言语形状生疏，众即指为拐匪，或其人身带药包则指定系属迷药，捆送到官，讯明保释，于是复加示谕，申明妄拿平人依律反坐之条，并密派员弁分路巡逻，是夜不懈，俾民间恃以无恐。

自五月半后，人心大定，民教相安如初。未几即迭据上海英法二国领事先后申陈，询及此事，新贻略叙办理原委，并现在业经安谧情形札复去后，谅亦无可置议矣。以上各节，系江宁省城近一月中办理拐案始末情形也。浙省有无此事，未见明文。惟闻皖省于前月亦有迷拐等案，今天津之事又在四月内发动，南北数省同时同案，殊不可解。大抵发捻平定以来，各路裁撤弁勇，本非安分之辈，藉教生事，真伪难分。然拐迷折割，律有专条，只依本律处置，本犯自足示惩，共他牵涉无据之词原可不必深究。兹奉示谕，以讹言慎勿轻信，致滋事端等因，实与新贻鄙见不谋而同。罗使倘尚未南来，俾其得悉江省现已安谧情形，或可止其一行。兹将英法领事等前次申陈札复各件，另文钞呈察核，以备再有辨论。惟江宁城内地段辽阔，平日五方杂处，半非土著之民，今年又逢乡试，士商云集，稽查本属难周。现在预为布置，各段要隘市口分扎兵棚联络守望，并饬善后局司道督查保甲，挨造门牌户册，不令以烦琐致扰闾阎，惟责重各甲自相查察，使奸宄无所托足。并令洋务局委员预向在城之英法教士婉切劝导，务于闱场临期时暂为回避，免致与考生因端争竞。其附近贡院之英国耶稣堂系租住民房，已允于临时暂行迁移。其法国新造教堂则与府学黉宫前后街巍然相望，该教士尚以躲避为难，只允于临时闭门不出。仍恐士子前往，致生口角，当预饬各属送考教官妥谕各考生，勿得稍生枝节，庶冀彼此相安。此又预为防范之意，合并附陈。

【另三函信略】

直隶总督曾国藩奏覆查得洋人挖眼取心等传说毫无确据及近日天津民情折

同治九年六月二十八日（1870 年 7 月 26 日）

大学士、直隶总督、一等侯臣曾国藩跪奏，为钦奉谕旨，恭折覆陈，仰祈圣鉴事。

……

臣于二十三日业将大概情形会同崇厚恭折具陈在案。洋人挖眼取心之说，全系谣传，毫无确据。故彼族引以为耻，忿忿不平。焚毁教堂之日，众目昭彰，若有人眼、人心等物，岂崇厚一人所能消灭？且当时由教堂取出，必有取出之人呈交崇厚收执，亦必有呈交之人。此等异事，绅民岂有不知？臣抵津后，查讯挖眼取心，有无确据，绅民俱无辞以对。内有一人言眼珠由陈大帅自带进京。大帅者俗间称陈国瑞之名也,其为讹传已不待辨。原其讹传所起,由崇厚前月二十四日专弁到京,向总理衙门口称有搜出眼珠盈坛之说,其时仓卒传闻,该弁未经考实,致有此讹。其实眼珠若至盈坛,则堂内必有千百无目之人,毁堂之时,何无一人见在,即云残害,其尸具又将何归?此可决知其妄者。

谕旨垂询迷拐一案究竟有无确据。臣查挖眼剖心,决非事实,迷拐人口,实难保其必无。天津之王三、安三,河间拿获之王三纪、静海现留之刘金玉供词牵涉教堂,在在可疑。臣前奏系力辨洋人之诬,请发明谕,故于迷拐一节,言之不实不尽,诚恐有碍于和局。当时另有片奏密陈迷拐之可疑,旋因虑及偶有漏泄,法使罗淑亚必致又兴波澜。洋人此时断不肯自认理亏,不如浑含出之,使彼有转圜之地。故临发时将密片抽出,将来此案办结,仍当再申前说,请令教堂、仁慈堂均由地方官管辖,庶冀永弭衅端。

至谕旨垂询传教有碍通商一节。臣上年在京曾与臣文祥论及传教不宜兼设育婴堂,文祥力言其势不能禁遏。禁育婴堂且不能,况能禁传教乎?谕旨垂询现在办法,臣已为昭雪挖眼剖心等事之诬,以平洋人之心。其焚毁教堂公馆,业已委员兴修,王三屡经翻供,现已释还。教民安三迷拐被获,因狱词未定,而该使索之甚坚,亦经暂行释放。至查拿正凶,措手稍难,已饬新任道府拿获九名拷讯党羽。至俄国误伤三人,前经委员与俄国领事官孔气商酌,每伤一人给予恤银五千两,该领事当以请示国主为辞。昨经臣处动用公帑,再为询商。惟法使罗淑亚必欲将天津府县及陈国瑞三人拟抵,经臣照复该使,府县并非有心与洋人为难,陈国瑞不在事中,仍复曲徇所请,将该府县奏交刑部治罪。昨据该使照会,仍执前说,必令该三员抵偿,又遣翻译官德微理亚来臣处,面称必如照会所言,方不决裂。臣与辨论良久,问该使称府县主使,究有何据?德微理亚不能指出,然其辞气始终狡执,未就范围。臣查府县实无大过,送交刑部已属情轻法重,该使必欲拟抵,实难再允所求。由臣处给予照复,另录送军机处备查,彼若不拟构衅,则我所断不能允者,当可徐徐自转。彼若立意决裂,虽百请百从,仍难保其无事。

谕旨垂询近日民情,虽经臣迭次晓谕,而其疾视洋人尚难遽予解化。良民安分畏事,每欲自卫身家,莠民幸灾乐祸,辄欲因乱抢夺浮动之意,至今未定。故有邀集众绅往见罗使者,亦有撕毁教堂告示者。现有铭军二千人在此弹压，当可无虞。但臣举措多不惬舆情，堪内疚耳。谕旨询及崇厚如可交卸，即着先行来京。现在办理虽有端倪，罗使尚未应允，臣于夷务素未谙悉，且病势日深，崇厚与洋人交涉已久，无事不熟，应请饬令该侍郎暂缓赴京，留此会办，俾臣不至偾事，于大局实有裨益。

所有微臣奉旨查询缘由，谨缮折覆陈，伏乞皇太后、皇上圣鉴训示。谨奏。

直隶总督曾国藩奏陈天津教案交涉应坚持和局兵端万不能开等情片【据《曾国藩卷》第 507 页，该奏折为"密陈津郡教案委曲求全大概情形片"】

同治九年六月二十八日（1870 年 7 月 26 日）

再，臣正缮折间，承准军机大臣密寄，六月二十五日奉上谕："曾国藩另片奏请将天津府县革职治罪等语，已均照所请明降谕旨宣示矣。曾等此次陈奏各节，固为消弭衅端委曲求全起见，惟洋人诡谲性成，得步进步，若事事遂其所求，将来何所底止？是欲饵衅而仍不免启衅也。该督等现给该使照会于缉凶修堂等事，均已力为应允，想该使自不至再生异词。此后如洋人仍有要挟恫喝之语，曾国藩务当力持正论，据理驳斥，庶可以折敌焰而张国维。至备预不虞，尤为目前至急之务，曾国藩已委记名臬司丁寿昌署理天津道篆，其驻扎张秋之兵，自应调扎附近要隘，以壮声威。李鸿章已于五月十六日驰抵潼关，所部郭松林等军亦已先后抵陕。此时窜陕回匪屡经官军剿败，其焰渐衰，若移缓就急，调赴畿疆似较得力，着曾国藩斟酌情形，赶紧复奏，再降谕旨。日来办理情形若何？能否迅就了结？并着随时驰奏。总之，和局固宜保全，民心尤不可失，曾国藩总当体察人情向背，全局通筹，使民心允服，始能中外相安也。沿江沿海各督抚本日已有寄谕，令其严行戒备。陈国瑞当时是否在场，到津后即可质明虚实，已令神机营饬令该提督赴津听候曾国藩查问矣。将此由五百里各密谕知之。钦此"【此谕内容在《清末教案》中省略，此处根据《曾国藩卷》第 507 页补出】

臣查此次天津之案，事端宏大，未能轻易消弭。中国目前之力，断难遽启兵端，惟有委曲求全之一法。臣于五月二十九日覆奏折内，曾声明立意，不与开衅。匝月以来，朝廷加意柔远，中外臣民，亦已共见共闻。臣等现办情形，仍属坚持初议，而罗酋肆意要挟，卒未稍就范围。谕旨所示，洋人诡谲性成，得步进步，若事事遂其所求，将来何所底止。是欲弭衅而仍不免启衅，确中事理，洞悉敌情，臣等且佩且悚。目下操纵之权主之自彼，诚非有求必应所能潜弭祸机。此后彼所要求，苟在我稍可曲徇，仍当量予转圜；苟在我万难允从，亦必据理驳斥。惟洋人遇事专论强弱，不论是非，兵力愈多，挟制愈甚。若中国无备，则势焰愈张。若其有备，和议或稍易定。现令张秋全队九千人拔赴沧州一带，略资防御，李鸿章前在潼关，臣已致函商论，万一事急，恐须统率所部由秦入燕。此时陕回屡受大创，若令李鸿章入陕之师移缓就急，迅赴畿疆，办理自为得力。英法两国水师提督顷已均在大沽，其请示国主，旬日内当有覆信。法国若仅与津人为难，则称兵必速，若要求无厌，直与国家为难，则称兵较迟。李鸿章若于近日奉旨移军东指，当不嫌其过缓。

臣于洋务素未研求，昨二十一日眩晕之病又复举发，连日心气耗散，精神不能支持，目光愈蒙。二十六日崇厚来臣处面商一切，亲见臣昏晕呕吐，左右扶入卧内，不能强起陪客，该大臣已有由京另派重臣来津之奏。

臣自咸丰三年带兵，早矢效命疆场之志。今兹事虽急，病虽深，而此志坚定，毫无顾畏。平日颇知持正理而畏清议，亦不肯因外国要挟，尽变常度。朝廷接崇厚之奏，是否已派重臣前来，应否再派李鸿章东来，伏候圣裁。抑臣更有请者，时事虽极艰难，谋画必须断决。伏见道光庚子以后，办理夷务，失在朝和夕战，无一定之至计，遂至外患渐深，不可收拾。皇上登极以来，外国盛强如故，惟赖守定和议，绝无改更，用能中外相安，十年无事，此已事之成效。津郡此案，因愚民一旦愤激，致成大变，初非臣僚有意挑衅。倘即从此动兵，则今年即能幸胜，明年彼必复来，天津即可支持，沿海势难尽备。朝廷昭示大信，不开兵端，此实天下生民之福。虽李鸿章兵力稍强，然以视外国之穷年累世专讲战事者尚属不逮，以后仍当坚持一心曲全邻好。惟万不得已而设备，乃取以善全和局。兵端决不可自我而开，以为保民之道；时时设备，以为立国之本，二者不可偏废。

臣此次以无备之故，办理过柔，寸心抱疾，而区区愚虑，不敢不略陈所见，伏乞皇太后、皇上圣鉴训示。谨奏。

【经过多次来往较量，法方大使逐渐失去耐心，经奕䜣奏请、同治皇帝于同治九年七月十六日（1870 年 8 月 12 日）下旨"着直隶总督曾国藩等将津案内正凶迅获归案讯究"。此间，清廷加派工部尚书臣毛昶熙和丁日昌前往辅助曾国藩。同治九年八月十七日（1870 年 9 月 12 日），又调派李鸿章前往天津并"着李鸿章遽赴天津会同及早拟结津案"。但李鸿章并不认同曾国藩的办

案原则，在其赴京途中，曾于同治九年八月二十日即 1870 年 9 月 15 日提出"津案不宜杀戮太过"的奏折（此略）】

恭亲王奕䜣等奏为津案渐有头绪请仍遵前旨将陈国瑞伴送至津折

同治九年八月十九日（1870 年 9 月 14 日）

总理各国事务恭亲王等奏：

本年六月二十五日钦奉谕旨：提督陈国瑞现在京城，着派员伴送赴津，听候曾国藩查讯等因。钦此。经醇郡王于六月二十七日奏明，派委副都统衔左翼步军翼尉桂祥，内火器营护军参领倭什本，于六月二十八日由京起程，伴送陈国瑞前赴天津，交曾国藩以凭查讯。一俟讯毕，仍带回京。维时臣衙门以罗淑亚在津，其势汹汹，有欲置之死地之心，即经奏准，暂缓前往。现在此案渐有头绪，已革府县，均经递有亲供，应即仍遵前旨，请由神机营王大臣，令原派人员伴送至津，以凭查讯，讯结仍伴回京。

再，本月十五日，接据曾国藩函称，有案内凶犯周起隆在京，藏于该提督寓所等情。请旨饬令该提督交出，由曾国藩等一并讯办。

恭亲王奕䜣等奏报近日与英使辩论津案情形折

同治九年八月十九日（1870 年 9 月 14 日）

总理各国事务恭亲王等又奏：

窃查天津一案，起事至今，将及三月，未经办结。所有法国及各国使臣，屡来饶舌。并臣等悉力争剖各情，叠经臣等先后奏陈在案。

伏思各国一气勾结，遇事生风，是其故智。当此案初起，臣等所虑，即在各国之藉事为难，牢不可解。不徒以法国之决裂，为显着之患端，今因案未完结，法国使臣罗淑亚固属日肆桀骜，即各国使臣，无不同为焦急。而英国使臣威妥玛，向来心计最深，此时尤为暴躁。臣等于该使臣面论之际，随时剖说，几至舌敝唇焦，无如该使臣以事无眉目，仍复日来絮聒。兹于八月十一日，据该使臣递到照会一件，累累千余言，大意以迟延咎中国，以兵力为恫喝。其措词甚为难堪。臣等公同商酌，拟令该使臣收还照会。连日前往英馆极力辩论，并告以办理此案，中国实系认真，现已将次就绪，可以无庸递此照会，本处亦无可照覆。再三辩驳，惟该使臣语渐驯顺，而照会则不肯收回。并称此件原望中国办理之实心，亦不必定须照覆。臣等刻又密催曾国藩、李鸿章、丁日昌等，迅速筹办。务于本月二十三日，将已革府县及各供册送部核办。并将现令讯实之正凶，先行拟定罪名，由该督等自行陈奏，作为一束，以免外人借口迟延，致生枝节。

天津府县解京请敕部从轻定拟并请嗣后各教堂由地方官管辖片

同治九年八月二十六日。【《曾国藩卷》，第512页】

再，臣国藩有密陈者。津郡五月二十三日之案由丰领事仓卒激变，非府县之有意挑衅，中外皆知，臣亦屡疏论及。其府县拟抵之说，则迭奉谕旨一意拒绝。该革员等此时到部，原无俟鳃鳃过虑，惟大局之所关甚巨，而微臣之负疚实深，有不敢不沥陈于圣主之前者。

府县本无大过，张光藻尤著循声。臣之初意，斤斤保全尚不欲遽予参撤，岂肯更加以重咎？迨得罗使照会，忽有三员拟抵之说，料敌不审，匆遽失措，但冀和局之速成，不顾情罪之当否。又过听浮议，以为下狱以后，轻重尚可自主，遂将府县奏交刑部，此疏朝上夕已悔恨。六月二十八日一奏，曾经略述歉衷，而神明之疚实至今未尝暂弭也。其后奉到改解津郡之旨，于微臣举措失机之咎，既曲为宽容，并其衾影抱愧之心，亦默为解释，庙谟广运，惭幸交并。自七月下旬该革员等提解到津，臣等逐细研讯，洋人主使之说绝无影响，固已不俟多辩，即科以应得之公罪，亦犹有可原者。以崇厚统率数千之众不能预为弹压，以微臣办理两月之久不能速缉正凶，今欲专责之区区之府县，亦属苛论。惟语言文告之间，讯犯用刑之际，该革员等偶有未检。此等疏忽之咎，地方官皆所时有，准以寻常之法，至重亦不过革职而止。而臣初奏遽交刑部，宜物论纷纷不平。该革员等初闻改解津郡之命，私语窃贺以为复睹天日。及近闻仍解刑部之命，则又魄散魂飞，怯对狱吏，以为洋人仍执疆臣之原奏，终欲得而甘心。微臣之所深自负疚者，此也。

又有进于此者。各省民教滋事之案，层见迭出。臣前奏查明大概形时，本有密片未上，曾于六月二十八日折内声明，此案议结之时再申前请。今臣交卸在即，津案已将第一批人犯奏结，请得而毕其说。

自中外通商以来，各国皆相安无事，惟法国以传教一节屡滋事端。及各教流传，如佛、道、回等教，民间皆安之若素，虽西人之耶苏教亦未尝多事，惟天主一教屡滋事端，非偏有爱憎也，良由法人之天主教，但求从教之众多，不问教民之善否，其收人也太滥。故从教者良民甚少，莠民居多。词讼之无理者，教民则抗不遵断；赋役之应出者，教民每抗不奉公。迷拐人口一节，臣六月二十八日之奏，本难保其必无。六月二十三日之奏，亦称魏席珍言堂中有药迷人本性。挖眼剖心一节，世间原有此等折割惨毒之人，刑律亦有专治此罪之条，教中既多收莠民，即难保此等人不溷入其中。故臣前奏昭雪挖眼剖心之诬，自京师及各省皆斥为谬论，坚不肯信。凡教中犯案，教士不问是非，曲庇教民；领事亦不问是非，曲庇教士。遇有民教争斗，平民恒屈，教民恒胜。教民势馅愈横，平民愤郁愈甚。郁极必发，则聚众而群思一逞。以臣所闻，酉阳、贵州教案，皆百姓积不能平所致。虽和约所载，中国人犯罪由中国官治以中国之法，而一为教民，遂若非中国之民也者。庸懦之吏，既皆莫敢谁何。贤能之吏，一治教民，则往往获咎以去。此次天津府县其始不过欲治一教民，其后竟至下狱，已为向来所未有。若部议再与重谴，将来地方官必群以为前车之鉴，谁敢与教民较量？在总理衙门及各疆吏，皆思力全大局保护教堂，然使教中与平民太不相安，譬如父母保护骄子，为众子与乡里所共恶，则骄子之身必败，而其家亦必破，是护之而适所以损之。如守近年保护之法，而不思所以变计，终有决裂之一日。臣愚以为，中国欲长全和局，外国欲久传此教，则条约不能不酌增。拟请议定，此后天主、仁慈各堂，皆归地方官管辖。堂内收入一人，或病故一人，必应报明注册，仍由地方官随时入堂查考。如有被拐入堂，或由转卖而来，听本家查认备价赎取。教民与平民争讼，教士不得干预扛帮。请旨敕下总理衙门，可否就此次议结之时，与各公使商订，预杜后来衅端。臣所谓有关大局者，此也。微臣仓卒之误于此二者，未能深究。此案未定，清夜难安。目下张光藻、刘杰等入狱，天下吏民无不环而观望，相应请旨敕下刑部，细核该革员等亲供，从轻定议，则所以张国威而伸正气者实非浅鲜，微臣亦借以稍释隐憾。愚昧之见，缕缕上陈，伏乞皇太后、皇上圣鉴训示。谨奏。

德美等四国使臣为办理天津教案情重刑轻事致奕䜣联衔照会

同治九年八月二十九日（1870 年 9 月 24 日）

大俄国署理全权大臣布、大布钦差大臣代管北德意志公会事务李、大美国钦命驻扎中华便宜行事全权大臣镂、大英署理钦差驻扎中华便宜行事大臣威，为照会事。

照得本年五月天津凶杀案内之官民，贵国核定如何办理，经致大法国署理钦差大臣罗知照，罗大臣即拟招致本大臣等咸集会议。经于昨日由彼专派属员前赴贵署，向列位大臣相告。今日本大臣等会同闻信，因思此等巨案匪但意外凶残，实与保全驻华远人均甚有关。试想三月之久，贵国秉法仅得如此情重刑轻，试问持平之理、保卫之道，二则安在？本大臣等同心一意，自合迅为转行贵亲王洞悉，希为见复。

为此照会。须至照会者。右照会大清钦命总理各国事务和硕恭亲王。

续讯天津教案内第二批人犯分别定拟折

同治九年九月十三日。【《曾国藩卷》，第 514 页】

奏为续讯天津案内第二批人犯分别定拟，恭折圣鉴事。

窃臣等前于八月二十三日，将津郡滋事案内首从各犯分别定拟具奏，并将供证未确在逃未获之犯，附列清单进呈，奉上谕："情节较重供证未确之犯，仍着认真研鞫，迅速定拟具奏。未获各犯，并着上紧饬缉归案讯办"等因。钦此。

两旬以来，严饬地方文武各员续行访拿，昼夜研讯，又获应正法者五人，应办军徒者四人，各犯供词抄咨总理衙门及刑部备查，谨开列清单续呈御览。此次审明各犯，皆系续行缉获，不在前次附开两单之内。其前单供证未确者，除何四现已治罪外，其余再四讯鞫，迄无定供，亦无确证，碍难定罪，应即随时释放。前单在逃未获者，除杨二现已拿办外，其余购线密拿，迄未缉获。其中尤要之犯，应俟缉获至日，另行奏结。此案事起仓卒，并无预先纠集之人，其后杀人放火万众喧杂，亦非百姓始意所能料。今中国力全邻好，先后两次共得正法之犯二十人，军徒各犯二十五人，办理不为不重，不惟足对法国，亦堪遍告诸邦。昨准总理衙门抄录罗使信函移咨到臣，内称派德翻译官前赴天津出具切结，并确查烧毁房屋被抢物件，以便议偿等语。该翻译顷已抵津，俟查回京当可议定赔偿确数。拿凶一节最为难办。此事就绪，则其余各节皆可次第定议。惟查拿凶手虽系首先应办之事，而处决人犯究为最后完案之着。臣等先后定拟，应行正法之犯，应请敕下总理衙门，俟修堂赔银诸事议结之后，知照臣等酌定行刑日期办理，免致处决之后，事犹未了，民气既已大伤，和局仍多不协，不能不鳃鳃过虑也。所有臣等讯结天津案内第二批人犯，分别定拟缘由，谨合词缮折，由驿具陈，伏乞皇太后、皇上圣鉴训示。谨奏。

三口通商大臣崇厚奏为出使法国仰恳天恩俯加训示折

同治九年十月初一日（1870 年 10 月 24 日）

三口通商大臣、兵部左侍郎崇厚奏：

窃本年五月三十日奉旨：三口通商大臣兵部左侍郎崇厚，着充出使大法国钦差大臣。钦此。当即具折恭谢天恩。旋于七月十八日，交卸来京，跪聆圣训。彼时因天津教案，尚未办结，未能即时前往。现在该处教案，业经大学士臣曾国藩查明拟结，奏奉谕旨在案。

奴才自当即早起程。敬谨将事，宣布皇仁。所有应赍国书等件，即当祗领，恭赍前往。惟奴才赋性愚鲁，当此重任，陨越堪虞。合无仰恳天恩，俯加训示。俾得钦遵办理。

附件：清政府致法国国书

同治九年九月二十日（1870 年 10 月 14 日）

大清国大皇帝问大法国大皇帝好。朕诞膺天命，寅绍丕基，眷念友邦，永敦和好。同治九年五月间，天津民人因匪徒迷拐幼孩，怀疑滋事，先后派太子太保、双眼花翎、武英殿大学士、直隶总督、调任两江总督、一等毅勇侯曾国藩等，前赴天津，秉公查办，又降旨令各直省督抚，严饬所属地方官，一律随时保护。嗣经曾国藩等将办理不善之地方官，交部治罪。于刑部定议罪名时，复从重将已革天津府知府张光藻、已革天津县知县刘杰，改发黑龙江效力赎罪，以示惩儆。至滋事人犯，经曾国藩等先后审明情节轻重，当即正法者二十犯，问军徒者二十五犯。并令各直省地方官，晓谕居民，毋再滋事，务期贵国之人，得以相安。至天津之事，变生民间，朕与贵国和好有年，毫无芥蒂。兹特简太子少保、头品顶带、双眼花翎、镶红旗汉军副都统、兵部左侍郎、三口通商大臣崇厚，前赴贵国，代达衷曲，以为真心和好之据。朕知崇厚干练忠诚，和平通达，办理中外事务，甚为熟悉。务望推诚相信，以永臻友睦，共享升平，谅必深为欢悦也。

【编者注：如前所述，天津教案虽然以法国交涉为主，但其他相关国家，特别是有公民伤亡的国家，比如俄国、英国等，都时刻密切关注事件进展，甚至独立地开展一些调研和侦查工作。在《清末教案》第六册收录的英国同期议会文件中有很多与此相关的第一手资料，现仅择要摘录其中英国驻华使馆给英国外交大臣的一封长信及部份附件如下：

"**威妥玛先生致克拉伦登伯爵【Henry Hyde, 2nd Earl of Clarendon，即克拉伦登二世，时任英国外交大臣】"文**

北京，1870 年 7 月 3 日（9 月 10 日收到）【根据该信的发送和收阅日期也可看出，当时由于通信迟缓，驻华使节与其国内的沟通效率必定很低。】

阁下：

我荣幸地曾于 6 月 26 日由俄国班邮将天津法国租界遭受袭击，以及领事和法国侨民惨遭屠杀的情况向阁下陈报在案。

临行前一刻，我一直想就这一震惊寰宇的暴行，写一点有连贯的史实之类的资料，但目前仍力不从心。我已大体上按照年代的顺序整理出一些文件和备忘录等，并加列一份有关这些内容的分析表，这对研究大量文件，可能起到一些帮助。

我认为，其中最重要的一份资料是这位不幸的法国领事丰大业先生在 6 月 21 日早晨 10 点，就是他临死前大约一小时从天津发来的一封信【后录之附件 5 】，它说明数天前就有一群暴徒围绕在仁慈堂医院吵吵嚷嚷地反抗她们；这些人所叫嚷的是说她们收容了被偷拐的儿童，并挖出他们的心脏和眼睛，以供作邪用。

20 日那天，李蔚海先生（William Hyde Lay，时任法国驻天津代理领事）对于丰大业先生这种无动于衷的态度感到惊奇，但惊奇并非因为没有听到丰大业先生采取了什么措施，而是因为丰大业先生始终没有向他谈起曾向自己的公使呈报了什么。罗淑亚先生从这位领事被杀的当天的信件中，才第一次听到因为儿童问题而产生了误解；并且这事情肯定在一个月以前就已飞短流长，喋喋不休。回顾在 6 月 5 日，有位传教士告假在北京，接到信召他立即返回天津，显然那里风声很紧。

我坚决反对很多外国人所怀有的成见，认为这种不满情绪是当局或者拥有权势的阶层所造成的。由于他们的律例明文规定，中国人确信拐骗贩子能够随心所欲地以符咒或药物来进行拐骗。在他们的《本草纲目》中说，人类身体上有很多部分能起西方科学所不理解的作用【请见附件 34 】。知识阶层人士在生理知识方面，完全与普通市民一样无知和迷信。我认为也许天津当局真的和老百姓一样相信儿童是被蒙骗拐走的，也相信他们是被供作这种用途。倘若事情像某些人所说的，政府当局经过严刑而使那些被他们当作拐骗犯而被抓来的人屈打成招，则这种结论也同样是无懈可击的了。这是清廷的惯例。在他们审讯的重大案件中，多半是捏造罪证定人罪刑。

我并非想争论，说他们不是反对洋人的——很难知道任何满清人除此之外还有其他想法。我也不否认，如果他们原先想去安抚老百姓，老百姓或许愿意接受安抚的，虽然不能说这是绝对可能的。但是有一点似乎可以肯定，他们忽视了唯一可以达到这一目的的方法，即在会谈时放弃了一个可以避免这次风波的机会，这次会谈中丰大业先生报告说，地方当局在要求检查医院时，忘记自己的身分，竟以群众的愤怒来威胁他。

崇厚，满族人，虽高居爵位，但无行政长官的主权，近十年来充任北方三口通商大臣之职（我们可以称他为总领事），在与洋人交往中，无不赢得他们满口赞誉，但他所苦心取得的与洋人们之间的良好谅解，反而恰恰使他在刚刚发生的危机中处于无能为力的地步。至少在暴风雨即将来临的前几天，他必然知道眼前将要发生的事情，在没有事先向洋人发出警告这点上，他肯定应受谴责。他似乎把这一事件看作纯粹是法国的事，更确切地说是天主教堂的事，并且他可能还希望在 20 日与丰大业先生达成的协议可以帮助他来平息民心。但是如果他当时另有一种想法，我仍不相信他会大胆地发出警告。灾难发生之后，他叙述这一事故的话很值得注意，他说丰大业先生带着武器冲进衙门，一面辱骂他，一面就开了一枪，即使不是瞄准他，但也是当着他的面开的，他又用同样的方式侮辱了知县，最后，终于被民众杀死。

李蔚海先生证明他在叙述一个极关重要的环节上自相矛盾。22 日他承认丰大业先生是在离他很近的地方被杀死的，并说尸首留在他的衙门中。但在 23 日，李蔚海先生却在海河中发现了丰大业先生的尸体。

另一方面，人们几乎异口同声地说见到丰大业先生携带武器奔向崇厚的衙门，他本人或其同伴真地对准知县开枪射击或用武器恫吓知县。倘若此事发生在崇厚衙门内，且不说众多的群众，即其随从们焉能不把这位可怜的领事置之于死地？暴动一旦开始，则任何官员休想在当时将其制止。暴民中最活跃的人，无疑是那些在暴动中捞到好处的人。我同意李蔚海先生所述的情况，英租界的幸免被蹂躏，同英国侨民团体的态度和恶劣气氛，大有关系。

北京听到这一悲惨的消息后，各条约国的使节一致同意应向恭亲王送去一份联衔照会，兹将该照会的抄本及其复文谨附于后。亲王虽闭门谢客，但总理衙门与外交使团之间的会谈却很频繁，由此而导致了一、二件令人瞩目的结果。

28 日，颁布了上谕，表面上接受了联衔照会中所提出的愿望，但语气平淡。诚然，它谴责了民众的行动目无王法，但未断然表达应该根据条约、包括对洋人和基督教徒的安全，追查清廷政府应该承担的责任。29 日，第二次下达上谕，公报里未曾公布，而只传送到外国公使，宣布钦派崇厚为最高使节前往法国。这是一项意在取悦法国公使的安排。相信他会有一位同僚同行，但此人会是谁，迄今尚未任命，很可能是一位中国人。北京人对天津的暴行议论纷纷，但外国人方面都未受到骚扰，我也从未听说这里民众的言行举止有任何改变的迹象。

威妥玛

【编者注：威妥玛的该信共附加 35 份附件，对了解天津教案发生的背景颇有帮助，现摘其中部份与本书主题密切相关者列于下。其中某些附件应是由最初的中文（如附件 2 中的武兰珍供词）由威妥玛译成英文呈递给其同胞，而后又被《清末教案》的编者译回中文。本书采用直接从《清末教案》抄录方式。】

附件 1　三口通商大臣崇厚呈总理各国事务衙门文

6 月 4 日禀呈谅已送达，所述各情敬请赐予俯察。

本月初，因长期干旱，雨水不调，民心不安，谣言四起。初谓幼童受药物麻醉而被拐走，继而又传幼童尸体被暴弃在海河东岸的义冢上，天津知县对此事进行了调查，发现这些幼童已经由仁慈堂埋葬。后来又说幼儿的眼睛和心脏已被挖掉，但全系道听途说一无凭据。嗣后天津知府和知县拘捕了两名拐骗犯，名张拴和郭拐，该犯等均因使用麻药和拐骗之行为，触犯直隶总督颁布的通令，被地方当局就地正法。虽然他们招认挖取了眼睛和心脏供作制药之用，但其供词与教徒们无任何牵连。

其后，天主堂的教师沈希宝与其学生（郑）五成一同回家时被民众误认是拐子，立即拘捕、拷打，但在县令刘（杰）查询这一案件时，证明他们是老师和学生，并无拐骗之行为，将该教师送交本部，我已通知天主教传教士领走。

6 月 18 日，迷拐李所的拐骗犯武兰珍在桃花口被当地居民拘捕，解送知县，他招供与王三及住在天主堂里的居民有牵连。据周（家勋）道台说，他亲自前往法国领事馆，与法国领事丰大业先生就这一问题举行一次商谈，并将这份供辞交给领事看，而领事方面，因有大批谣言正在散布，所以同意采取行动。

兹抄呈一份武兰珍在天津知县前招认的口供，谨供参阅。此案一经彻底查清并采取行动后，当再续呈。谨此。恭请察核，并候钧祺。

1870 年 6 月 19 日

附件 2 武兰珍供词（译本）

拐骗犯，6 月 18 日被捕

我是宁津县人，19 岁，父母仍在世，父名武春（Wu Tsun）现年 45 岁，母亲婚前姓方，我无兄弟。今年 1 月结婚。因在家无所事事，故于 2 月 18 日出门，经陆路到了曾家沟（Chang-chia-kou），后来又乘亲戚的船到了天津，在那里我以撑船谋生。直到现在我还不知道河楼【指天主教堂，一般称望海楼教堂，俗称河楼教堂】的王三是何许人，但在 6 月 13 日他向我下了迷药，我昏昏沉沉地被带进了河楼天主堂。从不允许我进入内室，我也未见到里面有洋人，说实在的，我只能走到门槛外。王三强逼我当天主教徒，当场我就拒绝了，王三说要杀死我，我大吃一惊，后来我就同意了。王三给了一位姓唐的四元钱，要他看住我。14 日那天，他给了我一包麻醉药，并要我到各处农村去。这种药物是麻醉人的，是一种非常精细的粉末，装在一个纸包里。我到了穆家口，遇见一个二十来岁的人，穿一身浅蓝色衣裤，我倒了一点药在手掌里，在他脸上一抹，他就完全变成了一个傻子，跟着我走，我赶紧返回天主堂，把他交给王三看管。为此，王三给了我五元钱，并另外又给了我一包药。我带着这包药到了桃花口，在那里我遇到一个叫李所的人，他正在掏水，我用药来麻醉他，他也像上次那个人一样跟着我走。但是我被一些乡民抓住了，并押送到知县面前。在天主堂里，除我之外，另外还有七个人从事拐骗，每天晚上我们都睡在教堂的隔栏里。王三是我们的头子，每天早晨他从内室里取一些药粉分给每人一包，还有 300 枚铜钱作为购买食物之用，到晚上倘若我们没有将人麻醉带回，则把药粉交还给王三。从事这件工作的另外七人中，我知道的有王三、王二，他们俩是冀州城人，刘小、刘虑、刘二他们是清河（Ching-hou）县 Tu-kou-i 人。其他的人，我不知其姓名。

王三，二十岁上下，外貌俊秀，脸上有几个麻点，我被王三麻醉后，死人一般地被送到教堂里，他给了我一包解毒药，吃了后立即苏醒过来，王三告诉我说，吃了这种骗人药以后，应该用一些甘草，一只蝉壳和一些昆虫用火烤干磨成粉，用麻油调和；一剂药量用热水煎煮，喝了后立即就能苏醒。昨天当我在桃花口被捕后，问我怎么解救，我告诉他们让李所喝这种解毒药，喝了后他就能恢复。

在穆家口拐骗成功而给我的五元钱，我把它藏在腰带里，但在桃花口被抓捕后，这五元钱不知去向。当我住在天主堂里时，每天出门前，王三交给我一点红色药末当作鼻烟使用，捏一点使用后，我的胆量壮大了，除想要拐骗外，什么也不想干。每天晚上回来时，王三给我一剂类似解毒的药，吃了后就恢复理性，但这时门户均被关闭，无法出走。

【武兰珍的被捕和供词，是天津教案最直接的导火索。可以看出她的供词十分详细且很有逻辑，因此对当时愿意相信却从未进入过天主堂的人，很有说服力和感染力。但遗憾的是，她在此所供的关于天主堂的内景和人物，在后来指证现场时，无一符合。再者，即便从今天的科学水平来看，她想象出来的那种"捏一点使用后，我的胆量壮大了，除想要拐骗外，什么也不想干"的迷药和"吃了后就恢复理性"的解药，也还未曾研发出来。但对当时的中国人，却坚信不疑，这样神奇的药物，再配合"洋人取尸制药"的说法，真貌似天衣无缝。】

附件3　李蔚海代理领事致威妥玛先生文

天津，1870 年 6 月 20 日

威妥玛先生：

无可否认，当地人目前对洋人怀有极大的仇恨情绪。这种情绪曾被压抑了一段时间，而现在正要暴发出来。

仁慈堂的修女们购买幼童等等的行为，实属愚蠢之至；人们一向的旧怨是哭诉她们的行为不怀善意。

她们的房屋已遭暴徒袭击，激烈的情绪有增无减。昨日，傅磊斯博士（E. A. Frases）在城内遭到攻击，多亏他上马逃走，否则将受更大的伤害，他尽力飞跑才使自己得救。

我并非杞人忧天，只不过私下写信告诉你，我们的处境度日如年。

当然，我已照会崇厚，请他发布告示，命令民众对外国人应以礼相待，外国人如去天津访问时，不得干涉。结果如何，且看今后的发展。

目前天津府曾贴出一份愚蠢的布告，他虽然未明言自己的意见，但仍让读者猜想到他确信歹徒拐骗了幼童，而且他已处决了二人等云。

我们在此地确实需要一艘兵舰，否则，麻烦就不堪设想。

包莱脱先生今日来我处说，他的买办（他曾到过上海，受过洋人的教育）刚才告诉他，在回城的路上遇见一群人交谈，说他们要杀一个每天走过此地的外国人："我们一起来杀洋人。"

我一向不听信流言蜚语，但我面对这一事实，即我们在此地极其不受欢迎，就不能视而不见。况且，地方当局仍与以往一样反对洋人。

丰大业对仁慈堂之事满不在乎，实令我费解，看来他未加过问。

李蔚海

附件5 丰大业先生致罗淑亚伯爵文

天津，1870年6月21日

阁下：

我们天津小城市，通常是那么恬静无事，但近几天来却有暴徒在仁慈堂和领事馆附近大声叫喊和进行骚扰。仁慈堂被人控告挖取幼童眼睛，有些人更加大胆地掘出由仁慈堂埋葬的尸体。道台来到我处，递给我几份见证人的供词。据称，这些被害者是教会雇用的拐子谋害的。我不难向他说明这些报道全系恶意中伤。但道台的正式到来，在他一再敦请之下，我答允督促仁慈堂今后只雇用品行确实优良的人。

数小时后（19日），知府偕同一位崇厚的代表来到领事馆，其来意是想在修女们和遣使会传教士的住处当场进行搜查。此人出言粗鲁，令人气愤，竟以民众的忿怒相威胁。根据我的判断，他显然是想迫使我接受数小时前他的上司临走时提出的留待我自行判断的事，我趁机中断了这次会谈，并提醒这位知县说，那只是我与三口通商大臣商定我要继续办理的事，但我向这位知县说明，这丝毫也不能减轻他必须承担他欲图威胁我的那种严重的后果，因为我知道他是唯一煽动起这些纠纷的人。

我请求崇厚的代表，在我未能亲自前去申诉这位知县不恰当的行为之前，将我这次接见知县的情况禀呈崇厚大臣阁下。翌晨，崇厚来访，我深感满意。在我面前他极力诋毁该知县，却又一直为他开脱。他抱怨地方当局没有认真考虑他的意见，当时他竭办驳斥那些散布反对传教士的荒谬谣言。最后，他不得不允许他们采取他曾拒绝参预的措施。为此，他又一次得了"欧洲人的左膀"的称号。

这一小小事件，如果没有崇厚的干预，可能有急转直下的变化，事情今天似乎已告结束，况且，崇厚答应我数日内颁布一份小布告，以镇压骚动。

附件6 李蔚海代理领事致威妥玛先生文

天津，1870年6月21日（6月27日到达北京）

先生：

我有责任非常痛心地向您呈报本埠目前形势殊堪忧虑。此前中国人发出恫吓，说他们将要杀死外国人，或把他们驱逐出天津。近几天来，紧张的情绪更加剧烈；中国人公开宣布意欲烧毁天主教大教堂和法国领事馆，并杀尽所有的洋人。

昨日博磊斯博士在城里遭到袭击，如不是迅速上马奔离，他就有受到严重伤害的可能。

我不害怕生命有切实的危险，而我顾虑的是财产——在我们的租界里有大量的财物，在日报上现已公开宣称，我们将被驱逐出境，或被杀害，倘若我不要求海军高级军官立即乘舰返回，我就认为没有尽到我的职责。他自上月15日起就前往烟台。按通常的航程来说，我想快要回来了，因此我希望在我要他速即返回的期间内不致有任何意外。

我可以非常肯定地说，本埠只要有一艘兵舰，就可立即镇住骚动。今年尚未见到法国、美国或俄国的炮舰来访天津。

李蔚海

附件7　三口通商大臣崇厚致总理衙门文

1870 年 6 月 21 日

为恭肃呈报事。

6 月 19 日，臣为天津之拐骗一事以及受其牵连的天主教教会和流传的惊人谣言等情况业经呈报在案，谅蒙钧察。

本月 22 日【指农历 5 月 22 日，公历为 6 月 20 日】走访丰大业先生，要求他来本署，共同审讯拐骗犯（早已捕拿在押），俾得辨明真伪（谣言所传之事）。对此，丰大业先生答称，天主教徒未犯这等罪名而且他无权审问他们。尔后，我要求丰大业先生立即派人召谢福音神父前来，以便我亲自审讯，同时也告诉他除非此问题查得水落石出，证明天主教徒确属无辜，否则就难以平息当时民众已经断然引发的疑心。而谢福音神父（他已被召来）和丰大业先生则请求道台、知府及天津知县同往天主堂亲自查看。为了案件能继续进行，我建议，派道台、知府和知县带同罪犯武兰珍于本月 23 日（公历 6 月 21 日）前往天主堂，俾使该犯能指明（与她有关的）犯案地点，如有可能，即令其自教堂的中国人中辨认其熟人及合伙人王三等一干人。谢福音完全同意，当时当场达成协议。于是，当日（6 月 21 日）10 时，天津道台周、知府张和知县刘带同武兰珍至法国教堂，与谢福音神父会面，此人文雅可敬。随即令该犯边说边走，指出她曾经到过的地点，然而她证词中所提到的屋内有草席棚和栅栏门均不存在，对她的供词提不出半点真实的依据。至于王三其人，以及其他被牵连的人，她一个也不能辨认出来。诸官员们将此犯带回衙门，并将此次清查结果如实的通知了我。谢福音神父随即赶赴衙门，商订下一步的措施。我们双方同意，今后仁慈堂遇有死亡就报告官方，由官方验看尸体，监视埋葬；同时，凡受他们资助的学校的学生、儿童，不论男女，均须造册登记。为了消除疑虑，政府官员随时都可以来教堂进行检查，不得反抗。谢福音神父走后，我正在草拟告示，急于要张贴出去，借以排除民众的疑虑和安定中外人心之际，当时正是 2 点钟，属于教堂的一些人员与闲散的市民之间发生了厮打。当我饬令一名武官前去镇压时，就听到丰大业先生走入衙门来，我随即出来迎接，看到他暴跳如雷，腰带上挂着两支手枪，另有一名洋人，手持利剑跟随于后。他们二人向我奔来，丰大业先生一看到我，就嚷嚷闹闹语无伦次，接着就从腰带上拔出手枪，当着我的面开了一枪，幸而这一枪没有打中，而他就被捉拿住。我不能接受丰大业先生这种无礼的挑衅，所以就退了回来。他一进屋就动手打烂了桌上的茶杯和其他用具，接着又暴吼不休。我又重新走出来，告诉他衙门外群众虎视眈眈，形势极为严重，救火队全体人员都同情群众，显然意欲支援。我害怕要发生灾难，所以劝他不要走出去，但他毫不介意的冲出衙门外。我派了数人（在路上）护送他。丰大业先生遇见知县刘正在竭力压制群众，他极力劝说丰大业先生返回衙门，但丰大业却对这位官员开了一枪，子弹打中了他的一个卫兵。群众见到领事这种残暴的行动，更加忿怒，立刻追赶过来将他包围并杀死；群众又点燃了教堂，但火势幸未扩散而被扑熄。群众又捣毁了仁慈堂房屋和城里的耶稣教的礼拜堂。在此暴徒愤怒之时，我一面联合我的文武官员和我派去的一支兵力制止了暴动，一方面又派人通知各国领事，要他们安定情绪，并告诉他们我已采取措施。群众发现仁慈堂的屋内有十名儿童。骚动逐渐平息下来。这是这次灾难的始末详情。

这次事件的起因，首先是由于群众听信了无稽谣传，说医院里埋葬的儿童其眼睛和心脏均被挖掉，因而惹起了群众的疑心和仇恨。其次，从武兰珍的供词中，牵涉了天主教教会所雇用的人。现臣禀呈皇上这次暴动经查属实的起因，并已令饬立即逮捕、严惩首犯，理合再将此次冲突和暴动详情立刻呈报殿下钧览，敬乞尽速赐予照会法国公使为祈。

五月廿三日

附件 8　李蔚海代理领事致威妥玛先生文

天津，1870 年 6 月 21 日

先生：

我刚向你发去一函【指上文附件 6】，告诉你此间发生了很多骚乱，我害怕中国人将要实现他们的威胁之词，焚烧法国天主堂。我最害怕的担心现在已成为真正的事实了。今天天主堂、法国领事馆，以及仁慈堂被焚烧殆尽。

最感痛惜的是法国领事被杀害，另外还有一位法国妇女及其丈夫，以及数名修女。

崇宫保向我保证不会伤害英国人。我认为应该把全体侨民聚集在一起，并把全体租界自卫队也召集来，而他们也愿意保护租界，直至灾难完结为止。

李蔚海

附件 25　中国人关于 1870 年 6 月 21 日大屠杀的证词

【由威妥玛以第三人称记录、整理，并分别编列号码。遗憾的是威妥玛没有在此处给出每个人的姓名或其他身份信息，这也许是出于对证人的保护，也许是相关信息分别记录在其他地方以供查对。本书谨从《清末教案》为准，不再试图找出每位证人的真实身份】

证人 1. 诽谤的谣言大约一个月前就开始了，大意说：儿童在领事馆和医院里被杀害，很多受雇用的拐子去拐骗儿童。

上星期六（6 月 18 日）听说要烧天主教房屋，要杀洋人，从很多方面听到这一消息。听说以鸣锣为号召集火会人员；因事先已知道群众的意图，所以知道集合的目的，他【指该证人】没有到领事馆去，但烧毁医院时却在场，站在后门附近之处。在他到达之前，房屋早已在燃烧，仁慈堂的修女亦被杀死。凶手全是火会的，他们在完事以后，按常例被招呼返队。没有见到官府的告示。知道学校因闻谣言而关门，但不知谣言从何处来。至于事故的根源，其意见认为士绅们倘若事先未取得知县的默许，决不敢轻举妄动，因此无论怎么说，后者是罪行的当事人。

特别对于知府，他有理由可以相信，在暴行发生前三四天，老百姓已送去歌颂他的横匾，当时知府没有接受，但说："且待事完以后再办。"

一位住在同院的人告诉他说，他曾见到第一次打的锣。所谓锣，是一只黄铜的洗脸盆，这个打锣人从崇厚衙门走出来敲打这只盆，这发生在衙门内捆住了一位法国人之后。

几位著名的天主教外科医生（姓陆的）的家遭洗劫，其中一位叫陆礼义（lu-li-i）的被杀死。

证人 2. 一个多月以前，关于拐骗的谣言纷纷扬扬，说他们与法国人相勾结，把拐来的儿童卖给法国人，为的是要用眼睛、心和脑等，或制药之用。稍后，又传出另一种谣言，说他们时常在天主教堂附近奔走，经常抓人。后来在县府的命令下，两个骗子被逮捕，并砍了头。在事后县府贴出的告示中，没有说明他们的姓名和出生地点，因此无疑他们只不过是过路的旅客，他们是永丰屯地保抓来的，既未经正当的审讯，也没有证据来证明他们所带的儿童不是他们亲生的孩子，就被杀死。

证人 3. 见到了知府的告示，并认为最近这些动乱之事多半因受这张布告的影响，告示内云"张拴、郭拐……"【这张告示可能与证人 2 的告示不是同一事件，因为证人 2 提到告示没有给出嫌犯的姓名】。这张告示接着产生了效果，大批老百姓受它刺激，联合起来给府台送去一顶写满人名的"万民伞"，及一块刻了字的匾。这些情况，见证人都在城里户部街（Hu-pu-chie）见到的，知县一一照收。他又说，知县还为抬扛工人准备糕点以事招待，但这只是从别人处听到的消息。

这是暴动前四、五天的事。有几位绅士因此开始准备向知府提呈禀帖，叩询张拴、郭拐是何许人？来自何方？劫夺了几家儿童？售给何人以供告示上所说的用途？并追问官方为何不先惩处那些经常购买儿童的惯犯，却先杀死这二人；其要点是这些绅士对此嫌疑论罪表示不满而提出怨诉。

这两个人的姓名，从整个事情来看也使人迷惑难信，前三、四天，另有一人，十九岁，因旧案被告发在城北被捕。被县府拷打后，他说他是受天主教医院王三雇用，在外偷拐儿童。【根据史料，此人应为武兰珍。只是证人若是中国人，在口述证词时言及男性"他"或女性"她"，在听者却难以区分，所以估计威妥玛将其记做 He，而被《清末教案》作者直译为"他"】

证人 4. （一位曾去北京的人）说：使用五只铜锣以召集民众是天津的老习惯。在他的记忆中这是第四次，廿三日（旧历）当他在城内东南角附近家中工作时，听到锣鸣，听说老百姓都轰动起来了，但不知什么原因。心中怀疑基督教徒可能被牵入灾祸之中，因此跑到东门教堂去，但又不得不逃出来，设法到了城里，又到紫竹林教堂，翌日就往北京。

他报道说我对回家去仍感不安，迫害天主教徒的事仍在继续发生。他到北京的路上平安无事，除天津外，到处都在严厉谴责知县和知府。

证人 5. 早在五月间就开始了骚动，最初是天主教医院在海河东边埋了三四十具尸体，棺材是新的。据人讲，而且这位证人也相信，里面装的仅是些骨头，那么这些死者何时生的病？骨头是从何处来？他都无从说明。埋葬是在数天之内办理的，有人认为死亡事故发生在冬季。而另外一些人则认为骨头是从某些旧坟墓移来的，而那些老墓地另有其用。总之，这件事引起了极大的喧哗，有一个星期的时间，每天有上百人去看这块墓地。骚扰连续不断地扩大，而埋葬的事又与其他的谣言牵连在一起，说偷拐并杀害儿童是为了挖取他们的内脏以供制药之用，因而形势更趋危险。棺材中有些已被打开，骨头被乱扔一地，而最粗暴的侮辱滥施在那些被认为是基督徒的尸体上。

其次，拐骗的问题——被人控告偷拐儿童，出卖给天主教徒的人，俗称"拐子"。一听说沾有这种污名，无不惊畏而恨之入骨。证词中提到的两个人，早已被捕，见证人认为他们是独流【即天津府静海县独流镇】人，很多儿童也对他们提供证据，他们自己也招认曾用药物麻醉过被害人，拐骗的目的是贩卖图利。根据招供，已被处决。其他还有五、六人相继被捕。

县府后来贴出告示，接着有谣言说，仁慈堂经常劫持过路人，因而使很多人不敢单独走过仁慈堂，除非有很多人结伴而行。

与此同时，学堂关门，因为据传洋人想进入学堂拐骗儿童。

17 日，或 18 日，拘捕了一名拐子，十九岁，名武兰珍。此人自己供认受天主教徒之命从事拐骗。经过说明如果说话忠实，他可以保全性命。关于他的经历，据说他的头领名叫王三，是天主堂里的家长（当地的神父，或长辈）。王三交给他药粉，还有五元钱作为零用钱。

数日后，知府根据他的供词到天主堂去找王三，当时一位洋人（神父或领事）出来接待，陪他查看了所有的房间，所有仆人都被叫出来请知府指认王三。武兰珍没有认出他所控告的人，而满清官吏却从此常来查访。23 日早晨，知府因为这件差事再次光临，这时海河两岸上的群众人山人海，有一个小孩走出来扔一块砖头，触犯了领事馆的仆人，小孩随群众与领事馆的人争吵起来。此时几个法国官员走出来，身上没有武器，径往崇厚衙门，那里早有很多当地官员赶来，崇厚立即派了几个下级官员，与他们一起安抚民众——骚扰随之此起彼伏，连续不断地发生。最后一个闹事者虽被抓走，但抓捕他的那位军官却被打伤了，所有官军亦被逼撤退。这时，领事回去取武器，重新来到崇厚衙门。

据报告说，满清官员遭到两次射击，第二次射击打中了知府的一个随从。这时，崇厚竭力慰抚法国人，而法国人向崇厚的官佐缴械，领事一行被这些官佐送出衙门，而崇厚留在衙门里。群众一见到领事等人，就立刻扑上去。

当领事等人在衙门时，群众已经冲到天主教堂去，在那里有一个法国人已被杀害。因此，他们又遇上这批激怒的群众，在返回领事馆的路中就被杀死，而领事馆就被洗劫。锣声响遍全城。火会员来到浮桥，与知县相遇，知县奉崇之命，竭力阻止海河南的救火队去河北，此时浮桥已开始被人打通，但就在此刻，有一个叫陈镇台或名陈大帅的（此两人因同姓，很难说清是谁）赶来，想要过河。按照中国的习惯，应该立即允许通过，而火会员却加以阻止，他们大声喊道："汉傻子，猛勇！过去！过去！"在海河北岸的火会人员已经干完屠杀之事，此外就只有焚烧房屋了，暴徒回头又赶赴仁慈堂，立即开始别的工作，新教的礼拜堂按顺序相继被占领——首先是东门，其次是闸门口，鼓楼北，最后是西街。

证人6. 下面是他尽力追忆起来的，据他说，十七日（旧历，月份不详）知府的告示有下列人物和内容：

"张拴、郭拐用药术迷拐儿童。询明迷拐幼童是实，正法。

风闻该犯多人，受人嘱托，散布四方，迷拐该幼孩，取脑、剜眼、剖心，以作配药之用，此等情形，凶惨已极。"

其他他已不能再追记了，但他很理解人们谈论关于老百姓愤怒的问题。同时他也表明满清官吏很同情老百性的情绪，知县又贴出一张类似的告示，其措词虽有别，但见证人认为，他现在心里倒觉得有点把两者的意思混淆起来了。

证人7. 另有一人说，廿五日（旧历）听到了喧哗之声，就设法跑到崇大人衙门，见到领事进入衙门来，但不清楚里面发生了什么事，也未见到领事出来。见证人再次过桥走向城里去。见到群众从衙门里走出来，见人群里有一洋人，听到大喊大叫，看到殴打极为剧烈。他又听到他们把尸体扔进河里。

见到浮桥在知县的命令下开放，镇台身备武器，带领士兵来到后，又命令浮桥关闭。由于距离过远，听不到镇台说的什么，只听到由群众传过来的一再向暴徒叫喊的话……（原文阙如）因为这些传报的人们并不认识他，而他当场听到了他们的话，因而又重复着说，所以他相信这是事实。虽然距离太远，听不见这位官员说什么，但从他摆弄的手势来看，是符合这些话的。

看到医院被掠夺，数名本地人被杀害；同时又看到一个女人被劫持到衙门去，她先被抛进河里，当她答应愿意按照他们的心意提供证词，并声明她是被暴力绑架来的后，又把她捞上来。

见证人亲自听到了这段强求和答允的过程，他离开群众而后向租界走来。在河边的暴徒赶上他，其中有几个原是与他相识的士兵，全部都携带武器，大声高呼要到紫竹林去抢劫洋行。

见证人后来又回到崇厚衙门，以后又听说暴民由崇厚派出的官佐接见后被命令回去，他们对暴民说，"这是法国和天主教的问题，不能给其他人民制造麻烦。"然后，见证人就回家了。

附件 34 摘自 1870 年 6 月 23 日《北华捷报》

拐骗——人民不惯于发明新的罪行以控诉敌人，但他们却使用最熟悉而且又最恶劣的手法来嫁祸于人。听说我们的祖先曾控告邻居使用妖术骗走了他们的母牛，或借助于一具蜡像来蒙骗他们时，他们所提的罪状都是人人普遍相信存在的罪状。当玛格丽特的党羽控告恒菲力公爵夫人欺诈了皇上的性命以致判罪时，他们未曾编造新的谎言；而为玛丽·斯图亚特或纳瓦耳的玛格丽特辩解的人也未编造新的辩解，而只是说他们怪癖的心理是由无耻情侣的阴谋造成的。因此我们不妨把中国人经常控诉传教士拐骗和残害人的行径作为证例，来说明第一个罪状至少是有人散布的，第二个罪状则是被人们相信的。如果有人散布谣言说，煮熟儿童的眼睛和脑浆可制药品，而有人信以为真，于是群众就激起责难。这好比我们的祖先相信海盗们总习惯于把珍宝匿藏于隐蔽的岩穴中，并杀死一个俘虏，把尸体和劫夺的珍宝一同埋葬，以期死者的阴魂能保护这些珍宝。我们已经明白中国这种传说正与上面所述的故事几乎同出一辙。西方的海盗，与中国的拐子代表真实的事实，而守卫珍宝的灵魂，和以儿童眼睛制成的春药则表达了迷信。参阅旧的《中国丛报》，我们可以查到如现在流传的关于偷拐儿童的传闻。只是当初的士绅儒士还未学到把它使用来控告外国人。三十五年前我们看到有一位作者曾控诉说，诱拐的事在广州日见猖獗，其办法是"由诱拐者通知被拐走女孩的父母说，如果能在指定的时间与地点拿出（规定好的）一笔赎金，那个女孩就将送还，否则就要将她贩卖为奴婢"。没有多久，在北京和澳门也提到这种罪行。著名的出版物《京报》说这是"大于法禁，应予认真追究，并悬为厉禁"。1833 年，我们在《广州差报》（"Canton Circular"）上也见到这样的控诉："在广州及其周围有好几百个拐子，他们时常把年轻女子和幼小儿童拐走，以这种无耻的贩卖为生。"1834 年，一位御史向皇帝诉说，在北京也有诱拐儿童和年轻人的事例。从事这一行贩的人都是妇女，她们一旦被判罪，因其为女性，按照常规可以申请照顾，很容易获得释放；因此她们只受到罚款，而不致受刑或充军。这位御史曾建议对某些盗贼给与较为适当的或严厉的惩处以儆效尤。他诤谏这些人应予充军，并赏给普通军人作奴婢。

因此，诚如我们以前所说的，拐骗的罪行显然在中国已是司空见惯的。师惟善大夫早已告诉我们说，中国人也通晓可用儿童的身体来配制药品。十二个月之前，在《北华捷报》报上就这一题目刊登了一封信，也指出在《本草纲目》中将药物分为十六部，其最后的一部是专门论述最少有 39 种药材是得自不同性别的人体。例如"发髪、人骨、人肉、乱发、爪甲、人汗、人血、眼泪，以及其他分泌物，种类之繁不胜枚举，均可直接用以制药"。现在用来控告洋人的新思想都是由这种意识改编的。为此，我们应该感谢我们的知识阶层的友人，他们是具有远见，知识渊博的优秀之士。【后文从略】。】

关于"天津教案处理的"大结局：

罗淑亚先生致驻中国各法国领事通告

北京，1870 年 10 月 22 日

我荣幸地将中国政府为完满解决天津大屠杀案件，决定向法国政府提出的下述各条款，通告各位，以供备查。

我不能对所列各节作出同意或反驳的意见，这不是属于我的权限之内的事，况且，此事业已执行完毕。

中国政府在我的请求下，遣派了大使崇厚去法国，希望他能尽其所能完满说明此行的任务。因此，在未得悉他此行使命的结果之前，我无法预计我国政府的最后决议，但是我能够，并且应该通知各位的是我今后的信念，最低在目前没有见到中国其他地方有重演天津那种悲痛事件的危险。因此，我请求各位先生，如有人可能向你请教这方面的问题时，请向他们重新保证，可以安心从事于自己的职务，在符合条约规定的权利范围内，照常营业。

中国政府答应负责采取必要措施，以维护各地治安工作，倘若我发觉不能信任这一许诺的效应时，我一定会采取预防措施，以保证我国人民的生命和财产不受任何不测之灾。

……

为此，务请先生利用一切机会，以法国政府的名义，向你们的同仁，以及在这些艰苦的环境中曾不断向我们表示同情的各地社会团体表达谢意。

结　语

同之前或之后所有的教案处理结果一样，清政府都被认为是卑躬屈膝、腐败无能、丧权辱国的，因此是要被中国人民所责骂的。如本部分第一章所言，扬州教案后事料理期间，曾国藩把烂摊子留给了马新贻，他自己则升任直隶总督。所以扬州教案处理结果带给中国人民的"伤害"，并没能怪在曾国藩头上。但令曾公悲催的是，两年后天津教案事发，正在曾国藩的地盘。面对重金赔款、二十人抵命、中方官员革职充军等这样屈辱的结果，曾国藩自然被扣上卖国求全的罪名，也被朝廷抛于人民群众爱国义愤旋涡中，曾以他为荣的乡党也唾弃他，他为省馆所书楹帖被毁，甚至有人扬言要摧毁他老家的祖祠、挖了他家的祖坟。直到如今，几乎所有有关曾国藩的书籍或篇章，都把天津教案的处理作为曾国藩一生最大的败笔。正在这种孤独和谩骂中，恰值之前接任了曾公两江总督职位的马新贻被刺身亡，曾国藩又被重新委任为两江总督。这样的历史巧合，似乎让人觉得命中注定曾国藩要为教案背锅。抑郁中的曾国藩，两年后在"外惭清议，内疚神明"的自责中黯然离世。比曾公略幸运的，可能算是天津教案中被毁的另一主角：望海楼天主堂。1897年，望海楼天主堂在寂静 20 多年之后重建，虽然它未能在 1900 年庚子之乱中躲过再次被毁的命运，但在 1903 年再次重建起来。如今，它作为无声的见证者矗立在海河岸边。但，不同的人，却从它"听到""看到"不同的历史。

第四章 其他涉"溺婴、杀婴" 教案及评论

《申报》曾报道或论及的教案数量相当多。本书谨摘录部份明确指明成因与"溺婴""杀婴"相关者。按时间顺序（年.月.日）排列。

1881.12.19
论收买拐来女孩当科重罚

　　诱拐骗卖之事登诸本报者，日必一二起。其报案也，或经本人寻觅、或为他人看见，报官提鞫，往往展转价卖，拐匪已不知去向。即有阅时未久因而寻到拐孩送案者，该匪不过听官惩办，而原出身价已难如数追回，就便该匪得钱使用犹未罄尽，而此等来历不明之人，为之媒者，必已多方刁难，分润者去其大半，故该匪之赃可追、而中与媒之所得，必不能缴还故物。且被人控告提讯所拐之人，则出价者亦将陪上公庭，而结案时钱既乌有、人亦落空，更费花销资费，然后了结。盖拐卖之徒，固有应得之罪；而价买之家，辄以来历不明之人模糊收买，亦不得公然请追原价也。然则以银钱而置婢女者，其亦于未成交之前，慎而又慎，无致事后受累乎。然而迩来置买婢女之家，则往往漫不加察也。盖近年以来，东南数省年岁蹩稔，米价平常，小户易于营生。人情非极不得已，必不肯以亲生子女鬻人而为厮婢，何况汉中风气愈重儿女之情？除山僻小邑间方有溺女恶习，不欲以多子女为累，若苏杭等处之人，则虽家徒四壁、食指繁多，亦不轻于割爱。男生十岁可以为学徒、习行业，女生十岁可以许配人家，稍得财礼。即不得已，犹将领作养媳，断

无价卖之理。前两年豫晋大祲，灾民提挈子女而来，不能生全，多有价卖者。或江浙之人，往北贩买，转相牟利；一至沪地，其价已昂。或大家领作婢女，或妓馆蓄作鸡姬，因而坠落者不少。旋经官禁并赈局收养截留，此风少杀。年来既无豫晋灾民，各处又多岁熟，则亦安有此等卖儿女之贫户哉？何价卖价买之多也？夫小孩不知人事，一遭拐骗身不由己，而拐匪等又必多方恫喝、禁勿声张。至于议价已成，人财两交，或买主细加盘问始知就里，即使家传忠厚，生性慈祥，悯此孤零，深以凌压为憾，将欲还其父母，而谁肯舍此身价，不与追求？将欲抉惩匪徒而无如其去已远，亦止得隐忍不发，稍予爱惜，不加凌辱而已。然此则本孩之父母亲属终于无力访查，不能破案，故买者始可隐忍。设或访有端绪，经官提讯，岂不因一小孩顿遭讼累乎？本报所述各案，其事之未破者，固不在此数也而已。若是其多，然则买者亦何为而甘受此累也？夫乡人积数十金以为买妇之资，急于得富而不暇求详，致为蚁媒水贩所愚。娶不多日而去如黄鹤，至于人财两失。此固因其急而投之。若买婢，则不若要妇之急，似可慎益加慎、以求免日后之累。然往往中此奸计，何也？盖如沪地之买幼女皆妓家之置钱树子者也，拐掠而来，索价不必过奢，故为鸨母者贪其廉而买之，是以堕媒之谋而匪之欲也。窃谓拐买之风日甚一日，匪徒获案固应重惩，即买主亦不能辞咎。如有以拐卖控者，及卖出既久为本孩亲属认见控买主而根究者，倘讯得买主果系妓馆留置雏姬，不特所出身价不准追回，即令获到拐徒银未用罄，缴案之后亦将其充作善举，不给买主。而身价之外更须酌量买者之贫富，而加以薄罚，以儆将来。如此则妓家有所顾忌，而不敢仍然玩视，贪图便宜，庶几女孩之堕落者略可减少。苟不设此禁，吾恐拐匪虽加惩办，而此等拐来之孩有去处，则匪徒终不悛改，而人家之被拐者终不见其少也。近来苏杭两省乡村妇女被拐来沪亦复不少，然年长而被诱，其非毫无知识可比。苟无别项情弊，拐徒亦不敢施此伎俩，其咎当归于家长。若小孩之被拐，则非先严绝其去路而不可禁止也。然舍科罚而外，又何以罪买孩之人哉？

1886.3.29

教案余闻

　　松江打毁教堂一案，前有踏毙二孩之说。现二孩已有着落，因育婴堂失火时乳妇纷纷乱窜，携孩归家，遂疑忙乱中竟遭惨毙。事定后乳妇依旧归堂，则襁褓物双双具在，故姚少读太守会同吴仲英大令并臬宪委员翁君、道宪委员葛君联衔申覆各宪，所有殇毙幼孩一节请无容查究矣。至当时为首者云是南汇童生，然生各学教官、廪生皆力保童生安分应试，并不在堂滋事。实因地痞流氓与教士积不相能，因而乘间纵火毁物，况起事之由只为折花口角，并非别有衅端云云，想宪自能衡情定夺也。

1886.4.10
教堂案结

松江打毁教堂一案，已由各宪示谕，议照温州办理，计须赔银三万两，其银由司道府县分偿云。

1886.7.20
自愿赔银

松江打毁教堂一案，前署府姚少读太守奉上游札谕，商诸教中司铎，将所毁物件酌量赔偿。一面饬南汇县蒋犀林邑尊偕府学教授汪广文德麟，勒令肇祸之盛姓文童亲具甘赔切结。复觅绅董作保，移送来松。盛童自知肆意妄为，罪不容逭，自愿赔银五千两。青浦朱姓亦在案中，太守拟并罚锾云。

1886.11.6
查究拐贩

海门人姚凤仪、李念卿投法公廨，称该处连生沙地方有天主教堂收养小儿，如无力抚养者皆可送堂收养，俟男女长大便为婚嫁。有七岁女孩给在陆太生家抚养，今知其在沪卖脱，为此同伊来沪请为严追。翁太守诘之，陆太生据称：女儿福郎由我母亲抚养，因家贫，故交同乡人许竹山领赴沪上，许是贩卖人口者。在七月二十九日动身，母亲嘱我同来取洋，直至八月十九日到沪。许将福郎交与沈姓卖在城内，不知名姓。我不曾去。许称余洋已用完，祇给我洋三元，嘱我回家。翁太守问现在如遇卖孩之人可能辨认，答称尚能辨认，太守着包探先行带往查究，俟再核。

1886.11.8

拿获贩卖

前报列海门人姚凤仪、李若卿【原文如此，与上述"李念卿"不一致，不知孰对孰错】两人赴法公堂，称该处连生沙教堂中曾有七岁女孩被陆太生卖在上海，因将陆带至上海追究。当据陆供，孩由伊母交许竹山领到上海由沈老二卖去，沈住沪南薛家浜口及箦竹街两处。翁太守因饬法包探将陆带往，而沈已于二礼拜前回崇明。因有王和尚者亦曾分得钱文，翁太守复饬法包探将陆带去传王和尚到案。适沈阿二去而复来，遂将王和尚及沈一并带归捕房，捕头饬暂为管押明日当解讯也。

【该案后续查办过程经本报多次报道，具体过程略。至1887.3.21报道曰"翁子文太守将孩由福建关提到案，给教堂中人领去，所有身价应得追还。因将陆管押，陶少全交保出外着寻。沈阿二一切情由，早登前报。昨晨王司马提陆，着交身价，陆仍向沈推诿并请开恩，司马着俟礼拜二传集各人再行核夺"】

【另，本日尚有另一消息曰"拐孩叠见：近来租界地方拐风又炽。前日午后，法马路中先后有两妇人鸣锣叫喊，寻觅小儿。及傍晚时，法界德兴里二十七号房屋某姓家，有四岁男孩经其父领至门前玩耍，其父入内吃烟，不过数分钟时，而男孩已失。所在寻觅无踪，甲即报法捕房，请为访缉，不知能珠还合浦否。保赤者尚其慎之又慎哉！"】

1888.4.21

英界公堂琐案

刘春和控被陈阿狗诱拐年只四龄之儿子，托人四处找寻，旋在徽州会馆门前遇见蔡桂炎，言知陈阿狗抱孩问信，欲往徐家汇。随得寻见，交捕送案。由蔡太守讯供，押令陈阿狗交到陈阿四，再讯已列前报。昨由刘妻李氏上堂申诉前情，陈阿狗坚称遇有失孩，欲抱至徐家汇教堂中之陈阿四处，不敢图卖。太守谓业已查问教堂并无陈阿四，可见所供不实。若非拐孩，则抱孩意欲何为？押候备文，移送上海县究办。

1889.8.22

中外释疑（爱育堂绅民稿）

天主教堂收养婴孩由来已久，而剜目剖心之谣众口一词。昔崇地山侍郎办理三口通商时，天津民人因此起衅，几至中外失和。谓之为有，固无确据；谓之为无，亦无确据，疑未释即是祸胎。粤东王爵棠廉访办理洋务界务有年而又关心民瘼者也。五月廿六七日有民人陈自刚者，呈称大新街白米巷天主堂时有死孩挑出，至陶金坑掩埋，多少不一，恳请查办。又云某日某刻有以篾篓盛蒲包者，即婴尸也，官若不信，民必截获请验，再与教堂辩论等语。廉访斟酌办法，遂谓此事官若不理、民心不安，倘死孩为民所获或假作伤痕，则枝节横生；若果有剜剖等情，亦不得不救之于水火中也。遂暗派缉捕保甲委员并同陆营，一面弹压一面带同报案之陈自刚至东门内。少顷果有担挑婴尸至者，获而讯之。供称陈姓名亚发，尸自教堂挑来，缘教堂内设有育婴堂，婴孩四五十人，乳娘二十余人。乳不敷，饮以外国牛乳，婴孩多有死亡，死则埋之陶金坑。自去年某月起，皆我一人司其事，剜剖之说，实系谣言，尸可验明等语。于是发交番禺县。杨大令升坐大堂，当众将婴尸验明，共八具。未验之先，有云取脑浆者，而头无恙也；有云取眼睛者，而目无恙也；有云取阴者，而阴无恙也；并有云以铁管从眼侧戳入而吸其髓者，眼侧亦卒无恙。且经仵作细验明白，遍身全无伤痕。民始惧然曰："既没有伤，遂各散去。"盖数十年未破之疑，千万人不平之气，一旦而涣然冰释，不可谓非幸也。抑又思之，小儿初生无乳即死，且当此炎热之时，既无乳以养之，而强以陈腐之牛乳灌之，不更促其死乎？现蒙张制军派洋务委员与洋人约，以后有送女至教堂之育婴者，尔可不必再行好事。洋人不从，又与订定以后须注明该父母姓名。设有死者，当报明法领事照会华官，然后以小棺木埋之。洋官已允其约。此一举也，办理稍迟。婴尸为民间所获后争，遂难收拾。卒之不动声色，释当日之疑，杜他日之口，固中外之交，保全婴儿性命，亦属不少，诚一举而数善备焉。吾于是益服地方官之能解事，即能释事，诚加人一筹也。

1891.5.18

芜湖闹事余闻

芜湖地方因民教不和，焚毁教堂、兴波作浪，本馆已叠纪情形【案发 5 月 13 日，本报自 14 日开始连续报道多日】，俾远方逖听，得以共悉情形，备知频末。兹又接访事人续信，合再录登。据云初五夜，火势亘天，喧声动地，洋关及领事署两处虽有官兵保护，无如乱众披猖，势不可遏。东方既晓，喜事生风者愈聚愈多，如墙而进。新关税务司吴君亲自率同各西人戎装加剑竭力堵扼，砍伤一人，后又拘获八名，缚置檐下。天甫黎明，道宪成观察并文武各官车驹荏止，立饬差役将所获八人送芜湖县收押。一面分派营兵驻扎路口，由是新关得以转危为安。各西人尚恐乱众乘机肆虐，特请太古洋行之德兴轮船暂泊江干，以备不虞。上午成观举特出六言示晓谕大众，其文曰："放火烧毁教堂，即是不法乱民。现经本道查办，定斩决罪名。教堂设拐幼孩，应听本官究办。居民果有冤抑，不妨赴县呈告。此案是非曲直，自有本道作主。凡我良民百姓，回家安分守己。敢再放火抢物，定即就地正法"。观察又亲自在江口往来弹压。午后四下钟，署两江督宪沈仲师由沪启行回皖。抚本任道出芜湖，带有威靖、测海、钧和三兵轮，停泊江岸，放炮示威。其声隆隆，乱众知所畏惧，凶锋为之稍敛。皖抚阿中丞时已得信，派候补道潘观察、候补同知许司马，乘快轮来芜查看情形，当即拜会芜湖道县，履勘洋场。下游东梁山良字大营亦得信息，张良臣军门先已乘轮而至；部下雄师则于初六夜分水陆两路起程，初七日晨到芜，驻扎洋关后面及领事署旁，共有兵三百名。合之芜地水陆各营荟萃一隅，军容药火壁垒森严，居民铺户得以有恃无恐，无不额手相庆。洋关即于是晨开门照常办公，店铺亦启门交易。沈仲帅见大势敉平，即于上午十点钟时启椗上驶，回皖抚本任。潘观察、许司马亦乘原船回省销差，而成观察尚恐众人不解皂白，妄作胡为，乃复大张晓谕，略曰"本口设立领事，系为保护商务起见。新关分设税司，专办稽征洋税。以上两处公所均为办公重地，远近人所共知，本与教堂无涉。居民失落幼孩，自应秉公查究，不准乡民人等前往，藉端滋闹。倘敢抗违不遵，定以军法从事。不忍不教而诛，合先剀切晓谕云云"。溯自哄闹以后至初八日，乱众在教堂搜抢什物，争先恐后，巨细无遗，后至者无以解嘲，甚有将雕花石栏负之而去。其中所储惟木料最多，栋梁枊构堆积如山，是夜被乱众搬抢而去。绵延数里不绝于道，连日尚有人在瓦砾场中拨草寻蛇，无意中往往检出洋银数百元，以至数十元不等。有一人后至，不暇持棒撩拨，竟用手在灰中摸索，不料余焰未熄，呼痛一声，手已糜烂。灰中果有银饼数十元，均被旁人抢去。其踊跃奋迅也，无非为觊来物耳，乃财尚未得而已。受剥肤之灾、贪不义财者，亦可以为殷鉴矣。至初八日下午四下钟，驶到法国大兵轮一艘，其中装载兵士甚多，泊于江浒，大壮声威。其时，乱众早已冰消瓦解，至以后情形，容再随时续述。

1891.5.30

防患宜急论

　　近日闹教堂之案，层见叠出。扬州之事甫了，而和州继之、芜湖又继之，安庆接踵而起，金陵又步武而来。说者以为此由于民教不和之故，将不利于西人，而不知此非西人之患，实中国之患也。月之二十日，西律师担文致书于《字林西报》，其书中之意盖亦如此，因为译其大略于左。书意以为："前此曾与君谈及时事，尝言中国之北边以及中原地方匪徒之暗中约会者甚多，伏戎于莽，眈眈虎视。长江一带，实为西人出没之所，而以南京为之总。此种匪徒，其意实欲谋为不轨，千方百计欲使中西不睦、互构争端，则彼将于蝇蚌交持之际而坐收渔人之利。即使中朝强忍不发，仍相敦睦，无隙可乘，而彼匪党中人又必百般想法，令西人深恨中国，期日后中国有事，西人不肯相助。此匪人之毒计也，所惧者曾忠襄公一人坐镇两江，若辈不敢蠢动。数年之前，偶一移动，出南京未及千里而已，闻有揭竿之信，旋以都中得耗，急发电信令忠襄即日回任，而后安谧如初。盖忠襄老于军伍，勋高望重，又能妥为安顿旧部以及遣撤诸人，以故咸敬而畏之。然潜滋暗长，已非一日，欲俟忠襄之他调，或待其薨逝，乃谋肇乱以毁长江一带各西人之产业。近来此种会匪日聚日多，其势渐大，并有文武大员中亦与其会者，其情形岌岌可危。故忠襄自前此回任之后，不复他往。讵料去年大星忽陨，至今年西历四月廿九号即华历三月廿一日，刘岘庄制军接印任事，继忠襄之后。当刘制军未到任之时，沈仲复中丞方在署督任上，会匪诸人于此时正如黄秬之已经成熟，其势骎骎乎不可遏止矣。此说也，余虽言之，君犹未之深信。旋经饬人前往探听，亦无证据，遂置诸不论不议之列。至于今日，已露端倪。请将余言登之报中，以备存验。盖欲使人见之，知此等闹事并非小可之事，亦非偶然之事，当使驻华之各钦差咸得周知，从速早为预备，以保全西人在中国之身家性命、资财产业。幸此时数处闹事，西人尚未丧命。盖此等匪党皆有头目为之统摄，其胁从者皆愚民耳。倘愚民胁裹既多，头目镇压不住，必致有伤及西人性命者。或彼欲构中西之衅，见此时西人尚未甚仇中国，因而伤及西人之命，以挑中西之隙，俱未可知也。"以上皆担文律师信中语，其言甚长，此不过略译其大意而已。窃以为担文律师之言，殊为有见。夫此次闹教堂之案已见于报者五处，其他谣言纷起，更属可验。而其命意措辞，则无非以教堂为借口。平心论之，教堂之在中国亦何害于民间？就江苏一省而论，天主教堂所收养之孤儿约计有八千余人，凡无家无室、无倚无靠之幼孩，收而养之，稍长则教之读书识字，质鲁者教之以艺事，俾得有以自糊其口。教之既成，而后任其自出谋食；有病者则医药以疗之，其爱之也如此，而谓民间反有仇视之理乎？是故凡闹教堂，必谓教堂中有害人之事。然历次皆有此说，终未有一次查获真凭实据者。而至今仍坚持此说，一似教堂为众射之的也者，此非真有所不满于教堂，实欲借此以兴戎。倘西人因此而与中国结成不解之仇，若辈乃大得其计。中西之隙愈深，匪徒之横愈甚，肆无忌惮，恣睢暴戾，狼突豕奔，无复有为之阻挠者。盖彼固欲激怒西人，令西人构难于中国；中国之肘有所牵掣，而不能自如，则彼之志得逞。此盖所谓诛心之论，并非深文周内也。担文律师见及于此，故欲昌言于众，以为有备无患之计。然则思患预防之策，当不仅驻华之各国钦差宜先事筹之，即中国京外各大员以及各处地方文武亦当晓然于此说，而及早妥筹良法以防之于初。庶几西人之在中国者举安，而中国亦安矣。非然者，姑息恐致养奸，操切又易激变，杞人之忧将胡底耶？"我瞻四方，蹙蹙靡骋"，"民之讹言，宁莫之惩"。读诗至此，不禁掩卷三叹。

1891.5.31

严究匪徒

迩来金陵、芜湖、安庆、扬州等处因民教不和，致拆毁教堂之案。且匪类更乘间纵火，行劫资财。两江督宪刘岘庄制军札饬各处文武官员严加防范。上海英法两界，五方杂处，容或有匪类混迹其间。江海关道聂仲芳观察，因出示晓谕居民，捕房复余探役网罗密布，以故地方甚为静谧，略无哗扰情形。前日法界谳员葛蕃甫同转，忽得官场来信，云有向当营勇之湖南人李得胜，头顶稍有腊梨，身穿白布紧身短衫，左右各佩表袋，右手小指有刀伤痕，结党五人，由芜乘华利轮船来沪云云，并访知李在船时与同船人谈及自言芜湖闹事实由伊等从中煽诱而成，当时焚毁天主教堂，剖开已故教士之棺，裂其肚腹及与官兵对敌，右手小指突被刀伤。同船人斥之曰"此种事情非同儿戏，切莫胡说，性命攸关"。李大言曰"好汉子说话不含糊，我若见官断不图赖"等语，因立刻知照捕房。捕头饬王、郁、孙三包探督同伙役四出访拿，前日傍晚时查悉李匿迹某客寓中，下午至新街附近烟铺吸烟，未片时即往恒德典当，质白纺绸单裤一条。既得钱，即往太古码头北京轮船内，窃取客人之物，因当场拿获，在身畔搜出押票数纸，送押捕房。昨晨解至公堂，据情禀诉。同转问"尔此次从何处来沪，同党共有几人"，供称：小的前由湖南长沙府至芜湖，本月初二日复往金陵，十六至扬州，十九日由镇江附轮船来此。问"尔为何在轮船行窃，此种生意做过几何"，李供称：小的向来当勇，后经斥革，衣食无资，至今年始学为窃贼。问"尔在华利轮船所讲闹事情由，是尔否？"供称说此者非小的一人。问"尔知闹事情由否？"供称：当时有一佣西人家者，言及芜湖天主堂因挖人眼珠被人看破，以致放火拆毁。小的即言，闻金陵亦有挖人眼珠之事。王包探禀称：小的查得李右手小指确已剁去肉一块，定系扰乱时经官兵剁伤。同转问李曰"尔指上之伤何来？"供称：小的前在南京致为"同摆碗"摊上人吴胜德至船上，连碗惧碎，以致割破。谓"尔须将实在情由直供，本分府定可格外施恩。"答称：小的固未曾目见，不敢多说。问"尔言曾知金陵教堂挖人眼珠，究有其事否？"供称：小的并不识字。谓"目下并非要尔识字，祗须供出芜湖闹事情形，且尔在船上曾言如果见官，定当直诉，如何今日又抵赖耶？尔此次来申有何事业？"供称：小的欲到某制造局找寻制弹子之同乡人吴瑞富。问"曾否寻见？"供称：吴已病故，其妻尚在此间。同转细阅押票内有三纸，系初四、初六、初七等日在芜湖所当物件，问"据尔称，初二日已由芜湖至金陵，此种押票得自何处？一味胡言，谁能听信？"李始供称：芜湖闹事，闻因失去小孩起见，小的次日始到，故未目见。后由道县派兵两营，将教堂保护，百姓咸往观看。小的亦上岸探望，见有一种人至火场扒取银洋，经官兵逐散。嗣有官长往堂基后查阅，见园内有一地窖，外砌圆洞，约一人高，数尺阔。遥望洞内若厦屋，然深约里许，旁有小路，中安大棺四具、小棺三具，有兵勇将一大棺开至洞外，撬开视之内，系在教之华人尸首，已腐烂不堪矣。问"尔见此尸尚有眼珠否？曾否被人挖去身衣？何衣？"供称：小的因臭气难闻，不能细视。惟见身上均缠白布足穿皂靴。问"此棺后来如何安置？"答称：道县派兵看守。问"尔知教堂之火用何物燃点？"供称：次日小的往观，四面皆有洋油气。问"火从何处烧起？"供称：起自东边。同转曰"观此情形，断非尔一人所闹，究竟为首之人是谁？"供称：小的不知是谁闹事。同转谓"本分府须禀明道宪，将尔解往讯问，尔仍须直供，不可反复。"李连连称是，遂着押候禀请核夺。【6月1日本报续登"续讯匪徒"，知李氏供词虚多实少、反复无常】

1891.6.1

预禁谣言议

闹教之案，次第而兴。其见诸报章者，如扬州、如芜湖、如安庆、如和州、如金陵，或经弹压而敉平，或竟纵火而抢物。虽事之大小不一，而其乘机煽祸、为害地方，则各处皆同，夫固无分彼此也。说者谓中国自有圣人之道，彼天主、耶稣诸教来自极西，宗派各殊，礼节亦异宜乎。愚夫愚妇，视之如冰炭之不相能。殊不知道光季年【即1824年】大开海禁，朝廷既怀柔倍至，与各国订立约章。其在各处建堂、由教士随时传教，则其教术虽有互异之处，亦已同在圣天子怙冒之中矣。国家既怙冒咸周，而谓百姓可生成自外，以致肆情骚扰，重贻君父之忧乎？历观报章所纪情形，类皆由谣言而起。往往谓教士迷拐民间子女、挖眼剖心，以致民间偶或失去小孩，即向教堂索取。一传十、十传百、百传千、顷刻之间乱民蜂起。虽有弁勇，苦于保护难周，而纵火抢物之端即由之而起矣。究之挖眼剖心之事，果谁见之？而谁证之？试观外洋各邦，何处无天主耶稣诸教？使教士而果行为不正，则外邦先已群起而攻，何致传入中原，始有人与之树敌？岂华人之智皆远胜于西人之愚乎？以仆观之，乱民固宜诛，而谣言更宜禁。彼纷纷闹教者，人咸指为哥老会中人，或者此种谣言即由若辈所散布。然彼到堂找寻孩子、哭诉迷失情由者，固各处之土著也。会党谣之，而良民信之，遂致扰扰纷纷、棼如丝乱。在执法者，固谓乱民宜斩；然彼果有小孩迷失，以致误听谣言，恸哭堂前、激成众怒。如月前扬州之已事者，使一律置之重典。在匪类固分所宜尔，而失孩者不冤之又冤乎。故仆以为，欲遏乱萌，当自预禁谣言始。谨按例载，凶恶之徒捏造悖谬言词投贴、匿名揭帖者，将投贴之人拟绞立决。又妄布邪言、书写张贴、煽惑人心，为首者斩立决；为从者斩监候。国家定例，何等森严！奈何竟自蹈网罗、不惜身首异处乎？或曰人家童养媳以及灶下婢往往造言生事、颠倒是非，怂恿挑唆，使家庭之间多不睦近，且堂堂男子亦或效其所为，海市蜃楼，无中生有，其所善者虽有恶迹，亦必曲为弥缝，其所不善者，纵令遵道而行，亦必毛举其失。甚至自己有不可告人之处，犹欲花言巧语强诿诸平时意见不洽之人，亦犹会党之既犯王章而犹污灭教堂，藉端煽祸也。使但拘会党而处以刑法，彼其人且将谓衣冠之辈且如此，奈何独令我身受严刑？安望其心能甘服乎？不知民心纵与教堂不合，然苟无谣言煽惑，尚不敢揭竿斩木，群起而攻。自闻无据之谈而其心勃然、不能抑遏，一呼百应，遂酿乱源。我不敢言造谣之人即闹教之人，而原其造谣之心实欲激人以闹教。然则罪魁祸首，不属之造谣者，而属谁乎？夫国犹家也，家有造谣之人，而家庭每因以不睦；国有造谣之人，而与国亦易失欢心。试观同治年间，天津闹教案起，其初亦妄谓天主堂迷拐孩子、挖眼剖心，以致混星麕集堂中肆行焚掠，甚至西员出而排解，竟至殴毙途中。中外数十载交情几致隳于一旦。后朝廷特简曾文正办理其事，查得挖眼剖心之事，影响全无，教士之冤乃得大白于天下；而地方官也被参褫职，乱民更悬自藁街矣。今者所肇祸端，尚未及天津之大，且迩岁交情益固，断不致因此失和。然只将所毁赔偿，其数已为不菲。然则乱民之肉，固不足食，而造谣者之罪，其可逃乎？仆再请为执政者重言以申明之曰：欲歇乱萌，当自预禁谣言始。

1891.6.4

丹扬闹教

二十六日【指农历辛卯年四月二十六日（即公历6月2日），故中方后来也将此次丹阳教案称作"辛卯教案"】有在镇江传教之神父，电告沪上某神父曰，本日丹阳天主堂又被匪人所毁。按，丹阳距镇江府治舟行计七十里之遥，城中景象萧条，远不及镇江之繁盛。惟教堂最古，建自明时。当利马窦行教来华，曾在此间侨寓。计堂屋共分四处，一为瞻礼之所，一为教士宅舍，一为男孩学塾，一为女孩学塾。今兹被扰，未知毁失若干。意者匪人知镇江防守綦严、无从匿迹，是以遁而之此处，又煽祸端乎。然而当事者殊切隐忧矣。

1891.6.6

丹阳闹教续闻

丹阳天主堂被匪人焚毁，已据电音录入报中。兹接镇江访事人来信，谓本月二十六日午后四点余钟，突有匪徒骤聚教堂前大肆滋扰，胆敢秉炬以投，将三百年创建之教堂付之劫火。尚有墙垣，败栋如鲁，灵光殿岿然独存，仍被匪徒强拖硬拽、片瓦不留。其时丹阳县会同城守营督兵保护，无如匪徒愍不畏死，以致城守兵数名身带伤痕。丹阳县即发电信至镇江，请兵前往保护。黄观察接电后急令保甲总局孙委员、焦参戎并易军门手下之某哨官率兵一哨星驰而去。至首事匪徒有无擒获，尚未详悉。日前芜湖一案大起波澜，曾几何时而丹阳又为芜湖之续，匪徒造言生事，乘机惑众，前后如出一辙。两江督宪刘岘帅，将芜湖首事之王傅二犯就地正法，办理深得要领。丹阳首事之犯，岂能幸逃法网？敬告良民尚其安分守己，毋为谣言所惑，随声附和以致误触刑章也。

1891.6.6
教士慈悲

金陵闹教堂一案，其详细情形已列前报。当场拿获之十二人，制宪欲将为首之货郎儿立正典刑。经福教士再三代求，随饬上元县梅大令将货郎儿提出，重责三百板，并插耳箭、荷以巨枷、鸣锣沿街示众。待游遍后，发往滋事处枷示，余已保释五人矣。

1891.6.10
芜案纪余

芜湖匪人闹事之后，当道办理情形早已详登本报矣【本报 6 月 5 日 "闹堂正法" 详述县局各员审理案件以及二主犯被正法的过程】。兹续接来函云，首犯王光经、傅有顺二名，于上月二十六日【指农历，即公历 6 月 2 日】枭示后，阅三日，道宪成观察札委郑梅轩少尹，将首级解往金陵、扬州、镇江、上海等处悬竿示众，然后解回皖垣和州。伙犯杨洪义即杨老小、田润年即田老五，均拟定斩监候罪名。刘兆春即前报所云在洋关抢物被税务司挥剑确伤者，讯系积窃，定以监禁三年。尚有当场拘获抢物掷石之十余犯，各予笞杖收押。至事前失孩、往闹之民人，现亦逮案，讯出情由。一为胡老四即前称东狱庙羽士，是晨失去一七岁女孩，误信谣言，奔往教堂前哭闹，以致哄动大众扰扰纷纷。比邑尊闻信到来，喝令退去，胡即在市上鸣锣。迨至黄昏，女由熟识人送来，云遇诸东门外北家店云。一为赵庆云昔时隶籍梨园学唱花旦，胡天胡帝、艳绝尘寰，妆束登场，几令人魂消心醉。近则花残粉褪，落寞穷居。去腊其妻曾抚一女婴，继闻教中设有育婴堂，收得婴孩概发贫家鞠养，月给洋蚨一龚以为乳哺之资。赵正在窘乡，褓负而去，声请自为养育，俾沾津贴钱。及本年三月中，女忽染重病，恐难医治，抱往堂中。堂中人另发别家小心抚养。未几病愈，居然啼笑如恒。是日见胡正在滋闹不堪，因亦插入其中，意图略待沾润，不料竟身羁犴狴，有翅难飞。虽不至与匪犯同科，然亦未容置身事外也。田老五当十八日在道署翻供后发县再鞫，始终不承。邑尊令提王光经对质，田忿恨难平，戟指向王曰：当日六人共饮齐心酒，汝独不在内耶？邑尊以其言有异，力加诘究，田遂供称：此事共有六人起意。先一日下午潜在江口某茶肆聚商，互相欢饮，约定先行放火，事发不相攀累。今王忽寒盟，故小的从直供出也。邑尊问六人为谁，供称：除小的与王外，尚有高子清、高子斌、王老四、吕老大四人。邑尊立拘茶肆主质，讯供称：事诚有之，惟若辈所谈何事，小的实未听明。质之王光经，供与田相同，并称"小的等均系湖北人，平日里划船糊口"。邑尊立饬往拿四人，则已杳无踪影。比拘划船头目，拷讯则称"此四人早已改业，今实无从指交矣"。日前道宪又出六言告示，云"匪犯烧毁教堂，现已讯明正法，其余在会各犯，分别严拿惩办。中国准建教堂，互换条约所载。兹后各色人等，务须民教相安。倘有不法匪徒，敢再造言滋闹，定即照案治罪，毋遗噬脐后悔。意者若辈见之，当能洗心革面乎"。

1891.6.11
开诚布公

常镇道宪黄观察一闻丹阳县焚毁教堂之案，即委保甲总局孙君及焦参戎、安邦新兵营某哨官率兵一哨驰往弹压，未几焦叅戎由丹阳查勘回禀报情形。观察即令同易统领、焦叅戎先行出示以安民心，一面与杨太守驰往丹阳体察情势，秉公核办。所有告示条录于左【下】：

头品顶戴奏留两江记名简放提督、军门统领督标新兵、奇兵等营图勒炳阿巴图鲁、一等军功加三级易参府、两江尽先补用游府焦、署理江南镇江城守营钦命二品衔兼办两江营务处江苏分巡常镇通海兵备道监督镇江关黄，为出示谕禁事。照得镇江为通商口岸，五方杂处、人情浮动，自扬州、芜湖等处教堂被众拆毁后，辄有不法之徒布散谣言并贴匿名揭帖，妄图惑众滋事、扰害地方。即经本道先后出示谕禁，并会同统领、参府督率文武员弁，严密巡防，查拿在案。兹闻丹阳城内教堂又有被毁之事，诚恐愚民无知，妄生猜疑，别滋事端，除仍会督文武员弁率同兵役昼夜分投梭巡、随时访护拿办外，合再出示谕禁。为此，示仰军民诸色人等一体知悉。尔等须知扬州等处拆毁教堂皆由匪徒造谣而起，始则三五成群、继而千百相聚，此唱彼和、以讹传讹，遂致不顾利害，激成事变。迨经拿获到官，重则斩绞、轻则军流。在首祸之犯，孽由自作，固不足惜。而胁从之辈，同罹法补，情实可矜，且有在旁闲观之人亦被波累。及至讯明保释，业已身败名裂，甚或荡产倾家，言之尤为可悯。本统领、本道、本参府，因恐尔等为匪所惑，致受无穷之累，故不惮烦言，谆谆告诫，欲使吾民知所趋避，免致玉石俱焚。自示之后，尔等遇有匪徒造言生事，务宜各顾身家，安分守法，切勿轻信趋附，致贻后悔。倘敢遇事聚观，随声附和，则是甘心为从，无所用其姑息。一经拿获，定即严行惩办，勿谓言之不预也。其各凛遵，毋违特示。

丹阳闹事细情

四月二十五日之晚丹阳闹事情形，本馆已详登于报。兹阅益闻录云，是晚丹阳城内匪人突至天主堂滋扰，愈聚愈多。时丹阳县查大令因公晋省未回，只城守某守戎率兵弹压，无奈匪众横行，目无法纪，竟伤营兵数名，守戎亦面受微伤。斯时匪类猖狂，深恐寡众不敌，因嘱年近古稀之某教士避往官衙，匪类遂将天主堂及附近住屋付之一炬。阅日，道宪黄观察委员偕镇江天主堂教士前往查办，迄今尚未就绪云。

金陵获犯谳词

四月十八日，金陵匪徒骚扰各教堂。经大宪等竭力保护，得以安靖无事。兹悉是案所获之人，前后共计十五名。先获王信盛、严聚兴两名，由县审办。供称"小的等到城北讨帐，路经教堂门外，见有闲人在内游玩，因亦伫立观望，并未滋闹"。蒙上元邑宰恩准，由邻人丁万兴、王复兴具保释回。次获刘炳光、徐永茂、胡五生、罗汤氏四名，均系在干河沿教堂内佣工者。因闹事之顷，西女沙氏宅内厨房忽然失慎，当道疑火为伊等所纵，故饬带住，移县审办。晚间保甲总局、宪督中城守两协戎到县会审，据供"火非小的等所纵，起火之由实属不知"。嗣成美学馆主福君开森具函请释，故当晚即送回。又有陶如松、何松茂二名，系从医院获来。陶年十九岁，金陵人，住城内仓巷，摇鼓为业。据供"是日因添配栏杆，路过医院，见有多人入内游玩，因亦随进。后众见兵至奔散。小的落后被获，实未闹事"。何年二十七岁，金陵人，住城内红土桥，卖油纸扇为业。据供"是日卖扇路过，见人麇集，即站在北首候驾桥边观看。不料被闲杂人等挤跌，爬起讪骂。适值洋人开门而出，疑为骂伊，遂即拿住，交付营兵，移送县内"。又有徐里、刘贵学、朱九三名，俱在干河沿获来。徐供"年二十六岁，山东沂州府人，光绪元年逃荒到此，住城北小营边，种园为业。是日因事过洪武街，见官府到干河沿教堂，因亦随往，远远观看。不料营兵忽至，将大众撵逐。小的遂被获，实未滋扰。"刘供"年十九岁，六安州人，住新街口，刨鞋板为业。是日因事赴城北路，经教堂门外，见多人伫立，因亦站下。不料营兵适至，未及奔逃，遂被获住，实未尝滋事。"朱供"年二十五岁，湖南湘乡县人，今春来宁，在某公馆为佣。是日因出城买炭，路经教堂门口，正值兵勇在内，伊遂伫立墙边观望，实未进去滋扰。"又有严瑞生一名，系从螺蛳湾获来，据供"年二十七岁，上海县人，曾为某哨官服役。四月初到此，寻人未遇，寓居汉西门外某饭铺内。是日因赴通济门，道经天主堂，见人多蚁聚，因亦驻观。不料邑尊驾到，回避不及，突被差役拿住，实未肇事。"又有周芳林一名，十八晚由城北成美学馆主福君交中协王有珏协戎，由协戎函送到县者，据供年三十八岁，湖南祁阳县人，本年四月初随某武员来此，是日访后归路过干河沿教堂，站立门外看告示，被阍人拖入，告知营兵送交中协处，移县审办，实未在教堂滋闹。以上六人，由保甲总局及督中协及两江营务处各大宪于十八、十九两日在上元县署会审；其周芳林一名，于十九、二十两日会审。另有唐得胜及某营兵一名，当十八日闹事时由成美馆主福君开森捉获，交付左营帮带杨君端堂者，杨君未加讯诘、当场释放；福君不悦，当晚上院禀知制军。制军怒饬将杨君摘顶撤差，并谕保甲总局、中协营务处各大宪速查此二人，务获惩办。二十四日保甲总局等带领唐得胜及某兵赴成美馆主福君处，问当日闹事时获交杨者是否即此二人；福君一望谓唐某号衣犹是也，而面目则非矣。至某兵亦前后如出两人，请勿惩办。各宪遂群向福君称善，谓此乃君之有意成全耳，若云是此二人，则定当按律惩办；虽然，今当带去略予儆戒，于是带赴县内。提集陶等六人复行会讯后，由营务处曾仰皆观察判云：陶、徐二名奉督宪谕，姑宽免死，重责三百板见血，枷号半月，游街示众，以示惩戒。余犯各责一百板，取保释回。周芳林系湖南人，据供虽无滋闹教堂情事，然亦未便容留在境，备文递解回籍。唐及某兵各责若干，判令插耳、游营以示儆戒。此案于四月二十四晚即已了结。至十八日干河沿处所毁沙氏厨房两间及抢去各什物由保甲总局宪及上元邑宰向福君开森言明，愿给鹰洋四百元以作偿款，并立有字据，俟后多剩少补。二十日后福君已雇工修补一切矣。以上俱见益闻录。

1891.6.13

续述武穴闹事情形

武穴地方，滨临大江，亦小小通衢也。轮船往来，过此必停泊片刻，以便上下客货。故江汉关必派西国扞子手一二人常年住此，以司稽查。各国教士亦于此地设堂传教，二十余年相安无事。不料四月二十九晚六点钟时，突有无数流氓向卫士礼教堂询问，尔堂中收买小孩究有何意？堂中牧师二人俱已外出，惟西妇二人并小孩二三口在堂，有一洋客小住堂中，将俟轮船抵埠时乘轮上驶。西妇不便签语，遂托洋客出外应酬。讵意流氓等不由分说，遽尔拳足交加。忽一巨石掷中洋客之头，登时破裂，倒毙于地。流氓上前争砍，几成□□【二字难以辨识】。西妇携带幼孩逃避不及，致遭殴打，几罹不测。幸经堂中教友救护，得以无恙。江汉关扞子手闻喧闹声，恐是失慎，立即驰救。出门未及，突被流氓扭住，肆行殴打，扞子手奋力挣脱，跃入江中，流氓排立江岸，未肯即退。扞手在水多时不能久耐，泅至岸边复被流氓拖起毒殴毙命，教堂烧毁一空。自六点钟起至二点钟，流氓始散。西妇始携小孩乘坐德兴轮船到汉，赴英领事署泣诉情形，英领事立即照会道宪，由道宪禀明督宪，初一日委员驰赴武穴查办。至初三日正午，已将二人尸身运赴汉口。张香帅谕饬委员具馆装殓，暂厝西国坟茔。此系汉口访事人所述，合亟录登，以补前报之所未备。

先事预防

初二日湖广总督张香帅札谕汉黄德道，谓近来目芜湖闹事以后，沿江各埠俱有恶党与教堂为难之事，大概以洋人谋害小孩一事煽惑愚民，激成事变，彼则从中渔利，乘机劫夺。为此，谕令该道转行照会各领事官，饬令教堂暂勿收养小孩，俟平靖无事后再行收养可也。孔观察接奉宪札，已于初二日分别照会领事矣。香帅又密谕武汉文武员弁及各营统领，严密防范以卫地方，使恶党不得乘隙思逞。

1891.6.19

丹阳闹教实情

【本日又有三篇与闹教相关的长篇文章，既可以说明《申报》同仁对该问题的关注，也可说明"闹教"一事确实已成为当时的重要问题之一。该篇为自6月1日丹阳教案发生以来《申报》的第四篇关于丹阳闹教的报道，前三篇分别在6.4日、6.6日、6.11日】

益闻录云，丹阳未闹事之先，四月十七八日早有匿名揭帖，谓众人会齐于廿一日烧堂。堂中人知之，禀告县尊，请出示禁止。县尊查大令回言，须申详上宪方可出示。继又有匿名揭帖云，定于廿五日烧堂，且谓各处教堂皆奉宪而毁，我辈亦可踵行等语。堂中饬人到县告急，时县尊业已晋省，报事人以谣言不可尽信，万无一失等语对之。至廿五日【公立 6 月 1 日】约二下钟，有人陆续到堂观看动静，至四下钟后愈聚愈多，人山人海，莫可数计。堂中虽已请当道弹压，而城守仅带兵两名到堂，无济于事。于是众人一拥而入，堂中人善言婉劝，卫教士亦曲为开导，众不之顾。寻至蜜蜂箱处，谓内有人心、人眼；卫教士具以实告，众不信，将箱击破，众蜂飞出螫人甚众，有痛甚者问教士何法能止，卫教士答以用烧酒擦之即止。乃如法治之，果效。无如众闹不退，及至五下钟，纵火烧屋计共六处：一在书房，一在女学东边屋，一在育婴堂西边房，一在教堂，一在教士卧房，一在厨房。火势上炎，有楚兵到场，见火已起，令人将器皿什物掷入火内，并高声欢呼，鼓掌称快。其火至次早始熄。余有三椽小屋未毁，被向业瓦木匠者于夜间拆去。次早匪徒首先挖掘育婴义冢两三处，内一新死之孩，匪人将尸倒悬桑树上，谓是堂中害死者。廿六日道宪委孙秋潭大令会同镇江参府焦君，带兵百名到丹查办。及见倒悬之尸，信民之谣，令土工四十名逐处挖掘，共得六十余尸首。此乃三十年来育婴堂中所亡婴孩也，内有一四十余岁之尸，系教民戴姓，无坟而附葬于此者，亦被剖开，骸骨抛散。当聚众之时，有二商人、二庠生及操异方语者，在场高声喝令。纵大有人劝，云尔我同有身家，何酷忍乃尔此众目昭彰之事也。当时谣言之人诬言堂中以孩尸沃桑树，以故桑树数百株悉被砍伐。其实则桑树与孩坟相距尚远，井然可考。镇江天主堂施教士于廿九日拜会黄道宪，告以欲至丹阳查看，黄道宪派弁兵六人护送。三十日由水道开行，五月朔日【即五月初一】早到丹阳。道宪另调右营新兵二百名，由陆路而去，亦同日到丹。时县令查明府以各乡教堂亦被焚毁，下乡查勘。施教士到场环视，止见破瓦零砖，不见寸木，骷骸暴乱，大为酸心。午后查大令回县，偕孙委廉到施教士舟中，固请乘轿至衙。沿途有兵三百名护卫。初二日早，制军委余瑞云司马坐登瀛洲船至镇，复雇民船至丹阳，亲往堂基勘视，旋即协商埋尸。初三日午后抚宪所发周委员亦到；及五下钟适教士偕县尊等至堂地周看所掩之坟而返。初四日晨回镇。焦参府带兵途中护送，一路平安。

　　珥陵闹事人陆达海于初二日供认雇人抢物，钉镣收禁；陆林林责打二百，狡供未认。华家渡闹事人张腊梨供认后即收禁。刻下城内会匪住址及为首闹事之人，县中一一访悉，次第缉拿。初二日，查大令传一素与婴堂在家供乳之妇带领二养婴到县，孙委员面讯一切，所供与婴堂章程一一符合，饬令回去。黄道宪出示，发贴教堂墙上。甫贴即被匪人扯去，并另黏揭帖，辱骂观察。至悬槃之尸，火后已不知所在，或谓被狗食去。瓜渚堂去河道不远，施教士回镇路过，同焦参戎到堂一看，护行有马队十余名、营兵十余名。现下丹阳查大令已获到纵火之人，一名小八百斤，一名小腊子。

1891.6.19

示粜教祸

　　益闻录又云，丹阳闹事之时，匪徒拖出孩尸，妄言教堂挖眼剖心，诬蔑起衅，常镇兵备道黄幼农观察查明确实，深悉匪徒肇害，栽祸百端，因出六言告示云："丹阳城内教堂，问明向兼育婴。掩埋殇毙孩尸，无非心存恻隐。现有匪徒造谣，妄说挖去眼睛。民间未能周知，闻谣妄生疑心。要知挖出孩骸，官府业已看明。间有一二新孩，亦无残害实凭。造言滋事各犯，必须拿获严惩。尔等各有身家，务各守法安分。倘有鼓众滋事，则是冥顽不灵。一经拿获到案，惩办决不稍轻"。

　　又宁国县河沥溪地方，谣言蜂起，几蹈芜湖恶习。四月十五夜，突有廿五六人来，带有洋枪、火药颇多，入某饭店内购食、借宿。有人见而疑之，迅报巡防营员。营员辖兵无几，纠集镇民，围绕捉拿。正在吵嚷间，宁国县惠大令已闻风而至，赶即饬人围拿。匪等拚命抵敌，枪刀棍棒一齐并举。大令饬营兵干役奋力擒拿，当即击杀匪人一名，又获生匪十五人，余则逃去，不知其所之。据供，该匪系河南、山东产，潜居旌德县有年。大令乃饬营兵押赴旌德县署，未知如何惩办。惠大令犹恐谣言未能遽息，计以化诱乡愚，爰出告示如左【下】：

　　钦加同知衔、特授宁国县正堂加三级、随带加三级纪录十二次惠，为出示晓谕事。照得县属河沥溪教堂，设立有年，相安无事。乃访闻近日有等不法奸民，捏造谣言，煽惑良民，希图乘机滋事，实属目无法纪。除饬差严密查拿并派拨线兵巡缉弹压外，合行出示晓谕。为此，示仰县属军民诸色人等知悉。尔等须知，教堂传教，从前系奉大宪、按照和约设立，并无别项情事，与吾民相安多年。凡吾民务各安分守法，切勿听信匪徒煽惑、混行滋事。倘敢故违，一经拿获到案，定即禀请大宪从重究办，决不宽贷。各宜凛遵毋违，切切特示。光绪十七年四月十六日。

又，和州天主堂，前被匪人滋扰。刻下学宪按临生重齐集，上月廿八日为取齐之期，州尊罗刺史恐匪人余党勾引童生，再有闹事，特遣差役八名到堂看守。州属含山县亦有谣言广播，一日数惊。故含山陈邑尊用心弹压，妥为照料，并出示云"告尔生童人等，切莫到天主堂。前次闹事儿童，至今案尚未了。芜湖闹事之人，现闻都要正法。本州闻信之下，未免代为痛惜。洋人来此传教，系奉谕旨准行。朝廷怀柔远人，严禁教堂闹事。尔等如去观看，难免口角是非。一经闹出事来，总须缉拿治罪。纵有贤良官府，亦难委曲保全。如系真读书人，定体本州婆心。各人闭户磨砺，不可在外闲游。倘因闲游滋事，本州邑势难袒庇。各有身家性命，切勿自贻伊戚"。

1891.6.19
论遇事不可张皇

【该篇文章的主题是为了维护社会治安秩序，为官者既不可以"怠玩"而输于麻痹，亦不可以"张皇"而过度紧张，特别是其中以当时正在处理的几起教案为例，解明地方官员如何做好平时的保护，又不至于劳民伤财。关于"怠玩"致祸的最佳例子，莫过于余蛮子闹教事件（详见下一条"蜀东教案"），而关于"张皇"的最佳例子，可参阅《申报》1898.8.7 刊登的"保护教堂章程"，见本书第 373 页】

大凡处事，固不可出以怠玩，亦不可出以张皇。事前漫无布置，因循废弛、养痈贻患，卒致祸害、一发而莫收，此则怠玩之弊也。事机尚未显露，过信捕风捉影之谈，皇皇焉扰扰焉，几于寝馈为之不安，形神为之俱扰，方寸之中时设瓶罍难安之想，此则张皇之弊也。怠玩之弊，懦夫中之；张皇之弊，则贤智者亦或不免。盖贤智者之料事也，必明处事也，必审既明，且审则不得不作未雨绸缪之想。如防水然，大水未来，而长堤先筑；如御火然，赤熛未煽，而汲桶先排。存有备无患之心，作先事预防之想。军志所谓先人有夺人之心，又曰宁我薄人、毋人薄我，比物此志也。然而同此布置、同此筹谋，苟能不动声色，处以镇定，则虽不出户庭，而可措天下于泰山之安。倘稍涉张皇，在通达时务者知其意向之所在，方共服其料事之明、处事之审。而庸愚无识之人以及老弱妇女，或致转生惊惧，惴惴焉不能安枕，睹弓蛇而心栗、闻风鹤而神惊，甚至轻举妄动、迁徙纷纷【参见本书第 368 页，1896.8.14 及 21 "论教案宜严惩煽惑"一文】，是亦不可以已乎。昔诸葛武侯坐守空城，开关延敌，鸣琴却扫。敌兵疑其有伏，趑趄而不敢入。李广守边，尝率数骑出巡，卒遇胡骑士，卒皆惶恐，广令下马列坐，以示闲暇。胡人疑之，不敢发兵相追，广得乘间引还。此其人不特胆量包身，抑且智略出众。仓卒应变之法，固非常人所能学步。至于身任地方者，当讹言四起之秋，既不可畏葸以酿乱阶，尤不可操切以速祸变。匪党将谋不轨，必先附会不经之谈，捏造无稽之说，冀以煽惑众听，淆乱民心。迨至群情惊扰，惶惑异常，彼得乘机下手，以遂其纵火劫物之计。在上者既已烛破奸谋，督率兵弁，严密稽查，暗访造言惑众之人，使之不得肆其簧鼓之计。一面大张告示，遍贴通衢，晓谕良民勿为谣言所惑，勿为匪人所胁，泾渭分明，良莠显判，自能弭患于无形，遏乱于未萌。惟是氓之蚩蚩，本无知识，坚持定见者少，轻听传说者多；当谣诼繁兴之际，每不免游移无主，或作洁身远避之想。假使事机果已发露，则效祖生之争着先鞭，急作自全之计。不必见兔而始顾犬，亡羊而始补牢，此固智者之所为。倘事机尚未发露，而以谣诼繁兴之故惶惶焉无所适从，携妻挈子远避他方，卒之，闾阎安堵如故，市肆贸易如恒，而纷纷扰扰者多一番无谓之举动，不特遇事张皇多所耗费，殊属无谓，而其轻举妄动之情形，亦不免为识者所齿冷矣。且匪人之所以煽播谣言，正欲使闻者中心惶惑，迁徙靡常，彼得沿途劫夺，以逞其阴谋。人苟稍不审慎，一举一动偶涉粗浮，鹤唳风声，在在生惧，岂不适堕匪人之诡计耶？近日闹教案起，讹言四布，闻者不无疑虑。然惟芜湖、丹阳、无锡、武穴、吴城镇等处焚毁教堂。此外各处，或当哄闹之时，调兵弹压，立即解散。或当谣传之顷，昼夜巡防，使匪人不得逞志。皆能遏除乱萌、杜绝祸变，阛阓蒙福、鸡犬无惊。此固由地方官先事预防之所致，然亦司见哄闹之时大率都系无知愚民插足其间，而匪人之倡首肇事者其数正自不多，故一调官兵弹压，即已纷纷四散。近日教案虽多，而尚未闻有盗兵潢池之祸，此其彰明较著者也。上海一隅，为通商口岸之总汇，市肆云连，商贾辐辏，西国商人侨寓于此，产业身家之所系，不得不郑重视之。一闻闹教之信，立即由别处调集师船，驻泊浦中，以壮声威而资保护，而商家团练兵亦均摩厉，以须隐为之备，巡捕房更饬包探在租界之中不时巡察，不使匪人得以容身。又赴附近各乡镇留心巡察，一有消息立即报闻。捕房又揭示通衢，申明放炮鸣钟之约，使锢户居民咸晓然于御暴之意。如有事变，各自在家安坐，不再驻足聚观。凡所以为遏除变乱计者，何等分明、何等详晰，迥非事前漫无觉察，事后徒事粉饰者比。以事势而论，租界之中防范严密，自可倚为长城。凡在居民各宜静心安坐，不可因谣诼而生疑惧，因疑惧而涉张皇，故着此篇以质诸明理审势之君子。

1891.6.24
蜀东教案

近有西蜀友人函，述川东大足县龙水镇闹教之事，原原本本颇极详明，因录之。曰事起于光绪十二年【1886 年】五月三十日，渝城匪类与英美各国人肇衅，波及各处教堂。是年六月十九日，大足县龙水镇方赛灵官会，四方云集，良莠不齐。匪徒遂将是处教堂劫毁，嗣于渝城案中了结。复建教堂，工犹未竣，至十四年【1888 年】六月十九日，又被匪首雷建候、萧太碧等烧去，兼抢劫镇上教民数十家，旋于十五年议结。匪等窥见两次模样，各宪并未究办，因放胆抢物屡肇衅端，道宪始札饬大足县县令钱明府为之保护，明府奉札之下，委团绅陈典招勇百余人，驻扎邻近帝主宫，防卫教堂。十六年【1890 年】六月十九日，又值灵官会期，匪党蒋赞臣、余蛮子等乘机围住教堂，贼众鼎沸，陈率勇阻护，匪徒犹敢拒门，当经格伤三人，始渐散去。后复抢毁镇上教民十五家半，赖勇丁救阻。陈据情报案后，明府批示，嘉其保护得力、调度有方。二十三日明府亲勘教堂，只有屋瓦及门被毁，幸无别故，遂奖赏钱二十千，详禀府道历叙陈典有功。孰知蒋等忿未得赃，枭心不改，于二十七日昧爽，纠合党羽劫焚教堂，抢毁教民七十余家，杀毙教民九命，并将尸身焚化灭迹。至二十九日拥至马跑场，抢焚教民六十余家，焚劫教堂一所，杀毙教民二命。事后屯扎不散，明府束手无策，只得详禀道宪，请兵弹压。道宪委王太守遵文前往解散。太守行至龙水镇马跑场，委某员传示权词安慰，匪等遂暂退，然犹未散，归反捏词诬蔑。太守见事已稍息，遂放爆竹庆贺，置杀人放火于不问。尤可异者，当亲勘龙水镇教堂时，见石上血迹及火烧骸骨，明是匪徒所为，而含糊其情，并不究问。时有匪党数十，伪作乡民，有欲诉冤者，皆被差役逐去。又验得马跑场教民蒋文高、黄仕良二命，仕良之尸半已烧毁，以无可辨认，指仕良为无名男子，希图避重从轻，反禀陈上宪，称教堂预集力士杀伤多人，以致平民忿怒，焚抢教堂及教民家。不知保护之勇丁皆钱明府奉札所募，虽格伤三人，究未擅杀一命。明府至此，亦一票不出，一匪不拿，遂致匪徒毫无忌惮，愈肆猖獗。不问平民、教民，惟择富室抢毁，有隙悉皆报复。七、八、九月之间，骚扰地方十四处，遭害者二百余家，尽皆流离失所，饥寒交迫。泊司铎控诸上宪，而太守曲意周旋，上宪亦置之不理。及至抢杀不已，太守始请兵，于军宪酌议着谈廷桢权摄大足县事，檄委副将吴奇忠权篡重庆镇，会同署川东道张观察调营查办。吴镇张道旋委候补县桂天培带营勇六十名、署大足县谈令亦带练丁四十名，于十一月二十六日至龙水镇拿匪首余蛮子、余翠平、唐翠平、余海平、李上儒、李玉亭六人，匪徒闻风暂避。旋悬赏缉拿，究未弋获一人。镇道复委安定营先锋带队前往助擒，亦不过作河上之逍遥。匪徒遂出事不已。十七年【1891年】二月二十七日匪徒暂行退避，委员往镇传谕乡街，"抢案命案今已和息，教民平民各安生业"等语。旋即向上宪禀覆称进围匪巢，余蛮子等业已远扬，今擒获蒋九钟、辛娃二人，系属闹教匪首，讯供大略，因伤毙命，太守遂将就结案云。

编者注：关于余蛮子团伙：

由于当地地方官的不作为和懦弱，此时尚处于萌芽状态的余蛮子团伙很快成为四川一带的巨匪。1898年5月，县令设计利用其族亲将其收押，后因惧于匪伙的威胁而将其释放（参见1898年5月11日《申报》报道）。几个月后，余蛮子劫持法国教士华司铎作为人质，并依此获得清廷的免死牌（参见1898年9月8日《申报》报道）。直至1912年民国元年，该团伙因为打出"光复大清"的旗帜，匪首余蛮子被捕正法，一年后团伙被彻底消灭。自《申报》首次报道余蛮子于1890年抢劫教堂，至其团伙于1913年被灭，前后历时超过22年。本书将《申报》后续关于余蛮子的报道一并汇集摘录如下：

1898.5.11　情同谋叛

四川访事友来函云：重庆府属大足县，当七八年前曾有拆毁法国教堂、烧毙人命一案。首犯余蛮子，恃有地方团甲保护，得以幸逃法网，匿迹龙水镇一带。嗣经桂大令天培迭次设法购缉未获。近年竟敢勾外匪结成党羽，地方官恐养痈贻患，责令族人余某诱蛮子宴饮，俟其沉醉即缚交差役，逐解邻封荣昌县收禁。不意党羽蒋灿臣等纠集千余人蜂拥至县署，逼令县主将余蛮子即时释出，其势汹汹。县主恐酿大事，只得允从，众始纷纷各散。

1898.9.8　川东教案详述

重庆访事人云：法国教士华司铎被大足县歹人余蛮子所掳，已纪前日报章。当时尚有一雷教士同遭此厄，幸得脱逃，兹已回渝，口述被厄时事较为详尽，爰照录之。据言，是夕与华教士同住合包场法国教堂内，业已酣睡。忽枪声震耳，遽为惊醒，急起则门已轰损，看门人已为杀伤，又杀伤教友一人。呼叫之声达于内室，余与华正思逃遁，突有一人由窗跃入，急觅得手枪一枝，击之，弹中其手，其人遂退。余乃更捡得十三响手枪向窗外轰击，讵料众不稍却，而余所持之枪只存一响，知不能久持，乃急遁出。追者蜂拥而至，不得已跃入大池内，仅露鼻息，匪等亦有数响之枪十余杆，向池猛击，幸皆无准。不过手臂略受弹子数处。旋匪等以池内无声，疑余已死，遂各四散，而华则已为余蛮子所掳。纠合羽党四五百人，聚集于鱼口镇某寺，即将华收锢于内。昼则以二人看管，夜则加以锁练，照常供给衣食。事后川东道派员会同大足荣昌两县前往解说，谕令释放。蛮子谓须赦免其罪，并须法国钦差书诺，方能将华释出云云。刻下地方官，既不敢派兵相攻恐害华教士之命，而又非口舌所能争事。延月余，法公使在京催逼，如不能救出华教士须将川督革职、大足县正法，否则即派兵船以炮火从事。外间传说纷纷，咸谓川督现奉谕旨，着地方官传谕，余蛮子交出华教士免其死罪，倘仍执迷固负，着恭寿权宜行事等语。是以川东道已饬大足、荣昌、壁山、永川、铜梁等县，于前三日齐赴龙水镇会议，并派绅士至余蛮子处。传说日来尚无确实消息，惟闻川督已派武员童某带勇千名在大足县一百里之外潜驻，静候调遣。桂天培大令亦在渝招勇候示，以意揣之，恐有开仗之举也。

1899.11.6　教案议结

徐家汇汇报云，四川余蛮子闹教以后，如何议结，本馆久无所闻。兹得确信，始知朝廷嫉恶如仇，已将闹教匪人诛戮一百五十二名，附和之徒遂皆不寒而栗。余蛮子以华司铎力保其命，定以永远监禁之罪。按余匪之乱，教民共死二十余人，平民之被官兵围剿惨罹锋刃者多至四百三十余人，近又奉旨正法一百五十二人，创巨痛深至于此极。试问谁为民牧者，而养痈贻患竟至如斯耶？又闻议赔数府县被毁之教堂，约在银百万两之谱。俟驻京法使核准即当了案矣。

1906.6.13　余蛮子党密谋败露四川

四川铜县余蛮子党羽，煽其余焰，勾集毗连州县痞匪，托名灭洋仇教，印刊伪示，约期在渝举事。各国驻渝领事、教士闻之危甚，经巴县唐荫廷大令密查，获其投信之人，随身搜出密谋书信告示多张，照信立将列名之匪首余松栢拿案，讯究属实，通禀监禁，该党因误期谋泄闻风四散。

1912.7.8

余蛮子死不蔽辜

大足县巨匪余栋臣（即余蛮子）业于六月二十日正法，已见四川都督公电。兹将其谋乱情形探录如下：成都府知事派出谍报员周湖龙报告余栋臣谋乱情形云：（一）余匪出有告示五张："扫除新政光复大清，忠勇保命军余"，上书：禁止割毛辫，改新政，为旧法，免厘税，兴大清，保教堂教民商务。诸多字迹，不能全记，俱系阴历四月二十三四五日贴于大足所属之三溪镇、龙水镇并城内，至今毫无一字损坏；（二）余匪现住扎鱼口坳山上白云寺，距龙水镇三十余里；（三）各处无赖之人投余匪，无军械者约七八千之谱，未能收录。匪云候大成就再行录用；（四）余匪现聚二千余人住鱼口坳山上杨家寺、两家寺、白云寺，现有五子、九子枪三百余枝，毛儿炮、抬炮数十杆；（五）余匪各处派有侦探多人，在外联合、灵通消息，出约据借枪炮，惟现因军械不济，一时不能下山。

1913.2.15　重庆电

余蛮子旧党首领张贵三在大足枪毙后人心大快。

1891.7.9

前车可鉴

钦差大臣办理通商事务、头品顶戴兵部尚书、两江总督部堂硕勇巴图鲁刘，为再剀切晓谕事。照得前因匪徒造言鼓众，有与各教堂为难，即经出示谕禁。芜湖纠众焚烧教堂、藉端肆抢各犯，业已获案讯供，将情节较重之王光经、傅有顺就地正法枭示，并传首江宁、镇江、扬州、上海等处示众。余犯亦各分别惩处，各在案。乃丹阳又有焚毁教堂之案，现已严饬拿犯、务获重办。此皆孽由自作，既为法所不容，即难予以宽贷。凡尔百姓，自宜安分守业，毋得轻蹈危机。本大臣因不忍该民人等误罹法网，是以不惮再三苦口诰诚。该匪徒等能知法令森严，回心向善，本大臣亦可稍宽一线，予以自新。合再出示晓谕。为此，示仰诸色人等一体知悉。自示之后，务各父诫其子、兄告其弟，各守本分，勉为良民。切勿为谣言所惑，妄生事端。遇事亦不得随声附和，致干重究，后悔无及。该匪徒须知天网恢恢，疏而不漏。当以芜湖焚抢之案为戒，及早改过以保首领。孰得孰失，其细思之。如敢故违，定行严拿重惩。本大臣令出惟行，勿谓言之不预也。凛之勉之，切切特谕。

1891.7.30
总理衙门奏稿

奏为各省教案叠出、请旨严饬。各督抚迅速筹办、以靖地方而弭后患，恭折仰祈圣鉴事。窃臣衙门于四月初间，闻芜湖教堂被毁，当即电致南洋大臣调拨兵轮，弹压保护，一面派员驰往查办。又因安庆、上海等处近时均有匿名告白，布散谣言，并令饬属加意防范。嗣据南洋大臣、安徽巡抚电称，芜湖之事因谣传教中女医迷拐幼孩，群疑莫释，聚众滋闹，遂将教堂焚毁。旋经拿获首犯二名，正法示众，地方业已安静。乃未几，丹阳复有焚毁教堂之案。湖北之武穴地方教堂亦被焚毁，并闻杀害洋人二名，尚未悉详细情形。此外，若江宁、九江亦有匪徒滋事，幸经官兵防护，登时解散。似此纷纷滋扰，中外人心不无惶惑。推原其故，盖由沿江各省，游勇会匪所在多有。其张贴告白，无非欲借此摇惑人心、乘机生事，决非安分良民之所为也。查泰西之教，本是劝人为善，遍行于西国，由来已久。自各国通商以后，条约载明凡在中国或崇奉、或传习天主、耶稣教之人，皆全获保佑身家。其会同礼拜、诵经等事，概听其便等语。其教中施医婴皆属善举，近年各省被灾，地方教士等捐资助赈者，颇不乏人；其乐善好施，亦属可嘉。即或行教之人良莠不齐，然同系中国子民，仍归地方官管辖。遇有词讼案件，教士亦不能干预，是民教本可相安。乃好事者，往往捏造无根之言，转相传播，致起群疑。不逞之徒又复藉端滋事，意图抢掠。若不早为严防，诚恐中外商民皆将不得安居，于大局殊有关系。应请旨饬下各直省将军、督抚出示晓谕居民，切勿轻听谣言、妄生事端；倘有匿名揭帖造言惑众，即行严密查拿、从重治罪。各国商民、教士，地方官必当随时设法保其身家，勿涉大意。倘或防范不严、保护不力、致启衅端，即应据实参处。至此次滋事各案，除芜湖案内首犯业经正法外，其余各案应由两江、湖广、江苏、安徽、湖北各督抚迅饬查拿，首要各犯从严惩办，以儆将来。至从前各省未结各案，各该将军、督抚，亦应设法从速办结，不得任听属员畏难延宕，以清积牍。

为此恭折具陈，是否有当，伏乞皇上圣鉴，训示遵行。谨奏。

1891.8.14

宪示照登

兵部侍郎兼都察院右副都御史、江苏巡抚部院刘，为钦奉谕旨、出示晓谕事。案准总理衙门咨光绪十七年五月初七日【即公历 1891 年 6 月 23 日】，内阁"奉上谕总理各国事务衙门奏各省教案叠出，请严饬各督抚迅速筹办"一折。据称本年四月间，安徽芜湖教堂被匪徒焚毁，江苏丹阳县、湖北武穴镇等处教堂亦相继被毁，亟应查拿匪犯、早为严防等语。各国传教载在条约，曾经降旨饬令各省随时保护，历年已久，中外相安。何以近日焚毁教堂各案同时并起，殊堪诧异？其中显有巨匪潜谋勾煽，布散谣言，摇惑众心，希图乘机抢掠，甚至安分良民为所诱胁、动成巨案。若不严行惩办，何以严法纪而靖地方？着两江、湖广、江苏、安徽、湖北各督抚迅饬该管文武查拿首要各犯，讯明正法，以儆将来。至泰西之教，本是劝人为善，即从教之人亦系中国子民，仍归地方官管辖。民教本可相安，总因不逞之徒捏造无根之言，藉端滋事，此等奸民，所在多有。着各直省将军、督抚出示晓谕居民，切勿轻听浮言，妄生事端。倘有匿名揭帖，造言惑众，即行严密查拿，从重治罪。各国商民、教士，地方官必当随时设法保其身家，勿任奸徒扰害。倘或防范不严，致酿事端，即着据实严参等因，钦此。

咨行钦遵前来，查前因芜湖教堂被焚，谣言纷起。嗣将芜湖滋事要犯获案惩办。丹阳等处教堂仍有匪徒造谣滋事，叠经通商大臣出示谕禁，剀切诰诫，并经本部院通饬严拿滋事首要匪徒务获重惩，各在案。查洋人前来中国设堂传教，本为条约所准行；兼办育婴、义学，亦系行善之意。现在因谣被焚各教堂，迭据查覆，均无实据。是匪徒造言思逞，尤属显而易见。再通饬各属务将造谣滋事各匪徒严密访查，协力兜拿，尽法惩办，以严法纪而靖地方，并将各教堂保护外，合再遵旨出示晓谕。为此，示仰军民人等一体钦遵，凡吾良民务各循分营生，安居乐业，勿再误信匪言，随声附和，致贻后悔，是为至要。自示之后，倘敢任意故违，再蹈前辙，定即一并查拿严办，决不宽贷。凛切凛切，毋违特示。光绪十七年六月廿一日。

1891.8.22

答客问美舰来华诘问教案事

客有驰域外之观、喜为不平之鸣者，造庐而问曰："中国今年闹教之案迭出，亦既尽法惩办，而近日外洋各国尚有不满于此事之意，欲合从各出兵舰来华诘问。美国首先允发兵船赴华。贵报一论说，固已详哉言之，而仆独怪。夫美国之首先发难何也？岂美国新立，自知非欧西各大国之敌，故自此于附庸、奉令承教惟恐或后耶？抑岂美国教堂之被劫者多于他国耶？岂美国与中国有龃龉之渐而外人不及觉耶？殊有索解人而不得者，先生其明以教我"。余曰："鄙人谫陋，乌足以知此。然子谓美人自比于附庸，甘于欧西各大国、奉令承教之不暇，此则未必然也。美国自华盛顿开基以来，与英人构兵多年，百折不回，由此立国，渐与各国通商。前者虽追随英法之后以扰中国，迨和议既成，则美国自树一帜、自占一界，即民事并于英工部局，而诸事由领事作主。官与商之在中国者，与他大国无以异。中国之所以待之者亦与他大国无以异，设或欧西各大国有事，美人亦得出为排解、力为襄助。畴则视之蔑如者，美人又何必颓然自侪于小国而轻听人之嗾使也？若以为美国教堂遭劫者多，则又不然。此次闹教案，起首自芜湖继而扬州、和州、武穴、丹阳等处，大抵所毁者天主教堂为多，非尽美国教堂也。且教中初不分畛域，凡有害及教中者，皆得起而御之，则正不得谓美人之专顾其私也。惟有后一说，谓美国与中国有龃龉之渐，则或者有之。何则美国之禁华人往美，风厉雷行，不遗余力？论者谓多系出于美民而非美廷之意，缘华人之被禁阻者，多属佣工食力之流，此等人虽其先由美廷招致以去为之开辟土地，建成大业，而华工价廉而工勤，大碍美国土人之业，因而大为美人之所疾视，渐以成仇，继而积怨已深，一旦发泄，则华人不能一刻安居矣。美国为民主之国，民之所欲，上必从之，亦无怪美廷之不能拂众情而顾大局。惟是美国之人，无论商民，可以至中国通商各埠寓居、执业，中国为之保护，待以优礼。华人若至美国通商，各埠礼亦如之，此固载在条约，两国事同一例。今中国以美人显违条约、严逐华人，未竟亦有诘问之语；而美国政府无词以对，则不免因羞成怒，亟欲寻中国之衅。盖情理所不能解者，祇有出之以势力而已。美国欲以势力压中国、而自顾独力难支，又不能以此事告诸他大国以求其助，乃忽值此闹教之事、各国创此诘问之议，商诸美人，自然正中下怀而应之如响。虽然今日之天下，固为势力之天下，而亦未尝不讲情理也。中国之办教案，自谓尽心竭力：官则撤任，匪则正法；煌煌纶綍，通行各省；堂堂宪谕，遍贴通衢。一时虽受虚惊，至今仍归安贴，尚有何不足之处？且闹教堂者，多系匪徒会党，彼其意本欲借此令中西两边相仇，而彼乃得以从中取利。此中意思，西人亦皆知之。而顾轻于举动，适堕匪党之计，讵不大可异哉？余尝谓万国公法必藉势力而后行，于此乃益信矣。美人虐待华人，中国未尝出一兵、发一舰以相威劫，则又何怪美人之藐视中国，而首先发兵舰来华哉？独恐各国既来诘问中国，中国必据情执理以对之，各国亦必衡情酌理而议之、究之，仍各如其情理而止。则美人假公济私之志，仍不得以一逞，不更贻笑于列国也哉？然而事不可以逆料也，请吾子少安毋躁，徐以待之、静以观之，何如？"客唯唯而退。

1892.8.10
豫章纪事

上年各省匪徒滋闹教堂，皆借口于收养婴孩为起衅之端，江省各属事同一辙。地方官愀焉虑之。查两湖督宪张香帅曾饬鄂湘两省推广育婴章程，将幼孩之失所者，广为罗致、竭力维持，以免匪人有所借口，诚为法良意美。近日南昌县汪芍卿明府亦推广成法，在各乡及谢埠等处，多设育婴堂。凡贫民之无力育婴者，皆可送往。果能实力办理，不特可以保全无数性命，而且可以斩尽无数葛藤，其裨益于国计民生岂浅尠哉。

1893.7.8
讹言肇衅

西友来函，云山东沂州府南关有美国耶稣教堂，建于庚寅九月，迄今三载，民教相安。上月廿四日【农历，公历为 6 月 8 日】七点钟时，牧师纪力宝骑马经过演武厅，距教堂不及半里，突有二人将马拦住，逼索纹银百两。牧师鞭马疾驰，奔回教堂，即令教友刘维廉、王守信等前往查问。不意前二人尚在麦场，见有人来，即狂奔而去。此时有孙姓子在场看麦，将众拦阻。刘维廉等意其与前二人相识，向问姓名，彼此吵嚷。前二人倏赴南街大声呼喊，言孙家儿被洋人攫去，挖眼剖心。此时乡人一唱百和、各持棍械蜂拥而至。刘维廉、王守信仓卒不为备，棍石交加、瞬息之间身无完肤。牧师闻而往救，又为乡人所围。幸天已昏黑，乡人恐伤同辈，未敢混殴牧师，始得逃命，然头、臂、手、足已负重伤。俄而乡人将刘、王二人拥至城讯，讯官并不诘问，解至县署。文武两衙兵丁、差役重加殴辱。时雨后天寒，二人衣履尽为乡人剥去，裸体赤足。县尊不暇看视，但令将二人严押，又有投帖鸣冤之姜文儒、葛金凤亦同时被押。是夜合城戒严，四更后县尊饬门丁许姓至教堂翻找藏孩，孙姓亦遂捏言失儿，赴案提究。午后牧师带伤诣县，力求验视，并求将刘、王二人提出当堂验伤，始蒙开释。旋据孙姓呈称，伊子已在柳行中寻见，讹言稍息。尤幸者，府尊洞谙洋务、遇事持平。闻变之下立拨勇丁十名保护，教堂得以无虞。此皆来函语也。本报于沂州尚未派有访事人，是否属实，无从悬揣，故照录之以质观者。

【在 1893 至 1896 年其间，尚有多起闹教事件发生。现择其中武汉"宋埠教案"（又名"麻城教案"），摘录《申报》之连续报道如下。选取该案作为案例，一是因为在该案中，被杀之二教士有明显的违规之处（离开通商口岸的距离超过中外合约所约定的限制，且其活动是在中国官方根据条约而否决的情况下进行），二是因为解放后国内对该教案有较多的介绍，资料较全。值得注意的是，拘于当时新闻通讯等客观条件，对此事经过的报道有彼此不合之处】

1893.7.5　牧师被杀

本月二十日汉口来电，云离此间三百里之遥，有地名松坡者【"松坡"为"松埠"之混】，有瑞典国牧师二名于此传教，不料竟被土人所杀，尸首不知藏在何处，遍寻不得。

1893.7.8　牧师被杀续述【注意本条报道的事件经过与多数报道不符】

前报载有瑞典国牧师二名在离汉口三百里之松坡地方为土人所杀云云。兹接汉口访事人来信所述较详，爰再录之。据言有瑞典国牧师三人，侨寓汉皋。月前赴湖北麻城县四乡传教，且售教中书籍。一日行到离麻城百余里之宋埠地方，口讲指画、津津有味，围而观者如蚁。未几乡人愈聚愈多，牧师谈吐愈豪。谈及华人所敬神像俱系木雕、泥塑，敬之无益，乡人忿忿不平，与之力辩。牧师不为屈，乡人愈忿。由是舌战之余，继以力斗。牧师寡不敌众，遂被乡人殴毙。地方官闻信立即出城弹压，当场拘获滋事者四名，回署飞禀大宪，闻制宪已委文武大员前往查办。关宪亦派员往视，又闻教堂已函致地方官请办。此事至其如何了结，俟有续闻再录。

1893.7.12　详述殴毙教士情由【注意本条报道的二教士被杀缘由和经过与 7 月 8 日之报道不符，但被后续官方调查（见后录 1893 年 12 月 26 日奕劻奏折）证实。】

瑞典国传教士二人在湖北麻城县宋埠地方被土人伤毙，前报已纪其大概情形矣。兹又访得二教士先在黄冈购地建堂，为邑城人不服教士之所为，不肯将地售与教士。乃赁取郝姓混名戳裸老爷家厢屋一间，岁纳租金三十二千，俾眷属鸡栖其内。郝素为众人所恶，加之将屋赁与教士，尤大拂众心。于是众将郝扭送地方官，暂时管押。旋央教士保出，由是郝以教士为护身符，行为愈干众怒。宋埠年例五月十三日起至十八日止，迎赛关圣单刀，会众因私相谓曰："我等候至会期，当聚集多人辱教士以泄其恨。"此不过戏言之耳。邑令闻知，恐酿祸端，遂委某二尹与某千总迎教士入城暂住，迨会毕再还寓次。教士不从，并云我等遍游中外，历尽通都大邑，毫无所惧，此区区小镇奚畏焉。二员遂旋署，届期复带勇临场弹压，至十八日赛毕，以为从此必无风波矣，乃带勇回城。而众人尤未尽散，有相约往窥教士者。教士以前言在耳，一见众至，即扭获四人闭诸室中，坚不肯释。四人中二隶黄冈、一黄安、一黄陂，各同乡闻之大为忿怒，就地拾得断砖破瓦乱掷，致教士身受重伤宛转毙命。张香帅闻信之下，立委李竹虚观察谦率同陈荔川明府及武弁数人，会同驻汉教士二人，乘益利轮船前往办理。二教士旋又返汉，现闻二教士尸棺业已运至黄州府。府尊高寿农太守电禀香帅，香帅复委楚宝轮船接运汉口，再委干员会同江汉关道勘验后，再行定案。又闻兼理瑞典国事之德国驻汉领事官，曾照会香帅，请为伸冤。而上海德国总领事亦须来汉云。

1893.7.17　宋埠闹教案述闻

湖北麻城县宋埠，民人伤毙瑞典国教士情形，本馆已迭详前报矣。五月二十七日辰刻，招商局江裕轮船沿江而上，有瑞典国驻沪领事官柏固附之而至，小驻美最时洋行驻汉领事官丁乙呢家。至下午柏、丁二领事各乘肩舆至江汉关道署，拜会恽崧耘观察，筹商此案。次日二领事又渡江晋谒两湖总督张香涛制军，所议若何，外人颇难悬揣。闻麻城县当昔年兵燹时，曾招集乡民为之扞卫，筑有土城四十八座，名曰砦子，至今依然尚在。此案一出，麻城人深畏株连，咸挈眷入砦中，闭门谨守。又闻约章载明，凡西人至内地传教者，限定某都某邑，必请领事官给发护照，盖用中国官关防。此次所毙二教士，曾至江汉关道署求观察于护照上盖印。观察不依，并谕以麻城良莠不齐，动辄滋事，君等切勿轻身前往。二教士口虽唯唯，旋即私往，以致酿成祸端云。至于道路传言，则谓柏领事官偕德国驻汉领事官，会同观察谒见制军。制军告以昔年中外和约立有定章，凡至内地设教堂传教者，皆需领事官护照，合以中国官府符节。如欲离通商口岸百里外传教者，又必请领事官护照加盖中国官印，执之而往。今二牧师并无护照符节，私至麻城宋埠，离汉口三百余里，以致滋事毙命，大违和约章程。如此案从重办理，即成旧例，彼西国牧师实繁有徒，将来违约酿祸者必多，中外官府办不胜办，如之奈何？柏领事官遂于上月二十九日返沪。又谣传前曾拘获黄冈人二名、黄陂及黄安人各一名，已由麻邑宰释去，并谕之曰"戕教士之人，事后移祸于尔，苦受缧绁之灾。今若将尔等解省抵偿，则本县虽可保前程，恐尔死受不白之冤，于心实有所不忍。是以本县情愿罢职以全尔等性命，尔等其各知之"。然语皆出自道听途说之流，本馆不敢据以为实也。

1893.7.19　集议教案

瑞典二教士在麻城县宋埠地方行教，被土人所杀，此已屡纪报章。兹闻此事，各国西人大为不服，因于昨日在上海礼查客馆集议。议时大众甚抱不平，请工部局首董禀陈各国驻京钦差，请中国朝廷严行办理，俾以后西人之入内地者可以保全云。

1893.7.29　辟西报谬说

湖北麻城县属宋埠地方，有瑞典国教士二人被乡民戕杀，本报已屡纪情形。此案如何办理，在中国大宪自有权衡，本不劳局外之人，妄相揣测。近阅某西字报竟谓中国办理教案，每失之轻，纵此次瑞典教士被杀，实由官府唆使乡民所致，力劝各国调兵来华，胁以威力，大加惩创，庶此后传教者不致再遭戕杀云云。阅竟不禁为之发指眦裂，慨然而叹曰：吁！是何言之谬欤？夫泰西诸国通商、传教二者并重，中国既准其通商，即无不准其传教之理。朝廷明降谕旨，凡各国人之传教者，准在内地设立教堂。凡教士足迹所至之处，又令地方官善为保护，是中朝之待教士，固已如天之无不覆、地之无不载。地方官有承流宣化之责，即以保护教士为心。试观历来民教龃龉之案，或事起仓卒，不及补救则亦已耳。如地方官力所能为，未有不尽心办理者。往年长江一带，哥老会匪谣言四起，无赖之徒随声附和，苟非地方官调兵弹压，其被害当更不堪设想。事平以后，财产之被毁者，如数偿还；教士之被害者，获凶拟抵。在中国官府，固已准情酌理而出之西国办理教案，岂复有加？于此该报乃谓中国办理教案每失之轻，纵此特该报之偏见，非天下之公论也。至谓此次瑞典教士被杀，由于官府唆使乡民所致，此其识见之陋，更不值识者一笑。教士在内地传教，载在条约，是中朝已准之矣。官府固中朝所设，使之安辑民教相安无事者也。若以官府而拒教士，不特不守条约，抑且不遵功令，岂能一日安于其位？况以堂堂官府而效□□【二字不可辨认】鄙夫之所为，唆使他人以泄一己之忿，尤为情理之所必无，固有不待辨而自明者。若乃力劝各国调兵来华，胁以威力，此则不得不为之辨。戕害教士，出于乡民，非官府之意也。乡民之中良莠混杂，其敢于戕害教士者，皆系莠民，于良民固无与也。且莠民各国皆有，不独中国为然。即如美国旧金山等处，戕害华人异常惨酷，此亦莠民所为。今乃因乡民之举动不当而迁怒于官府，固无是理。因莠民之妄行残杀，而迁过于良民，亦岂当于理乎？况中国于闹教之案，历来办理，皆能一秉至公、毫无枉纵。因此次宋埠一案，而遽欲耸令各国与中国相见以兵戎，是谓不念邦交、不顾大局。夫兵者，凶事也；战者，危机也。苟非必不得已，岂可贸焉兴戎，使生灵受涂炭之祸，商贾遭风鹤之惊？方今欧洲诸国强弱相制，大小相维，其所以不敢轻开兵衅者，诚知大义之不可背、戎首之不可居也。即其与中国立约通商、懋迁有无，年盛一年，通商之利为中国所得者尚少，为西国所得者实多。一旦舍玉帛而事干戈，则海口必致封闭，贾舶不得往来，而西人之旅居通商各口置有财产者，于两军肉搏之时难保不玉石俱焚。虽曰事后可以索赔，而当时已不免受尽惊惶。何况兵衅开自西国，中国有词以相难乎？近来中国于造船、制械，加意讲求，更设水师、武备等学堂造就人才，自强之机蒸蒸日上，迥非三十余年前可比。法人因越南之役扰我海疆，马江一战，因督军者不得其人、又因法人不告战期，致为所乘，然不久即退彼，究不敢以孤军深入重地。他若台湾安平之役，孙军门用间出奇，斩馘无算。广西镇南关之战，苏军门身先士卒，力挫凶锋，议和之局遂定。可见西国若与中国构兵，正不知鹿死谁手，岂可执三十余年前之中国以相例，而欲以兵威胁我、先声夺我哉？即使合诸国以攻一国、众寡之势悬殊，然兵连祸结、相持既久，中国固有所失，西国亦难保无伤。吾知西国朝廷讲信修睦，共保太平，必不听该报之谬说而轻于一试也。情理二字，为天下万国之所莫能外。宋埠一案，中国必当斟酌情理、持平办理，以慰西人之望。该报乃迫不及等，甚欲以悖情蔑理之事耸动诸国，多见其不知量而已矣。

1893.8.8　教案续闻

月前湖北麻城县宋埠地方赛会殴毙瑞典国教士二名，张香帅闻报即委李竹虚观察会同武员往该县查办，此已叠详前报。兹由李观察亲解闹教首犯李金狗、徐全福二人至省，谒见香帅。旋奉香帅面谕，暂将二犯寄监，而以案情咨照兼理瑞典国领事驻汉德领事丁乙呢君。二十一日李观察渡江与租界委员董、蔡两君及翻译曾君，于四句钟时诣德领事公馆拜会。丁君延入，款以茶点，晤谈一点余钟之久。丁领事谓闹教者不止李金狗、徐全福二人，李观察答此系案中首犯，今已拘获，即当订期会审、察核办理。其余附和之犯，业经札行地方官缉拿，亦可归案讯办。领事颔之，观察始兴辞而出。又闻麻城一带百姓素称强悍，现自闹教案出，该处之民编户入砦、结成团练。幸张大令莅任已久，宽严并济，折狱如神，为该处士民所敬服。此次拿获教案中首犯二名，不动声色，则其平日之措置可知矣。

1893.12.23　教案议结

瑞典国总领事柏君，为麻城宋埠地方击伤传教之梅宝善、乐传道二西人一案，重游汉埠，屡与中国官员会同商议，案虽未结，已有定论。柏君于初七日晚附太古洋行之鄱阳轮船回申。传闻定案之说，欲令中国出番佛【当时中国人对外国银元的俚语，主要指有人头像的西班牙本洋，类似于当时中国人称印有袁世凯头像的银元为"袁大头"，或现今的百元纸币为"毛爷爷"—编者注】五万尊以偿戕毙之教士，与在宋埠所失书籍器用等件。二欲将闹事之首犯曾经审明者，按照华例严惩。三欲地方官在宋埠地方出示晓谕居民，准其设立教堂。

【编者注：关于宋埠教案的各种说法

上述《申报》关于宋埠教案的经过和处理，略有出入。比如二人到底是因为传教过程中冒犯了国人信仰、引发众怒而在传教途中被殴毙（1893.7.8），还是因为私押四位中国人而在寓所被殴毙（1893.7.12）？真相只有一个，但流传版本很多。特别是在中国大陆流传的关于该教案的官方定性和宣传性描述，不但与早期文献不一致，且其彼此之间也不一致。现将若干与此案密切相关的资料汇总如下，以供读者甄别。宋埠教案，因发生在麻城县宋埠镇郝

家铺，所以在后来大陆出版的各种文献中，通常被称作"麻城教案"或"郝家铺教案"。】

一、1893 年 7 月 17 日，宋埠教案发生后约半月，《申报》发表评论，对当时相继发生的几起教案的性质及可能的处理结果，据理据情地进行了讨论或预测。

论各处闹教事

呜呼，我盖历观报章所纪乱民闹教之事，而难官之不可不严惩矣。夫天主耶稣教至目今，我皇上既已准行，载在约章，煌煌宣布。民间虽不乐崇奉，亦何可称戈滋闹、以显贻我君父之忧哉？彼与教为难者，其心虽欲激怒西人，俾侍乘机作乱，而其言则谓我中国自有圣人之教，文行忠信，亘古常昭，乌用此异言异服之人。错杂其内，愚民无识，误听其言，于是号召党徒云集，响应一唱百和、群起而攻，毁教堂、殴教士、杀人、劫物，几如风卷云驰。卒之，西人大兴问罪之师，向我诘责；彼为首者无从漏网，显戮难宽。而毁者赔之，死者恤之，殴辱者从而抚慰之，费官长几许调停、耗国家几许款项。而传教者如故也，信教者依然也，教堂且愈建而愈巍焕也。人亦何苦而与彼结怨、以致自蹈危亡耶？闽中南安教案大兴，迄今甫得商定；而宋埠又杀害教士，沂州又殴伤牧师，崇明又借口搜盐、击毁教堂杂物。呜呼！何乱民之多至于此极乎？夫向之闹教，惟起于买地设堂耳？否！则讹传剖心挖眼耳！历观通商，成案千篇、一律无殊。印板文章究之，西人买地建堂，合二十一行省中，几于无地蔑有。官宪尚不能阻遏，岂愚民而可慑以威？至于挖眼剖心，则谰语无稽，夫果谁见之？而谁述之者？亦多见其有心作乱而已矣。此次宋埠，只二牧师赁屋以居，尚未建造堂宇，惟以屋主素为众人所切齿，以致殃及池鱼。苟能将为首者设法擒拿，以偿二牧师之命，则此事尚可化大为小，决不致决裂不堪。沂州虽有教士被伤，然尚伤而未死。所云挖眼剖心之事并未查获真凭，而地方官遽将奉教之刘维廉、王守信二人严加管押，一面饬门丁许姓至教堂翻找藏孩，致孙姓捏称失孩，赴案请讯，此其性情莽卤，似大有异于镇静雍容者。西人虽不甚苛求，然使大宪闻之，其能不有所申斥耶？而其最足异者，则为崇明向教堂搜缉私盐一事。据访事人函述，崇明北马桥土豪杨梅轩，夙喜倚势凌人，无恶不作。近又依附盐局，吓诈愚民；藉缉私为名，纠党拥入教堂，肆行滋扰，将祭台、祭器、窗棱、台椅击毁无遗。事为江苏臬宪陈廉访访闻，以前年长江上下游哥匪与教堂为难，久劳各大宪悉心筹划；此次杨虽小试其技，若不严加惩办，深恐恣行不法者步其后尘；是以立饬拘拿，并吊取案卷到辕，查其劣迹。嘻，教堂也，而岂兴贩私盐之处乎？彼教士专以传教为务、视富贵且有所不屑，而谓肯兴贩私盐乎？且杨亦非缉私之人也，既云依附盐局，则其非盐局中办公人役，已不问可知。既云吓诈愚民，则非公正为心者，亦已见诸言外，乃欲逞其倚势凌人之举，凌及教堂。试问教堂中肯任其凌辱者乎？统观以上所叙，闹教之案，宋埠为最大，沂州次之，崇明又次之。宋埠已杀人矣，沂州未杀人而亦伤人矣，崇明只击毁杂物、肆意骚扰。乃宋埠及沂州办理情形俱未得悉，而陈廉访独欲拘杨梅轩而惩办，似乎用法之过严。不知宋埠及沂州事，须奏达朝廷然后定夺。崇明之事，当不致酿成奏案，其罪似尚可从轻。然万一当纷更扰攘之时，哥匪或从而和之，大张凶焰，则昔年芜湖、武穴、丹阳等处之已事即在目前，岂不大费周折耶？故廉访若不知杨之劣迹，犹可谅其已自行赔补、曲予从宽；廉访而既知其劣迹多端，势不能不彻底根查，以遏乱萌而杜煽祸。然则三案将如之何，而可曰：宋埠之案已连杀二教士矣，杀人者死自不能免于抵偿；沂州虽已伤人尚不致死，幸遇洞谙洋务之太守遇事持平，事后立拨营勇十名，将教堂保护。彼西人久居宇下，具有天良，苟能善为怀柔，谅可敉平无事。崇明一案，廉访正在严行查办未定，爰书日报中例不得窥测其间，预为臆断。总之，我皇上既许西人传教，凡属苍生赤子，皆仰体皇仁，断不可逞一己之私，致惧大局。彼来传教，我不得而阻之；我不信教，彼亦不得而强之。天地之大，何所不容？纷纷扰扰胡为者？因作此论，以告诸普天率土之良民。

二、在中国第一历史档案馆与福建师范大学历史系合编《清末教案》第 2 册（中华书局，2006 年 02 月第 1 版）中有关于麻城教案处理过程的三份奏折。全文抄录如下：

1. 庆郡王奕劻等奏为遵议麻城教案办理情形折，光绪十九年十一月十九日（1893 年 12 月 26 日）【此时距教案发生已过半年】

　　臣奕劻等跪奏，为遵议麻城县民殴毙洋人二命一案，恭折仰祈圣鉴事。

　　光绪十九年十一月十一日军机处交出本日奉旨："张之洞电奏已悉。所请首犯绞决，赏给领事宝星，着总理各国事务衙门议奏。钦此"。臣等查本年五六月间叠据湖广总督张之洞电称"瑞典国教士梅宝善、乐传道二人前往麻城县宋埠地方传教，于五月十八日被该处民人共殴毙命。该国总领事柏固自上海前往催办此案，语多愤激，经张之洞再三开导，允以抚恤，并缉凶惩办。

其时各国教士多方唆耸，欲助其在鄂搅扰，该领事不为所惑，旋即回沪。嗣据美国使臣田贝先后照会，述各国使臣之意，谓地方官不能实力保护，致有此事，甚为愤恨，此时若不将案内人犯认真惩办、未曾保护之地方官分别参处，此等案件必至层出无穷，于中外殊有干系等语。臣等以事出意外，业经饬缉凶犯，按律惩办，倘限满不获，地方官例有处分覆之。一面电催湖广总督，将此案迅速办结，免生枝节。十一月初十日接该督电称，柏领事又到汉口，已与议定恤款三万二千两。宋埠传教，候二十个月后再往。若临时实有不能去情形，再由关道照会阻止。首犯两名按例拟绞，该两犯滋事肇祸情节较重，拟照同治五年上海县张湛金成案提前即办，以期速结。请代奏候旨遵行"等因。钦奉谕旨，交臣衙门议奏，臣等以来电犯无姓名，案情亦颇简略，电令将各犯姓名及原案紧要情节切实电覆，以凭核议。

兹据电称，瑞国教士梅宝善、乐传道同至宋埠。五月十八日有朱应、吴治太、陈观寿、刘元灿四人路过教士门首，欲入看洋人，甲长郝人和拦阻，争闹骂詈，行人愈聚愈众，不知何人掷石将甲长郝人和额颅打伤，教士令人将朱应等四人捉入捆缚。时前门人已拥阻，从后门潜出解县。门外众人向教士索人不应。有李糕【原文为"米高"】粑同众用石撞开后门，向教士寻殴。两教士情急登屋，持瓦抵御，众亦随上。李金狗因失火往救，被众拥送上房，教士梅宝善因向李金狗扑跌落地，被李糕粑上前拾取木桶首先殴打，旋同众人乱殴。教士乐传道在屋上，众人齐向追打，被徐荃幅首先踢落下地，复同众按住乱殴，均各当时身死。李幅伢、刘玉成乘机同众抢拾物件等情。经麻城县张集庆、黄州府高蔚光、委员候补道裕庚叠次覆讯，供认不讳，议拟罪名，江汉关道恽祖翼会同裕庚录供转禀臬司，复核具详请奏。查律载，共殴至死下手伤重者绞。又例载，乱殴不知先后轻重者，无原谋坐初斗者为首。李糕粑同众抬石撞门，向教士寻殴，于教士跌落后首先殴打。徐荃幅于教士上房避御，首先踢伤下地，旋同众乱殴身死。当时人多手杂，不知何人致死，自应罪坐初斗者为首。李糕粑、徐荃幅二犯依律应绞监候，惟该二犯滋事肇衅情节甚重，应援照同治五年张湛金成案提前即办，故拟请旨改为绞决。李幅伢、刘玉成并未帮殴，惟抢得零星物件，照失火乘机抢夺例杖徒。李金狗因失火往救，被众拥送上房，致教士向扑落地，虽讯无殴打情事，究属不应。朱应、吴治太、陈观寿、刘元灿首先骂詈酿衅，该五犯均照不应重律杖八十，均加枷号一个月。此司道府县详察大略也。

此案瑞国教士被殴身死，遍体鳞伤，当时攒殴人多，领事、教士意在广为拿办，又欲援武穴案拟斩，皆经辩驳，始得办结。惟鄂省民情处处与教堂洋人水火，日思生衅。两三年来，已有巨案数起。此案若非速办示惩，必致愚民游匪动辄殴毙洋人，枝节横生，何从收拾？且久后滋事日甚，转致诛杀日多。故此次奏请提前惩办，系为熟筹交涉大局、保全将来民命起见等因。臣等查此案麻城县民撞门寻殴，立毙瑞国教士二命，遍体鳞伤，情节实属凶横。李糕粑、徐荃幅均系初斗首犯，该督按律拟以绞罪，并请照张淮金成案改为绞决。臣等复检查同治五年上海民人故杀法国人巴陇一案，初拟斩候，嗣因法国公使兰盟请将凶首即行正法，经臣衙门咨商曾国藩，覆称此案业已审明拟抵，倘因中外交涉必须速结，应由总理衙门会同刑部另拟奏明办理。旋经会同奏请提前即行办理在案。此次该督请将凶犯援案办理，核其情事，尚属相符。惟案关人命，既据声称由道府县录供转禀臬司复核，具详请奏，自未便仅凭电信办理。且张淮金一案，系会同刑部具奏，臣等公同商酌，拟请旨饬下湖广总督迅将此案具折驰奏，到日再由臣衙门会同刑部核议，请旨遵行。

其抚恤银两应如该督所请办理。如蒙谕允，即由臣等先行电知该督遵办。至所请赏给领事宝星一节，应由臣衙门另行议奏。

所有臣等遵议缘由，谨缮折具陈，伏乞皇上圣鉴训示。谨奏。

朱批：依议。（宫中朱批奏折）

2. 湖广总督张之洞奏报麻城教案获犯拟议及抚恤情形折，光绪十九年十二月初十日（1894 年 1 月 16 日）

头品顶戴、湖广总督兼署湖北巡抚臣张之洞跪奏，为湖北麻城县民教滋事，殴毙瑞典国教士二人，焚毁教士住屋，获犯拟议惩办，比照成案，请旨遵行，并与领事议定抚恤数目及从缓再行传教情形，恭折奏祈圣鉴事。

窃查本年五月间麻城县宋埠地方因传教生衅，殴毙瑞典国教士二命一案，接据府县禀报，当经派委湖北候补道李谦驰往，督同黄州府、麻城县查办弹压，缉拿正凶，将教士尸棺派人妥送到省。旋据获犯李糕粑等九名讯供禀报，复经派委湖北候补道裕庚驰赴黄州，督同黄州府高蔚光、麻城县张集庆提集犯证，覆讯确供定拟禀办。

缘李糕粑、徐荃幅、李幅仔、刘玉城、李金狗、朱应、吴治太、陈观受、刘元灿分隶麻城、黄冈等县，各在麻城县属宋埠地方受雇帮工及游混贸易营生，彼此均不认识。该宋埠地方向无教堂，亦无各国洋人传教。本年二月间有瑞国教士梅宝善、凌化云带同通事，至宋埠对河之郝家铺地方租赁李汉龙所赁郝姓后重房屋售书传教。乡民未经习见，人心惊疑，谣言四起。旋据该府县迭次禀由江汉关监督汉黄德道恽祖翼照会代办瑞国副领事丁乙尼，谕饬教士回汉，俟民情信从后，始可前往。复经该县当面劝令早旋。迭准该副领事照覆，已谕该教士等回汉，以免滋事。旋因梅宝善一人先回，而凌化云被教民怂恿仍留该处。又经江汉关道恽祖翼据票照会该副领事，谕令速行撤回。又准该副领事复称，梅宝善已亲身往宋埠，撤令教士及教民回来，以为该教士必可遵照领事谕嘱办理。洎梅宝善又偕教士乐传道同至宋埠后，凌化云虽归，而梅宝善、乐传道又复久留不去。

该处五月十五、六等日，向有竞渡故事，届期男女聚观甚众，即有无知之徒，私贴揭帖等事。该县恐酿事端，移知把总董开泰往接该教士等暂为移居县城。该教士为众教民所牵掣，坚不肯动，俄顷巡检殷廷瑜又复亲往，劝其暂避巡检署内，亦不肯从，并雇有郝姓镖手数名恃为无恐。至十八日有朱应等数人路过教士门首，声称欲看洋人，甲长郝人和拦阻，争闹骂詈，众人愈聚愈多，不知何人掷石，将郝人和额颅打伤，教士令在地躺卧用药敷治。一面令镖手等将朱应、吴治太、陈观受、刘元灿四人捉入捆缚，交郝人和等解送县城收管。时后门已为众所拥阻，郝人和等系由前门潜出【原文如此，疑奏折原文或原书误将“前门”“后门”错写】，绕道赴县，而门外众人不知，屡向教士索人不应。当有李糕粑同众用石撞开后门，齐入屋内，遍寻未见，见有郝人和受伤卧地血迹，群疑为四人已死，适又见前重房屋不知因何火起，又疑为打死四人后焚烧灭迹，乱向教士寻殴。两教士情急爬登屋上，持瓦抵御，众亦随之而上。梅宝善因向李金狗扑跌落地，被李糕粑上前拾取木桶首先殴打，旋同众人乱殴。乐传道在屋，众人齐上追打，亦被徐荃福首先踢落下地，复同众接住乱殴，均各当时身死。李福伢、刘玉城乘机同众抢拾物件，事后均各逃散。旋经该县验明尸伤，棺殓填格具报。经道员裕庚亲提督同府县覆讯，供认不讳，并由该府县开具供折一同禀报。

该道恽祖翼复核无异，案无遁饰。查律载共殴人致死下手致命伤重者绞。又例载，共殴人致死，乱殴不知先后轻重者，无原谋坐初斗者为首。又例载，斗殴之案，若被死者扑殴闪避，致令自行失跌身死者，照不应重律，拟杖八十；又因失火而乘机抢夺，但经得财，为从者杖一百、徒三年，于面上刺抢夺字样。又律载，不应为而为，事理重者杖八十各等语。此案李糕粑、徐荃福因众人找寻朱应等四人未见，疑为已死，共向教士寻殴。李糕粑于教士跌落后首先向打，徐荃福于教士上房避御首先踢伤下地，旋同众人乱殴身死。当时人多手杂，不知何人致死，自应罪坐初斗为首。李糕粑、徐荃福二犯合依共殴人致死乱殴不知先后轻重者，以初斗为首，共殴人因而致死者绞律，拟绞监候秋后处决。惟该二犯凶横肇祸，情节甚重，查同治五年上海县客民张湛金故杀法国巡捕巴陇身死一案，经南洋大臣以事关中外交涉，必须速结，应由总理衙门会同刑部另拟专条奏明办理等因，旋经会奏提前即办，以期速结，奉旨允准在案。是交涉案件本有速结专条，现奉准总理衙门十月初四日豪电开，此事必应速结等因，自应比照成案，从重提前办理，由臬司陈宝箴详请奏明请旨前来。

　　查此案李糕粑既已撞门寻闹，致两教士情急登屋，复乘梅宝善自屋上跌落下地之时辄即首先殴打，旋同众人乱殴致毙。徐荃福先同众人寻打，见乐传道已经逃避上屋，辄又登屋追打，首先自屋上踢落下地，复同众乱殴致毙。该二犯以不干己事倡首逞凶，及至两教士跌落下地之时，既非彼此互殴，尤非情急抵御，乃复赶打乱殴，致令遍体鳞伤，登时连毙二命，实属情凶近敌，非寻常乱殴罪坐初斗者可比。诚如总理衙门来电，其凶横较寻常乱殴坐罪较重。复查李糕粑、徐荃福二犯，向来俱系拳棒教师，人所共知，经道员裕庚查明属实，是该二犯均系素不安分之徒。此次众人初只乱闹，尚未敢公然下手，独该二犯首先殴踢，以致两命惨毙，几酿衅端，其为祸首罪魁实属众目共睹。臣督同臬司江汉关道公同核议，此案并无原谋，且在场哄闹之人甚多，断不能如教士单开所指，任意株累。犯既经讯明，情节甚重，与寻常乱殴坐罪者已有不同。且事关交涉，尤未敢拘泥寻常例案，似宜从重提前惩办，庶可期辟以止辟。自应比照成案，奏明请旨遵行。

　　抑臣之愚更有请者，查湖北民情不静，处处与教堂洋人相龃龉。自近年揭帖之风大炽，动思生衅。光绪十七年四月武穴有殴毙英国洋人二名之案。是年七月宜昌又有焚毁法、美、英各国教堂洋行之案。光绪十八年六月谷城有焚毙教民雷财义之母之案，襄阳有焚毁杨家冈教民房屋之案。多方弹压，防不胜防。本年又有麻城殴毙瑞国教士二名之案。若不严惩拟抵，是小国之与大国办法未能一律，殊于政体有妨。且愚民游匪以为殴毙洋人可不抵偿，必致不遵法令，动辄杀伤，各国洋人纷纷被害，尚复成何事体？倘以后滋事日甚，岂不诛杀更多？今拟请援案从重提前惩办，庶免愚民踵辙生衅，多蹈法网。惟瑞总领事屡次来文面议，皆欲援照武穴案将该二犯立即拟斩，当以彼系会匪煽动之时，案情不同力驳之。特此案固应与武穴案有所区别，然亦未便稍从轻纵。臣系为熟筹交涉大局、保全将来民命起见。至此案究应如何办理之处，伏候圣裁。

至李福伢、刘玉城因失火往看，见众人围打教士，据供并未帮殴，惟见众人抢物，亦随同抢得零星物件。李福伢、刘玉城二犯应照失火乘机抢夺人财物，但经得财为从者杖一百、徒三年例，拟杖一百、徒三年，于面上刺抢夺字样。李金狗因失火往救，两次被众拥送上房，致令教士向扑落地。虽据供称并无殴打情事，究属不应。朱应、吴治太、陈观受、刘元灿首先骂詈，致酿衅端，均属不安本分。李金狗、朱应、吴治太、陈观受、刘元灿五犯均照不应重杖八十律，各拟杖八十，仍酌加枷号一个月，无干省释。此拟办各犯之情形也。

其抚恤一节，该两教士同时惨毙，情殊可悯，惟与武穴烧毁教堂者不同，现议两教士各给与抚恤洋例银一万两，补给失物书籍等项洋例银一万二千两，共折合库平银三万零五十七两一钱二分。当经饬江汉关道送交瑞总领事收清。

其宋埠再往传教一节，查宋埠民情愤怒，其势汹汹，目前必不相安，断难准其再往。现议二十个月后再往传教。若临时实有不能去情形，再由江汉关道照会阻止。该总领事均已照覆照办。此议定抚恤及从缓再往麻城传教之情形也。

窃查瑞国总领事柏固两次来汉口议办此事，各国教士意欲藉端生事，势颇纷纭。臣遵照总理衙门叠次来电指示办法务期妥速议结，多方开譬，剀切辩论。其窒碍难行者，皆已直言驳覆，现已议允结案。

除将正从各犯供招咨送总理衙门、刑部外，理合恭折由驿驰奏，伏祈皇上圣鉴训示施行。谨奏。

朱批：该衙门议奏。（宫中朱批奏折）

3. 庆郡王奕劻等奏为遵旨核议麻城教案审拟及议结情形折，光绪十九年十二月二十五日（1894 年 1 月 31 日）

总理各国事务衙门多罗庆郡王臣奕劻等谨奏，为遵旨议奏事。

内阁抄出湖广总督兼署湖北巡抚张之洞奏，奸民殴毙教士二命，焚毁教士住屋，获犯讯明，按例惩办一折，光绪十九年十二月二十日奉殊批：该衙门议奏。钦此。

该臣议得据湖广总督兼署湖北巡抚张之洞奏称，缘李糕粑、徐荃福、李福伢、刘玉城、李金狗、朱应、吴致太、陈观受、刘元灿分隶麻城、黄岗等县，各在麻城县属宋埠地方受雇帮工，及游混贸易营生，彼此均不认识。宋埠地方向无教堂，亦无各国洋人传教……【事件过程、审案过程及拟定结果大致同前张之洞奏折，此略】……惟查该省民情素称不静，处处与洋人教堂龌龊，不免动辄滋生事端，该督所奏亦系实情形，应请饬下该督，此次严惩之后，务须饬属随时多方弹压，防患未然，毋任愚民辄蹈法网，庶可以肃法纪而戢刁风。再，此案系刑部主稿，会同总理各国事务衙门核办。合并声明。

所有臣等会同核覆缘由，谨恭折具奏请旨。（军机处录副奏折）

三、在中国人民政治协商会议麻城市委员会文史资料研究委员会编辑发行的《麻城文史资料第一辑》（1987年2月）中有"郝家铺教案始末"一文（见宋埠区志办第124–127页）。全文内容摘录如下：

郝家铺教案始末（宋埠区志办）

鸦片战争失败后，腐败的清政府被迫接受帝国主义瓜分中国的一系列卖国条约，屈从其"门户开放，利益均沾"的狂妄要求，帝国主义列强乘机侵入中华国境，利用种种合法身份，设租界，开教堂，占我国土，夺我财宝，侮我民族。他们不仅进入了我国的各大城市，竟然渗透到中、小城镇和乡村。如瑞典所谓传教士梅保善、乐传道（化名）来到宋埠辖区郝家铺，披着基督教传教士的外衣，干着反对中华民族的罪恶勾当，就是其中一例。

清末，光绪十八年（即1893年）五月十八日，是我国的传统节日--大端阳。宋埠镇与郝家铺之间有一条干沙河，四乡八畈的群众聚集到这里做龙船会。会场里，有赛龙船的，比武术的，唱大戏的……，热闹非凡。这时，梅保善、乐传道两人，诱骗当地两名少女 —— 郝□□（二字难辨）、郝□□（二字难辨），肩并肩地坐在一起，也凑在群众中看热闹。当地群众对这两个家伙，为非作歹、凌辱良家妇女的罪行早有所闻，仇恨的种子已深深地埋在人们心中。爱国志士屈子厚，曾作歌谣，揭露所谓传教士在宋埠地区犯下的罪行，唤起民众与其进行斗争。龙舟会前，由屈组织了一批爱国人士，伺机惩办作恶多端的"洋教徒"。当他们在光天化日之下，竟敢如此欺侮我们时，人们已是痛心疾首，义愤填膺。有的怒目相视，有的唇枪舌剑，痛加指责。梅、乐自知没趣，龟缩到教堂，关上了大门。有一少年，出自好奇，爬上教堂窗户，想看看"洋人"在内干什么。正在这时，梅、乐猛地将大门打开，将少年拉了进去，依然把大门闩上。有人看到这一情景，大喊："洋人抓人了！"喊声飞进了会场，人们再也按捺不住胸中燃烧的怒火，"打洋人罗"的喊声响成一片，一齐冲向教堂，撞开了教堂的大门。梅、乐见势不妙，连连后退。拔出手枪，指向手无寸铁的群众。就在这即将导致流血惨案的瞬间，一个身材高大的壮实汉子挺身而上，一个箭步纵身来到两个刽子手面前。他叫徐全福，宋埠张徐家垸人，自幼聪颖过人，喜舞拳弄棒，并得名师指教，至而立之年，其功夫已达上乘境地。时年，他为张、徐两姓的武教师。常以"学武最重武德，不可无故生事"教育弟子，并说："这并非胆小怕事，我觉得中国人打中国人，不算好汉，只有敢于对付侵略者才算英雄。"现在正是他用实际行动来实践自己诺言的时候了。只见他用钢钳般的手抓住了梅保善持枪的手腕，扭至身后，一只粗壮的腿蹬在梅的背上使劲往下压，痛得梅哇哇直叫。乐传道急忙将枪口转向徐全福，正欲抠动板机，忽地飞来一脚，将乐的手枪踢出老远。这个勇士就是李金狗，本名李培祥，系现铁门金鸡李大有寨人。自幼受著名武师李东福的真传，练得一身过硬本领。东福师傅"练就真功，一来保国家，二来习勤劳"的教诲在他的心田里扎下了根子，所以，在这生死关头，他毅然挺身而出，紧密地与徐全福配合，与两个侵略者格斗起来。这时，又从人群中挤出一个人来，他就是新洲县三店区孔三垸人，在家排行老五，人称孔五苗子，是一个"路见不平，拔刀相助"的好汉。见此情景，也参与了战斗，只见他们三拳两足，将恶贯满盈的所谓传教士打倒在地，在场的人众蜂涌而上，将两个侵略狂人活活打死了。

龙船会变成了审判会。当地群众处决了这两个坏家伙，振奋了民族精神。人们簇拥着三位英雄，带着胜利的喜悦，各自散开去了。

腐败无能的清政府，屈服于外国领事馆要一百个"凶手"人头的无理要求，下令湖北总督转令麻城知县张吉庚办理。张一面晋省要求减缴人头，缓期办理；一面派出衙役，四处追寻"凶犯"。徐全福、李金狗为不连累乡亲，分别上县投案自首。英雄的行为，感动了县令，他亲授口供："只承认佛教与基督教、神论与多神论的教义之争，互不相让，引起斗欧；失手伤人"，并嘱咐"宁死于刑，不死于法"。最后安慰二人"咬紧牙关，坚持一词，三次朝审，得不到口供，是定不了案的"。后经屈子厚上书官府，谓外国教士违约擅入内地，应据理驳斥。才使事态未致扩大。后来，徐全福、李金狗经过多次受审，受了许多酷刑，始终坚贞不屈，不改口供，致使官府无从定案。结果，清政府向外国领事馆赔偿了一批银两，二人终于获释。一场教案，就这样结束了。

中国共产党创始人之一，中国人民的无产阶级革命家董必武，一九一一年春来麻城考棚为其四叔代课时，经常以李金狗、徐全福等反对帝国主义的事迹，来启迪人们的思想觉悟。直到一九六一年，董老在谈及宋埠教案时，还说"印象最深"。【董必武生于1886年，1893年教案发生时年7岁。】

四、由东方出版社出版的《晚清教案纪事》一书（戚其章，王如绘编辑，1990年6月，第246-248页）中则有"麻城教案"一章，全文内容摘录如下：

1893年7月【公历】在湖北黄州府麻城县宋埠发生一起教案，系因传教士殴捆民众而起。

麻城离长江通商口岸较远，当地民众的反教意识十分强烈，传教士一直试图在此设立教堂进行传教，但没有成功。1893年2月，瑞典传教士梅宝善、凌化云不顾地方官员的劝阻，强行带领汉阳、黄陂教民前往宋埠镇郝家铺地方，赁屋传教，乡民惊疑，谣言四起。两传教士不听劝阻，私自闯入麻城，已违背条约规定。3月，江汉关道恽祖翼致函德国驻汉口副领事丁乙尼（瑞典在汉口无领事，丁乙尼兼任瑞典副领事），要求他出面阻止，并答应"俟地方开导信从，再往传教"。丁乙尼表示同意，答复云："当详细谕知暂缓前往"。于是梅、凌二教士先后回到汉口。但不久，梅宝善又同教士乐传道前往宋埠，久留不去。事先，丁乙尼曾得知教士前往麻城的消息，但没有采取任何相应措施。6月初，江汉关道再次致函丁乙尼，请暂缓传教，但丁乙尼只是敷衍说："一俟该牧士来汉之时，即将文开情由谕知"。

6月28、29两日，麻城宋埠地方依俗举行竞渡，观者甚众，有人乘机张贴攻教揭帖。麻城县令恐有不测，亲自前往宋埠劝说两教士暂到县城居住，但被拒绝。巡检殷廷瑜劝其暂避巡检署，亦不肯。因教士雇有郝姓镖手数人，故有恃无恐。无奈，县令只得率兵保护。竞渡期间没有发生意外，对教士的保护也松懈下来。7月1日晨，乡民朱应等人路过教堂门前，声称欲看洋人，甲长郝人和上前拦阻，引起冲突。郝人和被打伤。教士乃令镖手将乡民朱应、吴治太、陈观受、刘元灿等四人捆入教堂。时众人拥阻教堂前门。教士将捆捉之人交给郝人和，由后门潜出，押送县衙。众人不知，屡向教堂索人。教士未应，众人便疑朱应等人已被教士杀死，于是撞开大门，痛打教士。教士被迫逃上屋顶。梅宝善跌落地下，李糕粑首先用木棍击打。大家继之乱打。乐传道在屋顶被徐全福踢落地下，大家又接着乱打。至下午2时，两教士均重伤殒命。

教案发生后，驻汉口的传教士气势汹汹，有数十人欲同赴麻城查问。张之洞怕事情闹大，遂派人阻止，并派候补道李谦会同黄州府知府高蔚光速驰麻城，"确查起衅根由，将真实滋事凶犯严拿，讯明惩办"。

7月10日，瑞典驻上海总领事柏固乘招商局的"裕江"轮抵达汉口，下午与丁乙尼拜会恽祖翼，要求尽快处理此案。次日，二人又渡江会见张之洞，"共言五事，语多愤激"。柏固提出的主要要求是：一、"惩凶"和处分麻城地方官员；二、允许前往宋埠查访此案；三、允许以后在宋埠地区设堂传教；四、给予赔款。张之洞据理力驳，指出教士不听劝阻，违约进入麻城传教，又使镖手捆殴百姓，致激民愤，是教士理曲。他拒绝了柏固提出的查访，设堂传教及处分地方官员的要求，但表示教士被殴毙，按中国律例理应惩办"凶手"，并答应"将来可酌给抚恤"。柏固对张之洞的态度尚表满意，并于7月12日返回上海。

但瑞典传教士对柏固的交涉极为不满，致电外交部，认为柏固在交涉中态度太软，各国传教士也联名请求各国公使出面干涉。8月9日，美国驻华公使、北京公使团主席田贝照会总理衙门，要求"惩凶"，但未获满意答复。9月2日，田贝再次照会总理衙门，要求惩办宋埠地方官及滋事凶犯，总理衙门答以已令张之洞查办此事。柏固似乎对公使团插手此案不感兴趣，想靠自己的力量解决。他告诉田贝将于11月20日亲往汉口与中方商议，"不成，则交外交团办理"。

11月下旬，张之洞与返回汉口的柏固进行了交涉。张之洞答应惩办"凶手"，并赔偿教士损失30,000两白银。但在宋埠设堂问题上，双方分歧极大。柏固坚持要在宋埠设堂传教，而张之洞则以宋埠局势不稳为由，劝柏固放弃此项要求，并提出由官方在汉口、武穴等向有教堂的地区代觅一处地方，任教士建堂，经费由宋埠捐集。这项提议被柏固一口回绝，声称："若此条不允，日内即回沪，瑞典已托各国公使在京议办，另立条款"。

经过反复交涉，到12月10日，麻城教案议结如下：一、李糕粑、徐全福绞监候；李福伢、刘玉城杖一百，徒三年，面上刺"抢夺"字样；李金狗、朱应、吴治太、陈观受、刘元灿，杖八十，枷号一月。二、两教士各给恤银10,000两；赔偿损失书物等项12,000两。三、瑞典教士可于20个月后前往宋埠传教，但如临时民情不安，实在不能前去，再由江汉关道照会阻止。（宫志远供稿）

五、董必武人生的三次转变（张立群）《世纪行》2015 年 12 月，40-41 页

1886 年，董必武出生于湖北黄安（今红安）一个穷教书先生家庭……1892
年【原文如此，根据前述各项，实际应为 1893 年。下同】7 月发生了"宋埠
教案"。当时，在麻城县宋埠镇的瑞典、意大利反动教士横行霸道、残害百姓，
犯下了种种罪行。董必武对麻城有着特殊的感情，随父在麻城县宋埠镇附近
的张杰湾读书期间，观看了由当地群众根据教案经过编排的东路花鼓戏、皮
影戏和鼓书，这些戏"热情歌颂教案中的群众领袖"，"董必武看后，留下来
深刻印象"，对外国传教士欺压中国人民的行为极其愤慨，对当地群众反对教
会压迫的英勇行为，深表同情。

**六、《共和国将军：王树声》（张从田著，2011 年，浙江大学出版社有限公司
出版）一书的"初试锋芒"一章，主要记述王树声早年的革命行动。现将其
中与麻城教案描述有关的部分，摘录如下：**

（1923 年 4 月）董必武等组织领导了武汉各界群众反帝爱国游行示威及
举行国民大会，声援北京上海等地的抵制日货、废除二十一条的反帝行动……
点燃了湖北各地爱国运动的火焰。当时在麻城读书的王树声看到进步青年演
讲、散发传单的聚会，王树声感到浑身热血沸腾……在麻城掀起了一个由各
界爱国人士参加的抵制日货的爱国运动……进出各家商店，检查日货、盘点
登记，闹得红红火火。少数被吓坏了的反动店主，推出现商会会长做挡箭牌，
下令各商店关门，不准学生干预商店，还雇佣一批流氓打手，专门跟学生作
对，处处捣乱。但是，被爱国热情激起的学生们无所畏惧。王树声带领大家，
怒斥商会会长，痛击流氓打手，最后在群众的支持下，把查出的日货聚集起
来，付之一炬。望着在大火中化为灰烬的各色日货，王树声不禁想起了当年
民族英雄林则徐在虎门销烟的壮举，心头陡然升起一股豪情。在过往群众赞
叹的目光中，他与同学们有说有笑地走在返校的路上。忽然，几间形状奇异
的房子映入眼帘，于是，他心中一下子又变得沉重起来。

那是一所教会学校，A 字形的房屋屋脊，A 字形的门窗上沿，房内的
墙上还刻画着各种神魔鬼怪的图案，在一片昏暗的阴影下，使人看起来有
几分寒栗。刚来麻城上学时，王树声曾与几位同学一起来这里"探视"过，
不过，那仅仅是出于好奇。后来，他从王幼安老师的讲课中了解到，早自
19 世纪末，伴随着帝国主对中国的步步侵略，西方传教士扛着"十字架"

来到偏远的麻城县境内，传教布道，设立教堂。他们仗着洋枪洋炮的保护，到处为非作歹，残害百姓，犯下种种罪行，当地百姓对此早已怒不可遏。1892年5月【原文如此，实际应为1893年。5月指农历】，麻城县宋埠教堂的两名瑞典、意大利传教士公然污辱民女。愤怒的群众击毙教士、焚毁教堂。此所谓"麻城教案"。事后，清朝官府却以向洋人赔偿巨款，重修教堂等做法，了结此案。

从此，王树声对敢于斗争的农民英雄无比崇敬，对横行霸道的外国传教士强烈憎恨，对奴颜婢膝的官府十分鄙视。

不久，发生了王树声带领同学们大闹洋教堂的事情……【后略】

七、根据湖北黄州市政府官方网站，2015年12月21日"黄州政务>重要政务>福音堂主体维修工程通过省专家组验收"云："12月17日，省文物保护专家组到黄州区对福音堂主体维修工程进行评审验收。副区长余觅陪同……福音堂俗称"八角楼"，是瑞典行道会（基督教）于1901年利用麻城宋埠教案赔款修建的，用于传教、收养孤儿，并开办女子学校，是黄州区重要的历史文化遗存。前些年受雨雪天气灾害，濒临坍塌。此次维修工程申请到省文物保护专项补助资金210余万元，对主体进行维修加固，对外部环境进行整治。下一步，我区将做好陈设黄州历史文化展展陈工作，使维修后的福音堂得到再利用"。

1896.4.26

平教案议

本月十一日本报载，山东海丰县信陵城，建有耶稣教堂。某日有华教士辟门讲道，语及亚圣【指孟子】，似带讥嘲。听者咸怒发冲冠，向之指斥。旋有乱民将教堂拆毁，顿成瓦砾之场。翼日《申报》又纪江苏之泰州里河有西教士购买地基、拟建天主教堂传教。绅士恩前州尊转禀上海镇江各关道，请为迁地、以免滋扰。教士不允，本月朔携带木料而至，定于初二日开工。初四日，忽有乡愚多人，恣行拆毁，将木料悉弃诸河中，声势汹汹、不可理喻。州尊赵刺史及文武部委各员，齐出弹压，将教士接至署中，竭力调护。执笔人读至此，不禁吁嗟太息曰：何中国闹教之案，竟若此其多哉？考西教之入中华，始自有明万历朝，意大利国利玛窦等人先后奉饬制天象仪器、载诸简册，历历可稽。而自教士言之，则谓唐贞观时，已有大秦僧阿罗本等载经典东来、宣扬景教。历宋、元、明以迄昭代，时明时晦，信而可征。洎乎道光季年，通商各口传教之事载在约章，于是教士之航海而来者，负笈担簦、遍历各省，其教日益推广，而其祸亦自引愈多矣。间尝披阅历年中外交涉公文，曰燕、曰齐、曰晋、曰豫、以及闽、粤、江、浙、滇、黔，或焚毁教堂，或戕害教士，即罄南山之竹，亦已书不胜书。其为祸最烈者，莫甚于天津王三一案及前年沿江一带哥老会匪专与各教堂为难，渐且沿及内地之无锡、丹阳。焚屋、劫财、蔓延无际。自封疆大吏下至地方牧令，费尽几许心力，始得渐次敉平。不虞去年，闽之古田其患更不可收拾。教中诸妇女好好在山中消夏，竟被茹素之党杀害一空，虽西人以和好有年、不欲遽开兵衅，然华官之办理此案，亦已力尽筋疲。嗟乎，何中国匪人喜于滋事竟若此乎？在教士，以传教为务，虽入虎狼之窟，亦且艰险不辞。顾一经被害之余，政府即执定约章与总署力为争辩，其意盖谓"英国和约"第八款明言：耶稣圣教暨天主教，原系为善之道、待人如己，嗣后凡有传教学习者，一体保护其安分无过；中国官毫不得刻待禁阻。"法国和约"第十三款；天主教原以劝人行善为本，凡奉教之人皆全获保佑身家，其会同礼拜、诵经等事，概听其便；凡备有盖印执照、安然入内地传教之人，地方官务必厚待保护；凡中国人愿信崇天主教而循规蹈矩者，毫无查禁、皆免惩治；向来所有或写或刻奉禁天主教各明文，无论何处、概行宽免。其他如俄、如美、如德、如荷、如日、如比、如义之约，其文亦大同小异，无非准西人传教设堂。故西人一遇祸端，必与华官断断力争，既办滋闹之人、又必赔偿抚恤也。而匪徒之所以敢滋闹者，每借口于彼教之与我互异、我国自有圣人之道，乌容若辈来此将异说宣扬，是以群起交攻、一唱百和，驯至酿成巨案，一发难收。殊不知，既为中国之民，即当恪守中国之法。朝廷已准西人传教，而民间乃欲与之相抗，是非拒教士、直抗王章矣！曾是王章而可相抗乎哉？且人孰不欲保身家性命？一经因闹教而获罪戾，他日者教士传教如故，而己之身家性命已不克保全。反之于心，值乎不值？或谓闹教之案，非由愚民而起，实系读书子弟平日常论说西教之不善、谬传有挖眼剖心诸事，或且造为秽亵之言、愚民惧信为真，遂致群相鼓噪。若是，则应劝读书明理者，先当遵守皇上批准之约章：西人之传教也，听之；华人之入教也，亦听之。我惟恪守先圣典型、不复问门以外事。彼愚民亦何致任情作乱、致贻君父之忧哉？因论海丰及泰州教案而连类及之。狂瞽之言，已尽于此；知我罪我听之而已。

1896.8.25

告示照登

苏臬宪吴札发"保护教堂告示"到县，黄大令饬差发贴城乡各要道，一面仍着随时妥为照料，不准一切人等藉端滋扰。兹将告示照录于下：

钦命二品顶戴、江南江苏等处提刑按察使司按察使总理驿传事务吴，为剀切晓谕事。照得泰西教士在中国设堂传教，历年已久，各省所在。多有叠奉谕旨饬令地方官实力保护，仰见朝廷宵旰忧劳，深望民教各泯猜嫌，中外益敦辑睦，经督抚宪先后钦遵刊示张贴，众目昭彰，宜如何敬谨遵守。无如闹教之风相沿不已，即就苏省而论，十七年间丹阳、江阴、金匮、如皋等县，连出重案。本年四月又有江阴民人桓启佑等盗取孩尸、移埋教士竹园致酿闹教之案，均经讯明分别严办。似此惩创频仍、文告谆切，原欲破匪人之伎俩、儆我民之聋聩，知流言之不足凭信、与刑章之不可轻犯，日久相安，岂不甚善？乃近来省城内外复有不法之徒造言惑众，闻之实堪痛恨。尔等须知天主、耶稣等教，外洋各国通行，不过劝人为善，与中华释、道二教大致相同。其跋涉数万里、糜费资财、招人入教，无非希图推广之意，从教与否听人自便，并不相强。假便果有种种邪说，岂能尽掩天下人之耳目，而谓能流传如此之久且远乎？从前洋人罕入内地，民间少见多怪，犹可言也。今既通商开埠，风气一新，虽极乡僻之区，时有洋人游历。尔等亦既见惯，岂可任听儿童闹随、嘲谑，转使匪徒乘机播刑，捏造不根之谈、多方煽惑？试思各省闹教之案，何一不从谣言而起？究其谣言，何一不是虚诬？迨激成衅端，彼造言生事者，早已远扬，而土著之民不难按图以索。谁非父母遗体，乃因误信谣言横罹法网？兴念及此，能无恻然？本司上体国家柔远之意，下与我民休戚相关，既有风闻，不辞苦口，除饬县密拿匪徒究治外，合亟出示晓谕。为此，仰诸色人等一体知悉。嗣后务须父诫其子、兄诫其弟，各安本分，毋听谣传。尤不得随声附和以身尝试。倘仍有莠民执迷不悟，致滋事端，惟有执法严惩，决不宽货。凛之勉之，切切特示。

【编者注：本文提及桓启佑移尸栽赃之事，以"桓启佑"搜索《申报》，得另三文，分别如下：】

1896.6.12 严讯教案

江阴东门外耶稣教海医士寓所，被匪人埋尸陷害，毁及教堂，前已录登崖略。昨接本馆派赴镇江采访友人来书，云四月某日常镇通海道吕观察闻报之下，即派发审委员孙秋潭大令前往查办。至二十四日江阴县刘明府有光暨大令带同为首肇祸之凶犯桓启佑、陈生郎、蒋旭初，乘舟抵镇，交丹徒县收入囹圄。次晨同诣道辕谒见观察，面陈一切。少选，明府至英领事署及各西官处商办。午刻，丹徒县主饬差将三犯解至道辕，观察委大令在花厅严讯，桓、陈二犯供出盗尸阴埋、希图讹诈等情，历历如绘。惟蒋供称"小人向在教堂供役，此次突被牵入案中；当江阴县刘大老爷讯问时，小人畏刑供认"等情。旋经驻镇英领事额君函致道辕请将蒋从轻发落，桓、陈则须从严惩处。二十七日明府仍将三犯带回江阴，俟接到上宪回文再行定案。

1896.7.22　示平教案

镇江采访友人云，日前常镇通海道吕镜宇观察，颁发告示、张贴通衢，其文曰：照得各国教士来华传教，由来已久。华人愿从与否，悉听自便，本不相强。至于洋人施医育婴，以及义学等事，无非好行其德，更与华人有益。不料匪徒藉此造谣，妄称洋人治病必取小孩心肝、眼睛合药，纷纷煽诱，往往聚众滋事。即如此次江阴美国医寓被毁一案，审系桓启佑挟嫌图诈起意，商同蒋旭初盗取邻右袁张氏家三岁孩尸，移埋该医寓竹园内。捏称亲戚李家失去男女两孩，有人见入寓中，为词向索，争闹致起衅端。现经本道复讯明确，分别首从，禀请惩办；其余毁闹各犯，尚须一体拿究。在桓启佑，首先倡祸、孽由自作，本不足惜。惟随众滋闹各犯，受其愚惑，亦须拿问重罪，言之不禁恻然。本道忝膺监司，兼有办理洋务之责，诚恐愚民无知，因此误听讹传、相率效尤、自取杀身之祸，故不惮烦言、谆谆告诫，以期民教相安。除通饬各府、州、县饬属、会、营一体认真防护外，合亟出示晓谕。为此，示仰各属军民人等知悉。尔等须知洋人游历中国，几遍天下，无论通商口岸及内地各处，皆准其设立教堂、医院并育婴、义学等堂，约章具在。地方绅民理应仰体朝廷怀柔远人之意，互相保护，岂可各怀猜疑、造谣惑众！万一激成事变，不独上贻宵旰之忧，且恐身家莫保，后悔无及。自示之后，尔等务宜视华洋一体，共敦辑睦，慎勿稍存歧视，致生猜嫌。倘敢造言生事，则是怙恶不悛。一经访获，定当尽法惩办。地保如能随时指禀审实，从优给赏。倘竟知情容隐，甚或挟嫌妄报，察出并究不贷。本道为顾全大局起见，勿谓言之不预也。其各凛遵毋违。

1896.8.14 及 21　论教案宜严惩煽惑

今天下有害人之物焉，虎豹吾知其噬人也，蛇蝎吾知其毒人也，然皆与人无伤也。即细至草木之异性，虫鸟所偏钟，亦可预为之备，不待其戾气中人，而早已驱之、除之、屏之、瘗之，不使其上者为巢、下者为营窟也。乃有非虎豹而猛烈甚于虎豹，非蛇蝎而阴险过于蛇蝎者，则莫如今日游手好闲之徒--上海之所谓流氓，北直之所谓混星，各州县之所谓痞棍，沿江数千里之所谓青皮、安清道友、哥老会其人者。是可一言以蔽之曰，皆可杀。间尝就其事而论之，平时把持横行、拆梢敲诈，几若视良善人家直为若辈之菑畲而取之无禁、用之不竭。其黠者，联差役为耳目，结党羽为声援。地方官非不欲惩一以儆百，无如欲惩之人早闻风而先遁，遂使王法有时而或穷故。大之可贻君父以莫殚莫究之忧，小之即阶乡里以如沸如羹之渐。惑见闻于不觉，煽祸患于无形，甚至内爨于中国覃及鬼方如荡之什所云云者。斯时即明知其实为戎首，而一经城狐社鼠之凭依，虽欲加之以斧钺，而转未能，我行我是焉。此有心人所为蒿目时艰而叹今之包藏祸心者，实不知伊于胡底也。何言之？盖若辈所恃者，在结党。上海现有三十六个党、四十二个党、八十个党、一百零八个党之名目，则其明目张胆、势必互相标榜，死生以之。说者遂虑其不免有当年流氓小金子斩木为兵、扬竿为旗之事。不知小金子当咸丰初年上海未辟租界之先，地方久不见兵革，又值四郊多垒之秋，一夫夜呼应者四起，如入无人之径耳。今日者欧西各国在沪日久，商务甲于中外。去岁海氛甚恶，既以上海为公地，则公地料非仅指区区租界而言。彼有人狡焉思逞，尚且可戢其凶锋。设有盗弄兵于潢池者，又何难为之灭此而朝食哉？西人办事多勇敢，前月麦、黎两捕头在虹口捉赌，已见一斑。故吾谓上海之流氓，不过鱼肉乡愚、傀儡纨袴，如齐人之在东郭墦间乞其余以为餍足之道，且求免妻子于饥寒而已。其党虽盛，直卑卑不足道，是则彼方偷生旦夕之不暇，又遑敢问谁为春申君之汤沐邑乎？目下海宇无尘，各防营纷纷遣散负羽之士，积数十年之栉风沐雨，祇求持一名于尺五籍中而不可得，良足慨已。所患者，此等人，问其业，无恒业，问其产，无恒产也。朝秦暮楚，一若断梗飘蓬，到处可以流连栖止。凭其一事无成之阅历，信口雌黄，实足淆乱黑白。每见各处滋事之案，大抵由若辈先为布散谣言作俑之后，继以歆羡、恫吓推波助澜，直使人不可收拾而后已。读年来闹教缘起，未尝不痛恨匪徒之煽惑，实为厉阶也。虽然，是岂无术以处此哉？查本报前曾载有常镇通海道吕镜宇观察为江阴美国医寓被毁一案，审系桓启佑挟嫌图诈起意，商同蒋旭初盗取邻右袁张氏家三岁孩尸，移埋该医寓竹园中。捏称亲戚李姓家失去男女两孩，有人见入寓中，为词向索，争闹致启衅端。此等平空栽害，固出人意料之外，于法已属当诛。况窃取人家已瘗之孩尸，以图泄愤，尤为忍心害理。不但王法所不宥抑，且天理所不容。观察覆讯明确，分别首从，禀请惩办，宜也！

第愚民无知，往往惧听匪徒谣传，谓洋人治病必取小孩心肝眼睛合药。讹以传讹，相率滋闹，自取杀身之祸，殊为可悯。观察因再出示……【告示内容见 1896.7.22 条目，此略】……观察此示，洵可谓顾全大局，既为远涉重溟之旅人作一路福星，又为僻处田陬之椎鲁作万家生佛。地方官如能共持此心、随时保护，以期民教相安，又何患有匪徒之无端煽惑哉？

况中国律例有严拿主唆之条。惩煽惑所以弭衅端，犹之拿主唆所以清讼原也。夫两造之对簿公庭也，不过凭一时之愤激，初无宋襄公九世之仇，不报之无以为人、无以为子。斯时苟有人焉为之疏其郁结、平其意气、消其疑似、化其忿争，又何致雀有角而必穿屋、鼠有牙而必穿墉之为快哉。其闹教也亦然。草野本无知识，譬如猎犬全赖人之发踪指踬，使之摇尾而奔走。故一闻捕风捉影之谈，得为教堂难保无捉小孩之事，不觉一传十、十传百、百传千，互相告语、信以为真，初不计此语得之何人，此事见之何地，咸翕然谓"是可忍，孰不可忍"。此无他，实煽惑者预有以耸动之遂，使人人指教堂为怨府，疑传教为雉媒耳！不但此也，教堂肇祸，犹曰"言语不通、嗜欲不同、奸民为之"，谗慝其间，若卧榻之旁不容他人鼾睡似也。

乃近闻苏州府属陆墓地方，因匪类谣言、乡民纷纷迁徙，其事不且与汉哀帝时京师讹传水至、相率逃避上城者，同一笑柄乎？据报载，上月初九日有西商数辈出阊门，循山塘游至虎阜，入观音庵，见正殿上多寄名袋，询之住持。尼时乡孩围绕其旁大声疾呼；同行细崽顾而叱之曰"哗，当捉尔去"，众孩惧而奔回。于是无赖四出鸣金，乡人毕集，欲与西商为难，此已事也。不料匪类即凭空谣说，谓目下青阳地起筑马路，地轴不能载，洋人欲下乡捉小孩埋诸地下，并将各寺院寄名袋取去镇压凶邪。无识者信其说，连夜携孩并寄名袋逃至荡口镇者，势如潮涌，终夜有声。既而香山镇上，亦皆闻言惶惑。适河中有石子船经过，船上人皆窄袖草帽，望之若泰西装束，遂群呼曰洋人乘舟至矣。一唱百和、争相避匿。翌日有至苏城者、有至常熟者航船，因是停驶者多日。斯时苟稍知时务者，无不共信其为理之所必无。乃煽惑者抵瑕蹈隙，已可使举国若狂，甚且皇皇如丧家之犬。如是，煽惑者肉可食乎，然犹未成人命也。

若景德镇之械斗，则尤可骇也。景德镇者，天下四大镇之一也，瓷器甲天下，窑户数百家，工匠千万人。军兴后各商禀准设立保安勇数百名，军械、口粮由商筹办，长年驻扎镇上，以资镇慑。六月某日，窑工都昌帮与乐平帮因事动众，已解散矣。讵有奸徒从中煽惑，先向乐平帮唆，云都昌帮已缮甲议定某日将袭尔，盍备诸闻者不察，果比干称戈以待。其唆都昌帮也亦如之，且曰宁我负人、毋人负我，一若深为之关切也者。于是两造果于某日各临场械斗，伤毙有人，时保安勇前来弹压两造误会，其来劝斗也，反将哨官杀毙，并毙二勇。是役也，如无煽惑之人先之以浸润、继之以剥肤，就使愚人卤莽祇凭血气之勇、不顾利害，亦已止戈为武矣，又何至重张旗鼓、戕及兵官，造此不可收拾之巨案乎哉？顾或者曰，此虽幸灾乐祸，然犹未若江右省城以教攻教之甚。江省向有天主、耶稣二教堂，本年两教中一再争讼，匪徒即借劝人敬奉耶稣教为名，唆使拆毁天主教堂，到处匿名揭帖，欲使二教之人自相攻击。夫二教名虽不同，而其劝人为善之心则一。且劝人为善，而从教与不从教，悉听自便，本不相强，又何必诬为不共戴天？无如二教在华多年，教友良莠不一，难保无悖教主传教之美意，先恃教以凌教外之人，继即恃教以倾教内之人。地方无赖因得乘机播弄，肆其唇枪舌剑，煽惑于无形无影之间，而且使地方官束手无策，无从调停、无从保护焉。煽惑之为害如此，因汇举其彰明较著者箸于篇，以告为教友者知其煽惑，无为所愚；即以告办教案者务究煽惑，而不轻纵。庶各省民教可享太平无事之福，而吾尤愿维持教务者慎毋存门户之见，而自视先如水火焉。谚曰"篱牢犬不入"，此语曷深长三思哉。

1897.6.13

力遏谣言议

前日本报纪，天津甲、乙二拐匪经人击毙后，市中谣言四起，牵涉教堂，语骇听闻、不能率录。法国领事官恐成巨患，一面照请津海关道派兵保护，一面入京向使臣禀商。而杏花村拘获拐匪一名，讯之仍信口胡言，谓曾拐得六七孩，悉数由洋人购去，其意盖欲暂时诿卸以逭刑诛。而愚卤之夫信以为实，津津乐道，几于众口烁金。执笔人阅之，不禁喟然以叹曰：津民之情性浮嚣，何竟至于如此哉？犹忆同治九年，天津迷拐小孩案发，拘获拐匪王三，其词涉及教堂，遂致群不逞之徒哗然而起，杀领事、毁堂屋、焚洋行，甚至害及法人十三名口，即俄商之毫不干涉者亦被殴毙三名。其时崇大臣厚方绾三口通商之篆，悉习措理，民气终不能平。朝廷乃特简湘乡曾文正公赴津查办，文正固中外人所信服者也。抵津后查得津城内外无一遗失幼孩之家，教堂中挖眼剖心毫无佐证。初时外间谰语有目击教堂中心眼盈坛之事，至此而杯弓蛇影，尽释疑团，遂奏请褫天津府县之官发配黑龙江以示之儆，而乱民冯痖子等二十犯悉予骈诛；此外拟军徒者各二十五人，毁者赔之、死者葬之、法人乃不复有后言。而文正之宽猛兼施，盖亦已心力交瘁矣。今者事隔二十余载，津人士虽承平久享，应亦前事之不忘！奈何平白地作浪兴波，又造此不经之语哉！或谓教堂之无端被谤，实由于教士之不知避嫌。殊不知教堂中收养弃孩与中国育婴堂并无差别，中国既有绅士以抚育贫孩之被弃者，教堂中宁独不可以结此善缘？如谓藉此以挖眼剖心，试问得此心眼何用乎？昔尚疑其用心眼以制药饵，今则西书之讲求医药者，广州、上海等处已次第译作华文，且华人亦往往从学于西医，不少得其真传、普施医术者，试问药笼中果采及心眼乎？盖不待智者，而始知其浮言之无据矣！且天主、耶稣二教、固创行于西国而渐及于我华者也。如谓教堂中果迷拐小孩、行挖眼剖心之事，则西国必先有行之者，何以西人群奉教士为正人，独至我华而始知其行此歹事？岂西人皆愚鲁，惟华人独具卓识能洞知其挖眼剖心欤？种种谬妄之说，始惟一二人倡之，继臣群焉和之，诚有如文正奏牍中所谓"此等谣传不特见于天津，即昔年湖南、江西，近年扬州、天门及直隶之大名、广平，亦皆有檄文揭帖、传说纷纷，究之杀孩坏尸、采生配药，野番凶恶之俗尚不肯为，英法乃著名大邦，岂肯为此残忍之事宜乎？西人一闻此谤，心中辄忿忿不平也"。今者幸法领事未雨绸缪，照请派兵弹压，王夔帅更保护周至，为先事之防，民之讹言或可渐息。否则丰大业之案不难复见于目今，不亦贻君父之忧、而失邦交之好耶？或曰："子既力白教堂无收购幼孩、挖眼剖心之事，然则拐匪何以竟明明擒获，施以刑讯，又何以竟明明扳及洋人乎？"曰："拐匪诚有之，其拐得幼孩也，男则售与梨园习为歌舞，女则货诸娼馆作夜度娘，或且将肢体毁伤俾令沿街行乞，历来见诸案牍者、即罄南山之竹几于书不胜书。兹之被获而词及洋人，意以为洋人或可出而作护身符，而不知其罪固终不能免也。"总之,地方官遇有此等情事,亟须剀切晓谕,毋长乱萌。得诱拐者则诛之,遇煽惑者则惩之,治乱于未兴,谣言尚可使渐息。苟乱已兴也,虽以文正之硕望崇隆而办理,犹虞其转手,更遑论今日无文正其人乎?于是乎作力遏谣言议。

1897.6.20
江西闹教

江西访事友来函云:江西各属教堂,年多一年,而谣言亦日多一日。迭经各宪随时示禁、遇案惩办,本年复有入堂喧怀情事,又经各宪出示剀切晓谕,重申禁令,均纪前报。方谓无知者有所畏惧,有识者益知儆戒,民教可以相安,上不贻君父之忧,下不启官宪之患。讵料五月十二日吴城镇又有毁闹教堂之事。星夜飞书至省,各大宪即委许雅麟明府会同新建县文芝坞明府驰往弹压保护。其起衅之由,传闻有一十龄左右小孩买一麦粉菩萨颇肖洋人,以为戏,耍之。具适有洋教士经过,其他孩戏指菩萨而谓之曰:"是即洋鬼子也。"洋教士闻而恶之,掌掴孩面。旋经孩母往教堂赔礼,不知如何,孩忽昏迷,即抬往教堂医治。一时传言孩死,众乡民不服,愈聚愈多,毁坏教堂三起并有焚毁衣物事。想办理者又欲须费一番周折也。

1898.7.9
沙市余闻

沙市闹事之后,曾有湖南人买嘱乞妇陆张氏,抱一瞽孩捏控洋人挖眼等情,已登前报。兹者益闻录云,陆张氏曾串通歹人项连宝,认此孩为亲生子,控被洋人挖眼受伤。县令升堂验看,并无伤痕,实系生成瞽目,诘问数四,氏始理穷,吐实供称湖南人逼我到湖南会馆,嘱令赴辕控告,求恩宽宥。大令遂派差押陆张氏、项连宝二人荷枷游街,荷牌鸣锣示众。其牌云:"瞎眼女子,有珠无神。遇陆张氏,冒认亲生。串项连宝,骗财共分。说外国人,挖他眼睛。满街喊叫,摇惑人心。从中渔利,罪恶满盈。凭司解县,业经审明。并非被害,病瞎是真。枷号示众,法不可轻。再有此事,加等重惩。"旋又出六言告示云:"县正堂刘示:各国通商以后,中外和睦相安。前因南帮痞棍,辄以细故生端。甚至焚烧关署,延毁洋房趸船。现经弹压解散,查拿痞棍维严。近闻不法之徒,复又捏造谣言。假称洋人挖目,冀图煽惑民间。谕尔居民人等，慎勿信以为然。务各安分守业，仍不失为良善。倘再妄为滋事，律法断难从宽。定即拿案严办，勿谓言之不详。"

荆州府舒太守亦出示云：为剀切出示晓谕，以安百姓事。照得洋埠无赖之徒，藉端滋事，业经饬令该会首交出首犯讯究，并示谕各商民人等，照常安业在案。兹本府访有地方好事之人，借以无稽之辞，辄敢妄造谣言，希图煽惑，实属荒谬。除密查外，合再出示剀切晓谕。为此，示仰沙市居民人等知悉，尔等务须各安恒业，毋为谣言所惑，别生枝节。倘再有人造谣生事，一经查出，定于拿究，并将失查地保一并惩治不贷，勿违特示。

1898.8.7

保护教堂章程

松江采访友人云：自奉旨严禁闹教之后，地方官咸栗栗危惧，深恐莠民滋事，以致咎戾难辞。华、娄二县主特订明保护章程，刊印传布。其文曰：（一）奉札预刊保护传单，并回条款式，发给所属四乡。凡有集镇及人户稍多之处，各存多张备用。其分驻文武大小衙门地方，亦一律存备。（二）凡城乡教堂，俱专派差役二名，发给长工食，轮流在堂外伺护。如遇洋人外出，该差立即问明，报知本官，派人护送。乡下者立刻告知董保，填发所存传单，拣派壮丁沿途护送，由此保送至彼保。限同注明传单交换递护，必须取有彼保收条、方准回销。（三）教堂太多之处，势难分派多差。然教堂虽多，教士究只一二人，至多数人。现在所派差役系照教士人数及居住之处分派，教士行至某堂该差即随到某处，不必专定一处，庶易周转。（四）凡有防练驻扎之处，即将传单交营，派人接护。若下站系走僻路，并无营驻，或值营勇出差、不敷分派，仍应由董保派丁接护，不得因上站是营勇送来，下站董保不接，亦不得因上站是乡民护来，下站营勇不接。各宜不分畛域。（五）凡有分驻同通丞簿、巡检各衙门，遇有洋人过境，该董保一体禀知饬令董保照章办理，如董保不遵，立即分别惩戒，送地方官究办。（六）凡有各国洋人经过，不论由何省何处来，亦不论有照无照；即无传单，该董保亦一体照章护送。即向无教堂之处，如有洋人经过，亦应护送。（七）各董保派乡民护送，如遇路途稍远者，特为定准每里准给口粮钱若干文。届时该董保先行垫给，按季凭回条赴署请领，立即发还，断不任胥役片刻留难。（八）无论兵役乡民护送，俱不准向洋人索谢分文，违者查出重究。（九）洋人最喜爽利，若应当接护之董保，藉词推诿耽延，致洋人不肯守候径去者，查出重究。即或洋人辞谢不要护送，尔等也要派人在后随护。（十）所派堂外差役如遇教士外出，漏未查知禀报，即将该差枷号三个月，满责示惩；若保护无惧，每次给赏；一年从优给赏。（十一）各董保护送洋人每一次记功一次，一年分别外奖，及详请奖励。（十二）凡洋人在乡留住之处，即由该董保昼夜轮流派人保护，并不准围闹聚观、闲言生事；尤不准出语伤人。即妇女小儿亦应禁止。（十三）若遇洋人到处偶有无知之人口角争闹，该董保即应立时理劝解散，若能化大为小、化小为无，事后必当从优奖赏，决不虚言。（十四）此事虽不免琐碎，但值此时艰，游勇盐枭到处皆有，最要防抢劫滋事、难分皂白，必须格外小心，以安远人，即以自安吾民，所谓利人即是利己。况费由官发，尔等不过劳力，并不要尔等费钱。各保平安，莫善于此。每处教堂虽多，教士不过数人，每月岂常有洋人来往？即偶尔护送，月不过数次，远不过数里十数里，并非难事，切勿推诿。倘或因小失大、贻祸将来，肇衅虽在一时，受害仍在百姓，恐尔等吃亏不起。彼时虽系代人受过，官亦不能护尔。各宜听信吾言。

1899.1.6

桐庐教案

杭州采访友人云：本月初旬某日，浙江严州府属桐庐县，土民聚众向教堂滋扰。省中大吏闻报，即委候补县龚稼生明府前往查勘，嗣将县主沈大令宗麟撤任，另委候补县陈大令接署，并饬准补严州府高珮卿太守迅速赴任，以便与教堂中人秉公商结。太守随调胡大令祥钰偕往，筮吉十八日起程。询之，知此案类未者，言上月县境居民屡有失去小孩之事，迨本月某日南乡某姓子在教堂前闲玩，堂中人爱其韶秀，招之入内游观。孩父母闻之，即散布谣言，谓各家所失之孩皆被教堂中人骗匿。于是一唱百和、聚集多人，蜂拥入堂，将器物任情击毁，并殴伤一教民。事为大令所闻，疾驰而往，则众已四散，莫得主名，旋饬役拿获多名，不知是否即与闻其事者。

1899.7.4

论福州江西闹教事

迩年中外之情，日亲一日；而交涉之事，日难一日。说者谓由于中国弱而外国强，中国不能据理以争，使外人得步进步，酿成偏倚之局。若早为计，断不至此。夫论交涉之事，中国诚不免示弱于人，而交涉之最难者，首推教案。教案之起，皆中国之乱民为之。凡此乱民，无不知宜治以重法。然未经闹事之前，谁得知其为乱民，而预为防范哉？即地方官皇皇示谕、三令五申，民亦熟视而无睹。每见一案之起，地方官无不赶紧缉获，缉犯之后无不从严惩办，以为惩一足以儆百矣。乃不谓惩者自惩、犯者自犯，一波未平、一波又起。目前山东、四川、安徽等处教案方得弥缝，而福州、江西又有闹教之事。向者谓教案之起，皆由风气未开，民教不和之故。由今观之，殊不尽然。盖无非乱民借端以起衅耳，然则欲弭教案，先当约束乱民。顾乱民散处乡僻，不特地方官之耳目有所难周，即知之而约束亦殊不易。是则保甲团练谓非地方不可稍缓之事乎？何则州县耳目之所不及之，必有藉于绅士；绅士耳目之所不及，必有藉于地保；如身使臂、如臂使指。现在各处虽皆有绅士、地保，然一乡之绅士未必尽一乡之人而识之，一图之地保未必尽一图之人而识之。即能识之，而一乡之人未必尽畏一乡之绅士，一图之人未必尽畏一图之地保。不能畏，则一乡一图之间苟有举动，绅士不及理论、不能势压，而地保无论焉。若举行团练，则绅士与民日亲，易于化导；且既操督率之权，民必畏惮。举行保甲，则挨户编查，无民不入册籍；非但民各有所牵制，不敢贸然而为非，即有为非者，地保亦易于查察约束。乱民之法，共有善于此二端者乎？我盖观于福州、江西闹教之事，而益信矣。

尝阅香港《循环日报》云：福州于五月初七日，有乡人数百名解五人至绅士处，声言若辈系代教堂中人诱拐幼孩、杀以制药者。绅士使解送县署请办，县主劝令不可滋事。乡人不听，县主乃饬将五人收押。乡人谓不杀五人难泄公愤，遂于翌日纵火焚毁礼拜堂、西医院、疯人院，然后一哄而散。夫当解送绅士之时，若绅士多方劝谕，乡人或可解散。非绅士之权重于县主也，大抵乡人先疑县主必有保全功名、偏护西人之成见；又恃其人众，虽经县主开导，决不听从。当此之时，苟绅士而能晓以利害，乡人必不疑之；不疑则易散矣。乃不问其所获者是□□□□【数字不可辨识】即贸然使之解县请办。嘻！绅士其殆为乡人所惑，抑不足以压服乡人乎？然此犹谓惑于谣言、动于公愤以致酿此祸端耳。

因若江西之闹教，则更事起细微矣。江西访事人来函云：本月十三之晚，突有多人至高桥某福音堂，与洋教士为难，将器物毁坏。南昌县孟子卿明府闻信驰往，查获首犯五人，带回研讯。传闻起事之由，因是处曰禹庙，好事者抬神像出游，醵钱以供费用。洋教士未允照派，乡人心滋不悦，致有此祸。幸县尊得信严紧弹压，得免意外之变。否则其祸又不堪设想矣。每见地方集捐、赛会，大半由绅士、地保为领袖，绅士地保而解事者，断不许乡人向教士派钱；苟不派钱，则此事从何起衅？故约束乡民，须责成绅士、地保俾得弭祸于无形。然不伸绅士之权、不重地保之责，绅士、地保亦无可如何。是非整顿团练保甲，不可有地方之责者，谅不以斯言为河汉也。

1899.8.25

野性难驯

重庆访事友人云：去岁大足县土匪余蛮子闹教案起，藩宪王芍棠方伯锐意进剿，始将匪党唐翠平正法枭示，蒋灿臣解省监禁，惟余蛮子经人力保，从宽发交驻扎合江之交周军门看管。现在法国领事哈士君，会同前署重庆府刘太守朝宗，与法国主教会议，将被扰教民资遣回籍，以为事可了结矣。乃大足县龙水镇一带，仍有余匪蠢然思动，伤毙甲乙丙三教民，余匪亦由营次潜逃。幸被营勇追获，解赴成都，闻已定以永远监禁之罪矣。

造谣站毙

重庆访事友人云：迩来拐匪肆无忌惮。梁山、长寿、涪州等处小孩之被拐者，几不可以偻指终。于是群不逞之徒，乘机广播谣言，谓系洋人所为。群情汹汹，无从究诘。督宪奎乐峰制军，思患预防，深恐匪徒扰及教堂，爰通饬各属一体严拿。如有拿获造谣真犯者，赏银五十两。报信确实者，赏银十两。正在严查时，有曹少安者缮成假信三封，分递税务司及美领事署、伦敦会教堂，略谓今有某某等人潜谋作乱，约期六月十二、三等日击毁教堂，即乡间拐孩之谣亦系彼等散布云云。经西员告知巴县张大令，大令立即将曹拘获，令当堂核对笔迹，果与信上相符。遂据情禀知道宪，予以杖责，装入站笼。至越日身死，是真可谓自投罗网矣。

严查揭帖

重庆访事友人云：川省近出一种匿名揭帖，连篇累牍、语甚荒唐，无非藉端煽惑愚民，希图激变。嘉定、叙州两府境内张贴尤多。事为英、法各教士所闻，恐遭不测，立即禀请领事移知地方官查拿究办。

1899.10.13

息谣言议

　　谣言者何？凡世间至无情理之事，忽有人焉轩眉攘臂、言之凿凿，始犹不过屠沽下贱之流互相传述，诧为异闻，浸假而播之士林焉，浸假而达之贵游焉。其来也如风飘雨骤，而莫知其所自来。及其止也，如雾灭烟消而莫知其所自止。潜之史册所载，如大水入城、苍天忽死，种种怪诞，不可悉数。在述之者，非动于好异之私，即中于悠谬之见。甚或有心造作，声动愚民，借以行其诡谋秘计。斯时苟得明智之人斥其谬、辨其诬，剖以数言，亦可稍息其喙。无如末俗好奇，人心思乱，一闻异说，信之极深。在昔各省闹教案起，竟传西人有挖目剖心之事，纷纷传述，几于草木皆兵。匪徒乘之互相煽惑，以致酿成巨案祸流。至今然犹曰彼教初来，情形未悉，故有此讹以传讹之言也。最奇者，癸巳之春，各省公车云集都下，忽传城西陶然亭出有水怪，其形似鹅而其声则洪而甚远，匿于芦苇，隐见无常。初时，游手好闲之辈，三五成群，日往窥伺。询以所见，则言人人殊。不数日，而搢绅仕宦亦相约往观，车水马龙，万人空巷，并竟传此怪善于穴地，周围数十里穿地已空，倘遇雷雨飞腾，京城即难免倾陷。蜚语所播流入宫庭，当事者恐酿巨变，特派禁兵一营前往弹压，一面广贴示谕，申明此怪之不致害人，俾群疑得以稍释。而谣传所及，益致惊猜，懦怯之流甚有谋迁徙以避祸者。正当众说纷纭之会，忽而车马渐稀，禁军亦撤。异而问之，咸称不知何故。惟往观者日见寥落，茶坊酒肆亦渐无人谈及。尽此事自始至终，不逾十日，而风起云灭，顷刻万变。

　　迨至秋绳，而果有朝鲜之变。中日交兵，未战而败，丧师失地，贻笑邻邦。盖中国朝野上下，识见之卑微，性情之浮动，外人早窥之甚深，故股掌玩之，而不复有所顾忌。泊乎和议既成，台湾割让，唐景崧仓卒举事不成而走，民拥戴刘渊亭军门扼守台南，海外扶余自成世界，声灵遥戴在台。民固出于忠爱之诚，即薄海人心亦未尝不因此自壮。乃好事者忽捏造种种战守之策，大都两会演义中怪诞不经之说，撰成载记，流为丹青，妇孺老幼赞不绝口。稍与分辩即劳目相向，以为食毛践土不应出此谬戾之语。嗟乎！辱国深仇不思报复，而徒假荒渺无稽之说以相炫耀，予真不知滔滔者果具何心，而竟专喜此无根之言哉。

至去岁，又传俄人聘请中国文墨之士赴彼国教习学生，定以三年之期，重以千金之聘。一时举国若狂，颇有思赢粮而往游者。奸民复诳言俄人新开捐例，如入朱提一流即可给予凭据，作为监生。凡得此护符，官长即不敢笞辱。蚩蚩者信以为真，甘心受骗，不知凡几可笑可鄙至于此极。

近时又喧传康梁诸人均得西人保卫，改装来沪，藉窥中国情形。捉影捕风，一若真有其事。愚人之愚，一至于此，有心世道者能不慨然？凡若此者，姑勿论其得自传闻与出于诬造，惟使听者果能中有定见晰理精微辞而辟之，亦何至辗转讹传至于无可究诘？语曰"流丸止于瓯臾，流言止于智者。"吾愿世之君子深惟是言转相告语，务使人人以信讹言为可耻，以传讹言为可鄙，庶奸民之诡计无所使，而朝野上下亦借以免外人姗笑乎。

1899.10.20

弋阳教案

南昌采访友人云：江西弋阳县近有匪人约期焚毁教堂。县主杜明府闻之，立即驻堂保护。某日偶因公务暂返署中，匪人即号召党徒将教堂焚毁。迨明府闻信驰至，势已不及救援，不禁情急万分，旋即身故。事后道途传述，云系吞金自尽，或谓实因病而殂，刻下尚无确耗也。迨家丁禀报到省，大宪即委弋阳县县丞韩二尹锡镛，就近护理篆务；所遗县丞一缺，委罗坊司巡险陈少尹占春代庖，一面檄饬查办贵溪教案之缪芷汀观察委员带勇赴弋阳。

1899.11.1

论弭教案在融洽民教之性情

西教之入我中国也，亦既有年矣。始仅于通商口岸准设教堂，既而内地各城乡亦准一律建设，而教堂遂林列矣。传教既广，华人之入教者亦愈多，在教外者往往嫉视教中，而在教中者又往往与教外人格不相入，于是民教不和之案遂朋兴而未有已时。去年川匪余蛮子纠众闹教【参阅第 340 页所录余蛮子团伙资料汇录】，劫掠法教士华司铎以恣其要挟之狡谋。地方有司办理最为棘手，既不敢立时剿殄致伤教士之身，又不敢轻纵匪徒致予西人以口实，相持数月始克将余匪诱获以谢远人。嗣是而浙江之台州、山东之德州，又有顽民拥众闹教，其他如福建之建宁、湖北之兴国，民教小有龃龉，其数尤更仆难数。然要不过一省一起而已，未有于两月之内一省之中连出教案数起，如近日江西省之盛者。江西之闹教也，始自八月二十一日，贵溪县城中蓦被匪徒将教堂焚毁，继而本月某日河口镇又有焚毁教堂之事，又继而弋阳县焚毁教堂，县主杜明府因而死焉。时不过数十日，而闹教之案已层见迭出若此。是何莠民之多耶？毋亦由于各处匪徒将乘间构乱，故互相煽惑，冀逞其不轨之谋也。抚宪杜鹤龄大中丞洞知其隐，爰札饬各防营管带，如有闹教情事，立即会同地方官，实力弹压；倘敢不服，许将滋事人犯当场拘拿解县，讯实禀详以便尽法惩办。或有焚毁教堂并不服查拿，形同叛逆者，准格杀弗论。其有恃众抗拒官兵，不能格杀者，准用枪炮轰击。治乱民，用重典。以诸葛武侯之粹，然儒者而犹且用是法以治蜀，中丞此举殆亦有不得已之苦衷也。而四处谣言仍不能息，不特省垣有与教为难之蜚语，即南安府各属亦有闹教之谣。虽经中丞派兵防范，幸得安谧如常。然鹤唳风声，究有可惧。是岂严刑峻法之亦有所穷，而不足以使民畏服耶。

吾以为，欲安民教，不在乎刑法之严峻，而在乎融洽其性情也。同治十年，总署王大臣尝以教案之故致书各西国大臣，略谓原西人传教之意，本以劝人为善也。自入教者有倚势欺人之事，而华人于是有不服之心。迨民教相争酿成案件，地方官理当查办，而教士又出而庇护之；教民藉此藐视官长，民心更为不服。且当中国有事之秋，凡一切罪人讼棍，俱以教中为逋逃薮，百姓始则抱怨，继则生恨，终且成仇。祸端一起，凡旅居中国之西人所在，皆为危境。即安居无恐之省，百姓亦闻而生疑，疑心甚而忌心生，据此情形，安有不激而生变者耶？夫总署此言，未免过当。泰西传教之士，大都能以绳墨律身，何致庇护教民，出而干预地方公事？其偶一如此者，或不忍教民之有所冤抑，而代为剖白也。总署以教士无得庇护教民，而莠民遂以教士庇护教民为词、藉端生事，是适授以借口之资也。惟其所言"西人在中国立堂传教，必先令本地士民悦而不怨、信而无疑方可办理，自然彼此相安无事。且无论中外何国，必以得民心为本。民心未得，以势迫之，定必生变。国家政令虽严，亦难望其遵行不怠也"，此数言者，深得要旨，即鄙人所谓融洽其性情也。欲融洽其性情，最粗浅而易办者，莫若将各处所立之教堂洞启其门、任人游览，则一切不经之语，不求其息而自息矣。或谓西人性好洁净，教堂中尤不可使尘垢相蒙，华人则不甚讲究及此，故西人恶之。然即偶有所污，亦只一洒扫之劳耳，而可以绝闹教之案，讵不两相受益乎？彼西人亦何惮而不为耶？如徒以法，则前者天津教案正法之犯共得二十人、军徒各犯共得二十五人，办理可谓严矣，而闹教者仍不知畏。是知徒法之不足用，而在融洽其性情也。

1900.8.5

书报纪英相宣言后

英国相臣西厘氏，尝在教会中宣言曰：自今以后，深愿尔等各牧师遇事必三思而行，断断不可卤莽从事。第一，宣教于东方一带者，每与诸色人等交涉，纵不顾一己身命，亦应顾及本国人身命。如有摇动大局之处，更宜仔细思量。本馆会录其语于七月初四日报中，执笔人读之，乃书其后曰：观英相西厘氏之语，其殆微有不满于教者乎？夫西人入中国也，始请传教、后索通商，是西人初入中国之意，固首重传教也。自明万历年间意大利国人利玛窦航海东来，入京进献方物，天子嘉之、公卿重之，利玛窦于是撰天主实义诸书，述天主教之说。士大夫争尚之，是为天主教入中国之始。后其徒来者日众，如艾儒略、汤若望、南怀仁诸人，类皆彼教中知名之士，善天文，豪言为中国参校历法之错舛，由是名望日益重，而信从之者亦日益多。沿及至今，中国广开通商口岸，西人之以懋迁来华者，趾错于道。而传教之士亦遂连镳接轸而来，到处建立教堂，劝华人崇奉其教。通都大邑以及繁盛乡镇，几无一地不有教堂，亦无一处不有教士之踪。华人之服习其说者，亦日繁有徒。其教可谓盛矣。

顾教民既多，其中岂无一二不肖、不能恪守教规者？或倚势凌人，与平民互相龃龉，教士偶不深察，致为所蒙，稍加庇护，于是平民有嫉视教民之意，而教民亦愈思藉教以压平民。民教不和，大都因此。各处群不逞之徒，益复造作种种不经之语，煽惑愚民，或谓迷拐幼孩，或谓剖心挖眼。愚民无识，信而不疑，由是仇教之心益深，而各处闹教之案，亦几于无年蔑有。夫彼教中迷拐幼孩、剖心挖眼之语，确由匪党之妄造，不过欲端生事、以肆其焚掠之谋。然考之名儒顾炎武所著《郡国利病书》【原文如此。该丛书本名为《天下郡国利病书》，共 120 卷，成书时间约为康熙初年即 1660 年前后】已有烹食小儿之说，可知是说之流传已久，而无怪愚民笃信之深。但当时中外悬隔，未能深悉其情，故漫以诞妄之言笔之简籍。今则西人之传教于中国者，已及三百年，相处既久，知之甚深；稍明事理者，皆知旧说之讹传，并无所谓迷拐幼孩、剖心挖眼之事。彼教宗旨无非劝人为善，一意仁慈。虽不能同我周、孔、程、朱之教，然要未有妖异、残虐足动人以疑者。祇以匪徒簧鼓妄思、借故为非；而平民或受教民之欺积愤日深，以致一发而不可遏。是民教不和之案，虽半由平民之轻信蜚语、妄启衅端，然半亦由教民欺压平民所致。此吾不能为彼教讳。即使彼教中人反己思之，当亦不能自辞其咎也。英相西厘氏，殆亦见及于此，故宣言教会，戒各牧师于自今以后遇事三思、切勿卤莽。盖深知中外失和之事，大都因民教不安而开；而民教之不安，又不尽平民非、而教民是。迨至衅端一启、弃好寻仇，西人虽国势雄强，足以抵御中国，然生灵涂炭，商务萧条，即使中国让之以边，强偿之以巨款，而西人得不偿失，亦未必果获利益也。西厘氏之言，自有微旨，固不难寻绎而得之。吾愿自后，各教士之传教于东方者，深体西厘氏之意，毋有所纵，毋有所庇，则民教可以相安，而中外亦庶几同享升平之福乎。

1900.10.20

翼轸星光

民教相仇之案，循生迭起。虽由地方官保护不力，然亦由民间顽固之性，疾视教民所致也。近闻各郡邑奉有省宪"禁造谣言、禁闹教堂"各示谕张贴通衢，而士农工商皆视若无睹，甚有谓告示明禁而暗纵之者一二。明理之士劝以不可违犯，若辈非指为入教即笑为汉奸，务箝其口而后已。人心之茫昧谬戾，非口舌笔墨所能争也，可奈何。

1901.1.6

示禁闹教

钦加知府衔、赏换花翎、在任补用直隶州调署江西南昌县事上高县正堂加三级纪录六次江，为剀切出示晓谕严禁事。照得各国传教，载在约章。本年夏间，各主教、教士回沪暂驻，历经保护出境。现奉旨与各国议和，各主教、教士均陆续仍回旧地传教，具见与中国照常和好之心。各国既愿永敦睦谊，有司与教士等亦休戚相关。凡遇教士到境，自宜加意保护，毋令有意外之虞。吾民务须以礼相待，不准任听地痞播弄，隐启衅端。夫地痞播弄之术，不过曰传教为异端耳、教民挟势凌人耳，不知洋教与孔老相等盛世，亦何所不容？吾民但宜自修其本原，不必群惊其非类。查各国自传教以来，牧师神甫之迹遍于海内，所言亦无非与人为善之意，断未有倚势而凌人者。即偶有教民凌人之事，一经本县察知，自必秉公究办。盖民教词讼，由中国官员办理，固不能因习教而稍从宽贷。条约之文载明，教士不得干预词讼。中国自有政体，本县何敢废焉？且各主教、教士与本县素来浃洽，必能约束教民，不使为非。尔等尽可相安无事，勿生疑忌。总之，时当今日，中外一家，无论教与不教，皆为吾子民。倘有藉端煽惑，致令民教失各理，甘心作乱，贻我君父深忧及各上宪厪虑，定当处以重刑，用示警戒。至于地方痞棍，纵无室家，亦有性命，又何苦以身试法、自蹈罪戾耶？除由本县严密访拿外，合亟出示剀切晓谕严禁。为此，示仰合邑诸色人等知悉。嗣后民教相处，务宜照常和睦，毋得稍形膜视。各村不乏读书明理之人，须随时为乡愚讲解，使之各泯意见，永远安居。此次北方肇乱【当指义和团运动】，皆由民教不和，以致地方糜烂、生灵涂炭，惨不可言。现值和议将成，以民教相安为第一要义，毋许再生事端，贻误大局。倘敢故违，立即签拘严办，决不姑容。凛之慎之，切切特示。光绪二十六年十月三十日。

1904.12.17

申禁逆书以杜乱萌议

逆书曷为而宜禁？曰为其煽惑黎庶，背叛朝廷也。仇教灭洋曷为而指以为逆？曰教固朝廷所准行，洋人固朝廷所准与互市。仇之灭之，是将酿成交涉之案，而贻朝廷以隐忧也。迩自康梁谋乱以来，学士文人每以平权、自由、革命、流血为宗旨，淫遁诐【同僻】邪之说，摇笔即来，惑世诬民、恬不为怪。而明目张胆、肆无忌惮者，莫甚于邹容、章炳麟之《革命军》一书。顾《革命军》中仅言扫清灭胡、以戕杀满人为快意，虽明导人以揭竿作乱，犹未涉及洋教与洋人也。至近日捕房查禁之所谓《警世钟》者，言革命而兼仇教灭洋，使愚者信而从之，而其祸乃益不堪收拾矣。日前报载，租界工部局董查得山东路启文书社有《警世钟》一书。使人购而阅之，其中皆言革命及仇教灭洋诸事。询之，则称时中书局托售；及询之时中，则称镜今书局托售，由是辗转牵涉东大陆书坊，东大陆更诿为来自东瀛。谳员黄耀宿、司马爱商之英国副领事德君，分别交人保出。嘻！此书果何自而来哉？夫邹、章之著《革命军》，其意显欲背叛朝廷。稍知忠爱之人，断不致被其所惑。至与教为仇、惟洋是灭，则历来匪人煽乱，必诬指教堂诱匿孩稚、挖眼剖心。若洋人则频年势力日增，在昧于柔远之经者，辄切齿腐心、恨之刺骨。此书一出，无识者势必奉为圭臬，而杀教士、焚教堂、戕洋人、毁洋栈，种种祸乱，自此而生。不待创为革命之谈，而朝廷已岌岌可危，时局乃由之益坏，此其心存祸乱，不较之著《革命军》而尤为计毒谋深哉。说者谓近时书业中人惟知牟利而已，不复如前之稍通学问。书中利害，岂得而知？启文、时中等局之贸然售此《警世钟》，庸讵知其中专言革命、灭洋仇教？仆以为其说是已然，他家不必论。时中则曾奉学宪褒嘉者也。今春邑绅姚子让孝廉诸君，以时中书局所售之书类皆宗旨纯正、不涉时下矜奇吊诡之习，禀请江苏学政唐春卿大宗师，传谕嘉奖，乃曾几何时而以出售畔道离经之说，致被捕头所查拿。在时中执事者，或文义未通，不识《警世钟》之专讲革命、灭洋仇教，或一时失于检点，欲觅蝇头之利致招无妄之灾。然竟因此而负姚孝廉诸君及唐大宗师殷殷奖借之盛心，讵不大可惜耶？我乃深惧仇教灭洋之为害甚大，而惩之不可不严也。在愚民，虽恶洋人、嫉教士，然究慑于国法，未敢冒昧兴戎。及见书中侃侃而谈，遂以为读书明理之人犹且于教士洋人深恶痛嫉，我侪愚贱何忍默尔而息，不一雪此不共戴天之仇？于是仇教灭洋之心，自此萌仇教灭洋之祸，由是烈矣。岂非作书者阶之羁哉？犹忆数年前，湘中有周汉者，以道员在籍候选，专喜著书立说与教为仇。既由大吏奏请褫革功名，益复隐居放言，肆无忌惮，乃科以监禁终身之罪，至今尚沈滞狱中。夫周所仇者，仅教士教堂耳，犹未言及革命、灭洋，而其罪已不可赦。若北省义和拳之乱，仅以仇教灭洋相煽乱，犹伪托扶清为名号，然且祸延数省、致劳□□【该二字不可辨识】乘舆西狩秦中。今之著为是书者，曰革命、曰仇教、曰灭洋，兼此三者，而书之是不特背叛朝廷，且将祸教士、祸洋人，以嫁祸于国家，而阴行其革命之事矣。捕头之请查禁，谓非防微杜渐之深心哉。所惜各书社、书局因此而被株连，殊诚未免祸生意外耳。

结　语

世界进入二十世纪后，虽然之前的戊戌变法以失败告终，但毕竟带给中国巨大的冲击，新的思想生根，觉醒了的中国人所面对的，除了看不见摸不着的宗教，更重要的是看得见摸得着的铁路权、采矿权、海关权等等。于是，原来小范围的反洋、闹教事件，终于借着轰轰烈烈的义和团发展为全国范围的扶清、灭洋运动。国人不再需要之前所谓的拐骗幼孩、挖眼剖心等借口去焚毁教堂、戕害教士，"洋"字本身就是可被攻击的理由。无奈，伴随着八国

联军的枪炮而来的是更加屈辱的辛丑条约。随后，各种带着"西方"标记的
势力在中国进一步扩大，单纯以反教为手段或目的任何行动都变得更加不易。
所以，自 1900 年之后，因为前述"杀婴"等问题导致的教案几乎绝迹；偶尔
为之，但基本没酿成重大交涉事件。不料，27 年之后，在福州城竟又发生一
起由杀婴谣言而引起的教案。欲知详情，请看第四部分。

第四部分 民国早期（1927年）福州"仁慈堂杀婴案"

　　1927年的中国，已经在中华民国治下历经16年。虽然很多方面还没有进入正轨，甚至还没有形成稳定的民国政府，但与1900年时的中国相比，毕竟已经发生了翻天覆地的变革。现在回望1927年发生的若干事件，无论对当时还是对后来的国家和人民，都产生了重大影响。比如北伐战争（贯穿全年）、国民政府迁都（1月迁都武汉，8月迁都南京）、四一二事件（4月）、国共合作正式破裂（6月）、汪精卫正式宣布反共（7月）、南昌起义（8月）、秋收起义（9月）并开始建立农村革命根据地（10月）、蒋介石再次掌权并担任国民革命军总司令并与宋美龄结婚（11-12月）、国民政府与苏联断交（10月军事合作终止，12月正式断交）。

　　贯穿在上述国内各方矛盾斗争和力量消长之中的，则是中国与国际社会的互动—更准确地说，是已经借着战争和"不平等条约"在中国磨合几十年的西方列强对中国的影响。比如武汉政府甫一建立，就发生了汉口英租界风波（一·三事件）。汪精卫与日本的关系、蒋介石与美国的关系、共产党与苏联的关系，都影响着中国这块土地上形势的发展，决定着中国人的命运。中国与中国之外的世界，交织着种种的爱恨情仇。

　　福州作为第一次鸦片战争后最早开放的五个通商口岸之一，同样经历着这样的爱恨。已经与西方人打了85年交道的福州民众，与洋人之间仍然存在着严重的隔阂。更准确地说，是存在着强烈的排外感情。这排外的情势，对东方（日本），演变为抵制日货运动；对西方，则演变为反基督教（反基或排教）运动。本来就有中、外两方的阵线，再加上中国内部国民党、共产党、军阀等各方面的力量较量，使得当时的情势十分复杂。

　　与本书主题相关的是，跨入 1927 不久发生的福州"仁慈堂杀婴事件"。该事件具有前述第一部分所载录的多数教案的基本特点：有"万恶的杀婴者"即外国教士，有正义的中方群众，有愤而捣毁教堂的行动。唯一不同是，该事件中虽然没有一位外国人的生命受到威胁，但中方付出了十几位国人被处决的代价。而这次，执法者不是腐败无能的清政府，而是北伐军。

　　对同一历史事件，不同人站在不同的角度，看到的固然不全相同；甚至当人抱着不同的心态，同样的看见所给出的解读也不一样。特别是当有人为了某些目的而故意将虚假信息掺入其中时，更是扑朔迷离。但真相只有一个。为此，我们力求提供尽量多、尽量可信、尽量客观、尽量中立的资料，以帮助读者还原当年的福州仁慈堂杀婴事件的真相。

第一章 目前国内官方途径对仁慈堂案的介绍和定性

　　能够代表国内官方观点的，至少有三类机构：党团机构、政府机构、党团和政府主办的宣传阵地或刊物。调研初期，我们从网络上搜索"福州+仁慈堂"相关的资料，发现解放后六十多年来对 1927 年福州仁慈堂杀婴事件的官方观点基本是：该案是中国人民揭露帝国主义侵略者的马前卒（即教会）进行假慈善、真杀人的革命斗争。支持这定性的最基础文献，是 1951 年《福建日报》上登载的事件第一当事人陈亘之子的口述。后来又加上 1953 年在福州挖出"万童坑"的证据，使得这个案件就成了人、物证俱在的"铁案"。

一、党团或政府对福州仁慈堂案本身的描述

　　1. 标注"中共福州历史网"的"海西红色在线"，在其"史事纵横"栏目中，有"仁慈堂事件"一文，标注来源为"台江区委党史研究室"。全文摘抄如下：

　　台江茶亭街（旧称斗中街段）有一座西式尖顶钟楼建筑，那里曾经是帝国主义天主教分子开办的"仁慈堂"。自鸦片战争以后，帝国主义教会势力不断深入。清道光年间，西班牙籍天主教神甫在福州台江斗中街创立了这所"仁慈堂"。"仁慈堂"并不仁慈，对收来的大量弃婴并未加以认真抚养，而是扔在后堂的二排大统铺上，仅由一哑女每天两次向婴儿嘴巴上抹一点浆糊，任婴儿舔食，其它的事就不管了。育婴堂里老鼠横行，传染病流行，婴儿未舔尽的浆糊被老鼠啃食。老鼠甚至将婴儿的嘴巴鼻子也啃了。在这样的环境下，

能成活的婴儿寥寥无几，大批死亡的婴儿则雇了一个老头用麻袋挑到北门外马鞍山挖坑掩埋。解放后，曾在马鞍山发现"万人坑"，其中婴骸白骨森森，就是当年"仁慈堂"埋婴之所。

1927 年北伐军入榕后，中共福州地委领导下的福州学生联合会，在庆祝北伐胜利之际，集合福州各中小学校学生，举行反对帝国主义文化侵略大游行，福州人民的反帝情绪更加高涨。游行队伍在南门外发现一老头挑两个麻袋，麻袋里还露出婴孩的脚丫，就拦下检查，见全是婴儿的尸骸。经追查是茶亭"仁慈堂"挑出来的。学生们怒不可遏，冲进"仁慈堂"；愤怒的市民随之冲入，捣毁"仁慈堂"。学生向社会揭露了"仁慈堂"的血腥罪行，引起了全市人民的公愤。许多市民上街游行示威，要求驱逐帝国主义分子在福州的势力。事态轰动了全市，波及邻县。学生队伍向省政府请愿，高呼"打倒帝国主义！""严惩残杀中国婴孩的首恶分子！""砸烂仁慈堂！"……迫使北路军司令何应钦出面接见学生，并派员封闭了"仁慈堂"。

"仁慈堂"事件发生时，台江第一个共产党员朱铭庄，会同检察官和警察，前往"仁慈堂"搜查，并进行现场调查，收集真凭实据，揭露事实真相。接着，中共福州地委利用党所掌握的福建省农民运动委员会、国民党省党部宣传委员会等机关团体，通过集会、演讲、散发张贴标语传单等各种形式，开展了大规模的反帝宣传。事件真相很快为广大人民群众所知，一场反帝群众斗争在福州迅速兴起，影响波及省内外。

然而，掌握北伐军实权的国民党右派分子出于他们的阶级利益，不敢动帝国主义分子的一根毫毛。迫于人民的激情，何应钦虽查封了"仁慈堂"，但同时也通令全省不得冲击帝国主义分子的宗教经商机构，还下令将福州地区冲击外国机构的人抓了 7 个。在何应钦、方声涛、黄展云等的镇压和防范之下，福州的天主教"仁慈堂"事件不了了之。刚刚兴起的反帝风暴也被平熄了。【摘抄结束】

2. 同样在上述"海西红色在线"中有"人物春秋"栏目，其中有关于"福州革命的先驱——方尔灏烈士革命事迹"一文（标注作者为黄晞），其中提到仁慈堂事件相关部分文字为："1927 年初，经中央指示，由徐琛任地委书记，蔡珊任副书记，方尔灏任宣传部长，陈应中任组织部长，把福州地委扩大到长乐、福清、莆田、连江、罗源、古田、建瓯等县。这时，福州爆发了柴井医院的反帝罢工斗争和控诉仁慈堂"万童坑"事件的斗争。柴井医院的罢工取得了胜利，"万童坑"事件由于东路军总指挥部的妥协而中止。但地委在领导斗争中教育和提高了广大群众的觉悟。"

3. "中共福州历史网"在"> 区县 > 台江 > 史事纵横 > 正文"中有"仁慈堂事件，2014-12-31，来源：台江区委党史研究室"的网页，正文抄录如下：

台江茶亭街（旧称斗中街段）有一座西式尖顶钟楼建筑，那里曾经是帝国主义天主教分子开办的"仁慈堂"。自鸦片战争以后，帝国主义教会势力不断深入。清道光年间，西班牙籍天主教神甫在福州台江斗中街创立了这所"仁慈堂"。"仁慈堂"并不仁慈，对收来的大量弃婴并未加以认真抚养，而是扔在后堂的二排大统铺上，仅由一哑女每天两次向婴儿嘴巴上抹一点浆糊，任婴儿舔食，其它的事就不管了。育婴堂里老鼠横行，传染病流行，婴儿未舔尽的浆糊被老鼠啃食。老鼠甚至将婴儿的嘴巴鼻子也啃了。在这样的环境下，能成活的婴儿寥寥无几，大批死亡的婴儿则雇了一个老头用麻袋挑到北门外马鞍山挖坑掩埋。解放后，曾在马鞍山发现"万人坑"，其中婴骸白骨森森，就是当年"仁慈堂"埋婴之所。

1927年北伐军入榕后，中共福州地委领导下的福州学生联合会，在庆祝北伐胜利之际，集合福州各中小学校学生，举行反对帝国主义文化侵略大游行，福州人民的反帝情绪更加高涨。游行队伍在南门外发现一老头挑两个麻袋，麻袋里还露出婴孩的脚丫，就拦下检查，见全是婴儿的尸骸。经追查是茶亭"仁慈堂"挑出来的。学生们怒不可遏，冲进"仁慈堂"；愤怒的市民随之冲入，捣毁"仁慈堂"。学生向社会揭露了"仁慈堂"的血腥罪行，引起了全市人民的公愤。许多市民上街游行示威，要求驱逐帝国主义分子在福州的势力。事态轰动了全市，波及邻县。学生队伍向省政府请愿，高呼"打倒帝国主义！""严惩残杀中国婴孩的首恶分子！""砸烂仁慈堂！"……迫使北路军司令何应钦出面接见学生，并派员封闭了"仁慈堂"。

"仁慈堂"事件发生时，台江第一个共产党员朱铭庄会同检察官和警察，前往"仁慈堂"搜查，并进行现场调查，收集真凭实据，揭露事实真相。接着，中共福州地委利用党所掌握的福建省农民运动委员会、国民党省党部宣传委员会等机关团体，通过集会、演讲、散发张贴标语传单等各种形式，开展了大规模的反帝宣传。事件真相很快为广大人民群众所知，一场反帝群众斗争在福州迅速兴起，影响波及省内外。

　　然而，掌握北伐军实权的国民党右派分子出于他们的阶级利益，不敢动帝国主义分子的一根毫毛。迫于人民的激情，何应钦虽查封了"仁慈堂"，但同时也通令全省不得冲击帝国主义分子的宗教经商机构，还下令将福州地区冲击外国机构的人抓了7个。在何应钦、方声涛、黄展云等的镇压和防范之下，福州的天主教"仁慈堂"事件不了了之。刚刚兴起的反帝风暴也被平熄了。

　　4. 在"建党90周年海西红土地党建信息库"关于"福建党史大事记"栏中1927年的大事记内，简略提到该案："一月十四日，国民党福建省党部筹备处和福州学生会破获福州天主教仁慈堂虐杀婴孩事件。翌日，各界在省党部开联席会议，决定将惨案详情快邮代电全国。自十四日起，福州全城掀起打倒帝国主义，打倒基督教、天主教假慈善事业的大运动"。

　　5. "中国共青团网 >> 团史展览馆 >> 团史研究"栏目2007年4月14日刊登了吴国安、陈晓光署名的"第一次国共合作时期福建的青年运动"一文，文末标出实为"载自《第一次国共合作时期的共青团专题论文集》共青团中央青运史研究室1985年8月编印"。

　　该文写到福建人民"与帝国主义在福建的势力作坚决的斗争。自从一八四〇年帝国主义侵入中国以来，福建人民同全国人民一道从未停止过英勇地反帝斗争。北伐军入闽后，这种斗争便更加高涨了"，其中斗争的第三方面即"组织'非基'团体，掀起'非基'活动"，提到该案的内容摘抄如下：

　　"一九二七年一月十四日国民党福建省党部筹备处和福州学生联合会破获福州天主教仁慈堂虐杀婴孩事件。翌日，各界代表联席会议，决定将惨案详情快速代电全国。自十四起福州全城掀起了打倒帝国主义，打倒基督教、天主教假慈善事业，惩办惨案杀婴孩凶手及赔偿生命损失的大运动。全省人民坚持声援，厦门还组织了"厦门各界反抗福州天主教惨杀华童委员会"。

　　一月十五日，福州学生、军人和各界人士召开全市反基督教大会，愤怒的群众捣毁了天主教仁慈堂，冲击了其他教堂，反动牧师吓破了胆，纷纷畏罪潜逃。接着这场斗争在厦门得到了扩大。十八日逃离福州的反动牧师乘都格格司轮船公司海靖号开赴香港途中停靠厦门，哪料福州"非基"团体早已将此行踪告知厦门学生团体，"此行学生等接电后，预有准备。该轮到时即轰拥而起"，迫使当局不得不拘留船上一名涉嫌杀害孤儿的牧师。紧接着厦门民众在鼓浪屿也发现了两具被天主教牧师毒害的中国儿童尸体，群情更加激愤，进一步突击猛烈'非基'运动"。

6.《福州文史》2015年第一期"福州的雨花台"中，有涉及该案的如下内容："学生时代的朱铭庄在五四运动后接受进步思想。1925年1月在水部门兜私立职工小学任教，自发组织了'福建青年社'，迅速成为党团组织用以团结广大青年，开展反帝反封建斗争的重要据点。1927年，帝国主义分子利用所谓'仁慈堂'残杀中国儿童的'仁慈堂'事件爆发，朱铭庄现场调查，收集证据，揭露事实真相，一场反帝的群众斗争在福州迅速兴起。同年，国民党反动派在福州发动了屠杀共产党员的'四·三'反革命政变，朱铭庄不幸被捕。在狱中曾致家书'我为革命而死是光荣的，请你们照顾老母不要伤心'。4月27日，朱铭庄被押赴鸡角弄刑场。途中，他不断高呼'共产党万岁'等口号，军警以棉布强塞其口，不让其发声。临刑前棉布拔出，朱铭庄犹高呼至死，场面壮烈"。

二、官方文史出版物对福州仁慈堂事件的记述

2003年福建人民出版社发行了由福建省政协文史资料委员会编写的《文史资料选编》第五卷"基督教天主教编"，其中三篇是关于该案件的。同时，这些文章也出现在标注为"中国人民政治协商会议福建省委员会"的网站上"文史资料"栏目中"回顾与展望——纪念福建省政协成立50周年"版块内。

1. 忆福州南门斗中路仁慈堂（作者：邓碧玉，原载《文史资料选编》第五卷"基督教天主教编"第7-8页）

1920年在我18岁的时候，曾由邻里的天主教徒曼姑带我去"仁慈堂"玩，当时仁慈堂在福州南门斗中街。我的母亲是基督徒，曼姑和她的一家人都是天主教徒。我们两家来往比较亲密。曼姑比我大10岁左右，她跟我很要好，她的母亲多年虔心于天主教，经常往来于仁慈堂，并被雇为内勤工人。在1920年暑期的一天，曼姑带我去仁慈堂玩，好似当时是叫育婴堂。虽事隔40年，但印象还很深刻。按我的回忆，曼姑当时没有结婚，好似跟仁慈堂里的人很熟悉，但她究竟跟仁慈堂里的人有什么样的特殊关系，我是不了解的，只知她可以到处跑。

她认为仁慈堂做了很多好事，她说我国是重男轻女的，在农村和船上的人，一看到生出来的是女婴，就把她溺死，有了仁慈堂，很多女婴都被送来这里，因而认为这样是对婴儿的挽救。船上群众送来最多，因为船上群众多数都是信天主教的。

　　她先带我去看婴儿的寝室。那个房子很阴暗，有一个约 0.5 米宽、3 米长的板架。有 50 多个女婴横卧在板上。有的婴儿在大哭，有的笑声很微弱，有的根本没有哭泣。接着我又看到曼姑的母亲拿来一锅面粉米糊，塞在婴儿口里，躺在那里的婴儿，有的没有耳朵，有的没有手指，据说这是被老鼠咬掉的。门后还扔有好几个死婴。这一切实是惨不忍睹，我不禁眼泪盈眶而出。我想她们的母亲如果看到，一定也会难过哭泣的，甚至还会抢抱回去。

　　接着，曼姑又带我到一个大厅，那里的光线会亮些。我看到有 30 多个十一二岁的女孩子围着一张长桌，在搞绣花工作，另外在大厅的旁边还打了十几个床铺，上面坐着大约 8 到 10 岁左右的孩，她们也在绣花。这些女孩子面黄肌瘦，毫无生气：她们的膳食太差了，每人只有半碗饭，另配上一小撮糟菜。我还看到三四个 20 到 30 多岁的修女，她们都很忙碌地在指挥工作。她们身穿黑衣黑裙，脸上也罩着黑纱。那一天我没看到西班牙的修道士，但是过去我在街上有看见过她们走到天主教徒家里去搞弥撒。曼姑又带我到后面的厨房里去看。她告诉我这里是制药的地方。我看到一个男厨师，在那里搞什么，我也不甚了解。不过我看到在灶边有一个蓝色三脚架，约有十余层，每层都有一个筛子，每个筛子都装有婴儿的肉、肝、脑等等。当时我很天真地问曼姑这些东西是否煮给孩子吃的，她说不是，是做一种很贵重的药。我说这些外国人很不好，把我国的婴儿拿来做药，她说都是死婴。我又问为什么不在他们国内搞，她说外国人是不允许的。我回家以后，好几天晚上都睡不好，那些悲惨的情景一直萦绕在我的脑际。我家对面的刘鹏鸾、鹏鸿、鹏添三兄弟也是信仰天主教的，他们跟我家有人情往来。我问他们：你们生了女孩，是否也送到育婴堂？我告诉他们，不要把女婴送到那里去，那是一个惨不忍睹的地方。他们兄弟都说：我们的女婴绝对不送那里去。他们说那里的外国修道士不仅苛待女婴，而且还拿她们来制药。由此证明，拿女婴来制药可能是真的。

　　1927 年 1 月，福州群众在福建省党部筹备处妇女运动委员会的支持下，揭露外国在福州创办仁慈堂，虐杀中国儿童，制造惨无人道的"万童坑"的罪恶行径，爆发了一场声势浩大的反帝斗争。各界群众纷纷集会，强烈要求政府接收仁慈堂，惩办凶手，为死孩伸冤，要求惩办残杀婴孩的神甫、牧师。这一次反帝运动在省内外都产生了巨大的影响。

当时我在家里抚育孩子，没去文山附小工作。我亲眼看到群众的示威游行，我也跟从队伍到"仁慈堂"。群众既激动又愤怒，秩序混乱，又有警察来弹压乱抓人，不得已我也跟一些人退出。（1985 年 1 月）

2. 福州斗中路仁慈堂孩尸发现经过（作者：丁心如【原文如此，后有资料也写作"丁心若"】，原载《文史资料选编》第五卷"基督教天主教编"第 9-11 页）

大革命以前，福州南门外斗中路（今八一七中路）有一所"仁慈堂"，是西班牙、法国天主教神父们联合开设的育婴堂。他们以"仁慈"为招牌，在福州、连江、霞浦、宁德一带收留贫苦人家无力抚养的婴儿。被收留的婴儿惨遭虐杀，大批死亡。该堂这种罪行由来已久，但因当时教堂门户森严，外间无法获悉内中详情。1927 年 1 月，堂里将孩尸挑往郊外次数频仍，引起了外人怀疑，跟踪侦伺，终于获得确实罪证，群起告发，并激于义愤，曾群赴斗中路，捣毁仁慈堂，外国神父畏罪逃避。事后群众接办该堂。惟未久又为外国神父串通政府，将该堂索回。解放前的德撒医院，即这个仁慈堂的旧址。

仁慈堂孩尸案发生的经过是这样的：

1927 年 1 月，我母亲陈亘每天清早都到福州西门外掩埋我父亲的坟山上看修墓，无意中发现在墓地前常常有一个壮汉挑着一担麻袋走过，匆忙地向北面山上疾走，而当地农民碰到了这个人就急忙躲开。她好奇地向墓工探询究竟。在一个叫薛金金的墓工的叙述中，她发现了麻袋秘密。据墓工说，远在晚清，湖头乡的居民险些被"屠乡"，这就是因为有一个乡人发现每天早晨挑过这里的麻袋里面满满地装着婴儿的尸体！接着"外国神父害死婴儿"的惨闻传开了。当时天主教外国神父立刻就威胁清地方政府要严禁乡民不得胡乱传说，否则以"屠乡"对付。所以当地居民的上一代都告诫子孙们再也不要去撞碰这些麻袋。

我母亲闻毕愤怒难抑，她叫墓工务必找出证据，墓工也慨然答应帮她暗地里跟着挑尸人去看个究竟。过几天，终于在井楼门外山上丞相坑窥见了麻袋中所搬运出来的尽是用一块块布包裹着的婴儿尸体。那一天同样是十多具孩尸，证明了这一惨绝人寰的事实。

当时正是大革命时期，反帝反封建的革命思潮在福州人民的心中澎湃着，我母亲在群众面前揭发了这种骇人听闻的暴行，听者都为之发指。1 月 14 日那一天清晨，她邀集了许多人在西门外荷亭附近路上，拦截住了这个挑孩尸的工人，夺下了 11 具尸体，扭打起来。警署亦派员赶到，即在附近农林学校询问这挑孩尸的工人。他名叫江依四，是从斗中路绕着小巷，打从十八洋路田野间挑向西门，准备再绕山路走向井楼门外的。在群众的逼问下，他说出了他一家是专替"仁慈堂"外国传教士挑埋死婴的，每次八九具至十余具不等，每月十余次，如遇"寅"年则孩尸将加倍（当时群众迷信，认为寅年生女肖虎，生辰不利，故多遗弃）。他这工作是世传的，已经干了三代人，四五十年。江依四本身都已挑上十余年了。群众再追问下去，江依四说他虽然替传教士挑埋尸孩，但不许他进入集中婴儿的房间，他说不出婴儿是怎样被摧残的。

愤怒的群众，包括妇女学生、贫苦市民和被害者的家属，他们立刻到各衙门去控诉，都说现在是民国世界，不能让外国人再这样迫害我们。不料公安局、民政厅和其他政府机关都不受理这件事。群众再向法院控告，法院的检查官也推说没有办"华洋诉讼"，予以拒绝。当被拦截的 11 具孩尸排在法院空埋地上时，教会竟然还派一些人藉势涌到法院，要求领回，以图灭迹。群众怒不可抑，就一起冲到斗中路仁慈堂，要揭开那血腥屠场的秘密。刚到了门口，外国传教士们竟持枪抵挡，枪弹与玻璃从楼上向群众袭来，企图拦阻这正义行动。但群众的力量是不可抵挡的，在层层包围冲击下，外国神父们从后门逃走了。群众终于进入了那一座所谓"慈善救济"机关的仁慈堂。里而剩下的只是一个神经不大正常的女傻子和一个说不出话来的女哑巴，她俩是传教士专门用来"抚养"婴儿的女人。仁慈堂内有密室，有暗房（设在夹墙中，外而用可以移动的假墙盖着）。在这假墙的暗房里，又搜出了 14 具待埋的婴尸。当时由王兆培（现供职市红十字会）、陈自誓（现供职市立第一医院）及林鹤志 3 位医师到堂检验，见各尸多浮肿、柔软，全都破头烂额、高度腐败，有的阴门出血，头腹黑紫。这些婴儿总不能说是病死的，就是生病，死亡率也不可能这么大。究竟怎么样死的还是一个谜。到底几十年来这样死亡的婴儿有多少，仁慈堂内是无从考查的。

群众又在仁慈堂的三楼找到了残留的几十个孩子，大的有七八岁，小的只有一二岁。他们过着凄惨的生活。那些婴孩，严冬天气，身上只穿薄衫一件，一排一排地躺着，每排婴儿合盖一条短短薄薄的棉被，头脚均露在外面，冻得红紫。吃饭时，只煮了一钵浆糊，由女傻子拿根竹片往每个婴儿口中各抹一团糊，管他们吃也好，不吃也好，饿死、冻死的就交给哑巴往外一送。那些年纪较大的幸存的孩子，多体弱不堪，外国教士要他们逐日足不出户地念圣经，叫她们做"贞女"。所以她们什么也不懂，许多人都不知自己的姓名，甚至连"猪"、"羊"这些普通动物也不知为何物。

群众捣毁了仁慈堂，赶走了外国传教士，接收了该堂，并自动捐集款项，收留下这批虎口余生的孩子们，改名为"福州婴儿教养院"，我母亲也是当时负责人之一。当时乌石山师范学校的女学生们，也都轮流前来义务护理这批孩子。

1927年"四一二"反革命政变后，在反动当局的压力下，教养院被外国传教士接收。当局将全部产业交还给洋教士们开设的德撒医院。（1962年12月）

注：丁心如的这篇回忆录里提到当时到堂检验尸体的有三位医师，其中两位分别是王兆培和陈自誓（根据《福州市卫生志》第十六章"人物"之"第一节人物传"，陈自誓当为陈自警的误写）。但我们未能从现存资料中找到二位曾参加此次检验现场的证据。

3. 关于仁慈堂案一鳞半爪（作者：陈一黼，原载《文史资料选编》第五卷"基督教天主教编"第12-13页）

近代，西班牙籍某些神父，利用当时社会"重男轻女"的现象，在福州斗中街设立仁慈堂，名为收养女婴，表示救济，实际上有其不可告人的目的。人们只见许多小婴抱进去，却没有看见大女孩走出来，包括嫁给人家，或是由人收养。人们由此产生的疑团不小。

那天清早，挑女尸布袋被人发觉，人们议论纷纷。有的说，不应该将尸体留那么久，才挑去埋。有的说，生前被整批蒸死，拿去制药。所认定根据两点：就是管烧火的被弄成哑巴；另一点，死体足皆屈不伸。笔者看见这十几具骸骨全部排列在中协埕地方法院内空埕上。此时摄有相片，尽是凸胸，笔者原有一帧，可惜已因回禄烧了，可能地方上还有。当时检察院推辞没有法医人才，验不出死因，只好转送上海去。不过，以后没有继续进行追究，自然也没有侦察与起诉，神父们暂避它处，也没负法律上应负的责任了。

笔者跟随女友邱念斌到那堂里去看，该堂已得到各界整理，办事人员也进行了善后工作。百多名婴儿被重新定名。这些婴儿一个个不知自己姓名，更不知籍贯。在定名时，是采用康有为在大同书里主张的废姓。名字呢，为取得一律，都用国字作第一字，如国器、国光、国珍、国宝等。用这些字来拼凑，但还不够用。于是有人提议用国香、国色、国花等，但较通俗的应推国货、国家等。以后，有人收养，自然有了姓，也自然换了名。

这些婴儿显得较愚蠢呆板，以至大便毕还不晓得起来。王永祯、邱念斌等十几位热心人，把他们的上衣下裙全换上新的，并组织了笛鼓队。过几个月，有一次，举行废约宣传周，笛鼓队参加者已达 30 多人。这时，我看到不少队员，走在队伍里，高兴地前行。可是，有的虽然把笛子含在口腔里，两边脸颊是鼓大了，看似很出力在吹，实际并未吐气，也自然没有出声。当时，大家都道："小朋友们学乖了。"（1965 年 5 月）

三、国内档案或资料机构对福州仁慈堂案的描述

1. 陈惠芳文：福州天主教"仁慈堂"虐杀中国婴孩案真相

【编者按："福建档案信息网>闽档拾贝"栏目于 2007 年 3 月 15 日贴了一篇标注为"福建省档案馆陈惠芳"所撰写的"福州天主教'仁慈堂'虐杀中国婴孩案真相"，基本可以算是国内官方途径的代表和完整版。为方便后续讨论作为参考，现全文摘抄如下】

福州天主教"仁慈堂"虐杀中国婴孩案真相（福建省档案馆　陈惠芳）

清光绪年间，福州南门外斗中路（今八一七中路）有一所"仁慈堂"，是西班牙、法国天主教传教士联合开设的育婴堂。他们打着"仁慈"的招牌，在福州、连江、霞浦、宁德一带收留贫苦人家无力抚养的婴儿。被收留婴儿食不果腹，衣不遮体，因缺乏照料，经常发生大白天婴儿被老鼠咬掉耳朵、嘴唇和手指的事件。有的婴儿甚至被当作"科学试验品"。婴儿备受虐待而大批死亡。该堂这种罪行由来已久，但由于当时教堂门户森严，外界无法了解内情。

1927 年初，一位名叫陈亘的女子将天主教"仁慈堂"虐杀婴孩的真相揭开。当年，因丈夫刚刚去世，陈亘每天都要到西门外坟山上看修墓，无意间发现每天大清早都会有一个壮汉挑着一担麻袋从她家墓地走过，匆忙地向北面山上疾走，而当地的乡民远远看到就躲开了。她好奇地向墓工探询究竟。在墓工的叙述中她知道了那麻袋中的秘密。原来，远在满清，当地乡民险些

被"屠乡"，就因为有一个乡人发现每天早晨挑过这里的麻袋里面满满地装着婴儿的尸体！接着"外国神父害死婴儿"的惨闻传开了。当时的天主教外国传教士立刻威胁满清地方政府，要严禁乡民不得胡乱传说，否则以"屠乡"对付，所以当地乡民告诫子孙们再也不敢撞碰这种担子。

听完墓工的叙述，陈亘愤怒难抑，她叫墓工务必找出证据，墓工也愿意帮她暗地里跟着挑尸人去看个究竟。过了几天，终于在井楼门外山上窥见了麻袋中搬出来的尽是用一块块布包裹着的婴儿尸体。尸体共十多具，证实了育婴堂虐杀婴儿的惨绝人寰的事实。

当时正值大革命时期，反帝反封的革命思潮在福州人民的心中激荡。陈亘在众人面前揭发了这一骇人听闻的暴行，听者无不义愤填膺。1月14日清晨，她邀集了数十人在西门外荷花亭附近路上，拦截住了这个挑孩尸的人，夺下了11具婴儿的尸体。这挑尸人当时是从斗中路绕道小巷，从十八洋田野间挑向西门，准备再从山路走向西北郊五凤乡马鞍山的。在群众的逼问下，他终于说出了他一家三代都是专替"仁慈堂"外国传教士挑埋死婴的，他自己也干十来年了，每月十余次，每次八九具至十余具不等，如遇虎年则加倍。他虽然替传教士挑埋死婴，但从来都没有进过"仁慈堂"，婴儿是怎样被摧残致死的他也不知道。

愤怒的群众立刻到衙门去控诉，不料当时的地方政府有关部门都不受理这件事，法院的检察官也以没有办"华洋诉讼"而加以拒绝。当11具婴儿尸体排列在法院门前空地时，教会派人到法院要求领回。群众怒不可抑，就一起冲到"仁慈堂"要揭发那血腥暴行。刚到门口，外国传教士竟持枪抵挡，楼上的枪弹和玻璃就像雨点般地向群众袭来，企图阻止群众正义的行动。但群众的力量是不可抵挡的。闻讯赶来的学生、妇女、贫苦市民及被害者家属也加入进来。在他们层层包围冲击下，外国神父从后门怆惶逃走。群众终于冲进入了"仁慈堂"，里面只有一个神经失常的傻子和一个哑巴，他俩就是所谓"抚养"婴孩的人。"仁慈堂"内还设有暗房，从暗房里又搜出了14具婴儿尸体，有的破头烂额，有的头腹黑紫，有的缺手断臂，……其惨状真是令人不忍目睹。

图1

福州南门外富丽堂皇的天主教堂，内设有法国、西班牙传教士开办的"仁慈堂"，是虐杀中国婴孩的魔窟。

图2

1927年1月14日，民众告发南门外"仁慈堂"虐杀婴孩时发现的婴孩尸体摄影。

在另一座楼的三层楼上，群众发现了几十婴孩，小的一二岁、大的七八岁。天寒地冻，她们身上仅穿薄衫一件，一排一排躺着，每排孩子合盖一床短短薄薄的棉被，头脚都冻得红红地露在外面。吃饭时只煮一罐浆糊，女傻子用一根竹片往每个婴儿口中各抹上一团，管他有没有吃，饿死了就交给哑巴往门外送。那些年纪稍大的孩子，每日足不出户念经，当群众冲进的时候，问她们什么都不懂，甚至连猪、羊这样普通动物都不知为何物。

盛怒的群众捣毁了这所"仁慈堂"，事后由群众接收，自动捐集款项，收留下这批虎口余生的孩子们，改名为"福州贫儿教养院"，当年乌石山师范学校的女生们曾轮批义务护理这些孩子。

教养院在群众支持下办了两年，外国传教士又百般串通地方当局，1929年，国民党政府接收了这所教养院，不久又将全部产业交还给外国传教士，他们将"仁慈堂"改办成德撒医院。1951年，在镇反运动中福州群众在西北郊马鞍山挖出数以万计的婴孩骷髅，群众愤怒地称为"万童坑"，人民政府下令将那些虐杀中国婴孩的外国传教士统统驱逐出境。

根据丁心若（陈亘的儿子）的口述史料（原载《福建日报》1951年2月28日）及《福建文史资料》第一辑原稿中《"仁慈堂"虐杀婴儿案纪实》（林翰英）、《有关"仁慈堂"案纪实》（郭肇英）【应为《有关"仁慈堂"案的补充》（郭肇民）一编者注】整理。

资料及照片均为福建省档案馆馆藏。

【编者注：根据陈惠芳在文末的声明，她的文章主要根据三篇文献整理而来，即下面三篇文献。其中陈惠芳所言郭肇英的《有关"仁慈堂"案纪实》实应为《有关"仁慈堂"案的补充》】

2.《福建日报》1951年2月28日根据陈亘之子丁心若口述发表的控诉文章，全文如下：

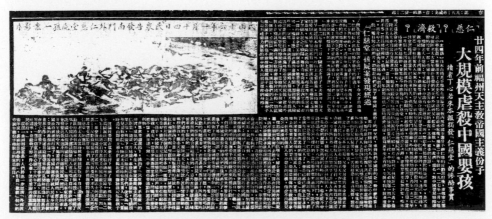

《福建日报》1951年2月28版面示意。

"仁慈"？ "救济"？

廿四年前福州天主教帝国主义分子 大规模虐杀中国婴孩——读者丁心若来本报揭发"仁慈堂"的残酷事实

【本报讯】自本市扬光中学学生检举天主教内部帝国主义分子薛仁勘的反动罪行后，市郊市立第三中学教员、本报读者丁心若先生，日前特亲自前来本报，揭露二十四年前（一九二七年一月）他母亲陈老太太当年亲自告发的天主教外国神父，假借"传教"、"救济"为名，对中国婴儿残酷虐杀的惨案一起。帝国主义分子，迫害中国人民的事实，又多一重要的见证。

据陈老太太声称：当年本市斗中路有"仁慈堂"一所（即现今之德撒医院院址所在地），是天主教帝国主义分子西班牙、法国等神父联合开设的育婴堂，以"仁慈"招牌，在福州、连江、霞浦、宁德一带收留贫苦人家无力抚养的婴儿。被收留的婴儿惨遭这些帝国主义分子的虐杀因而大批死亡，该堂这种罪行在当年已是由来已久，但因当时教堂门禁森严，外间无法获知详情；乃至一九二七年一月间，始因孩尸挑往郊外掩埋的次数频仍，引起怀疑，跟踪侦伺，终获确凿罪证，群起告发，当时群众愤怒难抑，曾群赴斗中路捣毁"仁慈堂"，外国神父畏罪逃避。事后群众并接办该堂，唯未几又为教会外国神父串通反动政府，将该堂索回，其旧址即今之德撒医院所在地。

陈老太太亦为当时告发者之一，她并收藏有当时发现的孩尸照片一帧，照片中排列之孩尸计二十五具，仅为当日先后搜获之尸身。当时据挑埋孩尸之江依四谈他操此业已历三代，平时每三天必挑运一担（十余具不等）前往郊野掩埋，倘遇"寅"年则将加倍（当时群众迷信，认为寅年生女肖虎，生辰不利，故多遗弃），照片中之孩尸额角及阴部均有创洞。

此一触目惊心的照片，将帮助我们更加了解帝国主义分子的神父们，来到我们中国干的是一些什么勾当！

"仁慈堂"孩尸案发现经过

这是陈老太太积压在心头二十四年，今天才自由地、愤怒地控诉出来的惨案发觉的经过：

二十四年前，这一批杀人刽子手——西班牙、法国籍的天主教神父，这批帝国主义分子在本市斗中路（现在的德撒医院），设立一所专门收容婴孩的"仁慈堂"。其实这就是专门虐杀中国婴儿的屠场。多少年来帝国主义分子罪恶的血腥暴行，终于在二十四年前本市民众的愤怒下，第一次揭露了这一丑恶的"仁慈堂"的面目。

　　一九二七年十二月，陈老太太为了丈夫新丧，每天清早就赶到本市西门外坟山上去看修墓，当时她无意间发现大清早常常都有一个壮汉挑着一担麻袋走过她家墓地，匆忙地向北面山上疾走，而当地的农民碰到了这个人就急忙躲开。她好奇地向墓工探询究竟，在一个叫薛金金墓工的叙述中，她发现了麻袋里的"秘密"。据墓工说：远在满清嘉庆年间，湖头乡的人险些被"屠乡"，这就是为了有一个乡人发现每天早晨挑过这里的麻袋担里面满满地装着婴儿的尸体！接着外国神父害死婴儿的惨闻传开了，当时的天主教会外国教士立刻就威胁满清地方政府要严令村民不得"胡乱"传闻，否则以"屠乡"对付，所以他们的上一代人都告诫子孙们再也不敢撞碰这种担子。帝国主义分子勾结封建势力镇压迫害中国人民就是这样的残酷。

　　那时一种做母亲的人不能容忍的怜悯之心在激动着她，她叫墓工务必找出证据，墓工也慨然愿意帮她暗地里跟着挑尸人去看个究竟，过几天，终于在井楼门外的山上窥见了麻袋中所搬出来的竟是用一块块布包裹着的婴儿的尸体，那一天同样是十多具尸体，证明了这一桩惨绝人寰的事实。

　　当时正是大革命时期，反帝反封建的革命思潮正在福州人民的心中澎湃着。陈老太太在群众面前揭发了帝国主义份子这种骇人听闻的暴行。听者都为之发指。一月十四日那一天清晨她招集了许多人在西湖公园荷亭附近路上，拦截住了这个挑孩尸的人，夺下了十一具死婴的尸体。这挑尸的名叫江依四，他是从斗中路绕道小巷，打从十八洋路田野间挑向西门，准备再从山路走向井楼门的。当时他在群众逼问下，说出了他一家是专替"仁慈堂"外国传教士挑埋死婴的，经常挑埋已经干了三代人了，他自称都已经挑上十多年了。据江依四当时的叙述是："仁慈堂"不但收留福州民众弃养的婴孩，还常派人到罗源、宁德、霞浦等地去收集贫苦人家的婴孩。他虽然替传教士做挑担事情，但是不许他进入集中婴儿的房间，他说不出婴儿是怎样被摧残的。

　　愤怒的群众包括学生、妇女、贫苦市民和被害者的家属，立刻到各衙门去控诉，都说"现在是民国世界"，该不能让外国人再这样迫害我们"，不料当时的公安局、民政厅许多政府机关都不受理这件事；群众向法院控告，而法院的检察官却也推说没有办"华洋诉讼"而拒绝。当十一具婴尸骨列在法院的时候，竟然教会还派一些走狗们，借势涌到法院要求领回。群众怒不可抑，就一起冲到"仁慈堂"要揭发那血腥的屠场的秘密；冲到了门口，外国教士竟敢持枪抵抗，楼上的枪弹和玻璃瓶就像雨点般的向群众袭击，企图阻拦群众正义的行动，这又是身穿道袍，满口"仁义""道德"的帝国主义分子所敢做出来的横暴行动。

但群众的力量是不可抵挡的，在群众层层包围冲击下，帝国主义分子的神父们从后门逃走了。群众终于进入了那一座所谓慈善救济机关的"仁慈堂"，里面剩下的只是一个神经失常的傻子和一个说不出话来的哑巴，她俩就是传教士专门用来"抚养"婴孩的女人。里面有密室，有暗房（一间夹墙，外面用可以移动的假墙盖着）。在这里面又搜出了十四具待埋的婴尸（按照片里共二十五具孩尸，即系路上拦截和这里搜出的两起合凑起来摄的）。另外在三层楼上，还留着几十个小的一二岁、大的七八岁的孩子，这批孩子们过的生活，据陈老太太回忆说：真是凄惨痛绝。那些婴孩，严冬天气身上只穿薄衫一件，一排一排躺着，每排孩子合盖一床短短薄薄的棉被，头脚都冻得红红地露在外面。吃饭时，只煮了一钵浆糊，女傻子拿根竹片往每个婴儿口中各抹一团糊，管他吃也好不吃也好，饿死了就交给哑巴往外一送。那些年纪较大的大孩子，外国教士逐日迫她足不出户念圣经，要叫她做"贞女"。当群众冲进这堂里时，问她们什么也都不懂，甚至连"猪""羊"这些普通动物都不知道为何物。

在群众普遍激怒下，提出了"只准押、不准搬"的口号，成批的工人、学生、被害者家属冲进去把他们这所"仁慈堂"捣成一片稀烂，事后并由群众接收，自动捐集款项，收留下这批虎口余生的孩子们，改名为"福州儿童教养院"，陈老太太当时也是负责人之一。当时乌石山师范学院女学生们并轮批前来义务护理这批孩子。

这个教养院在群众支持下刚办了两年，那批外国教士为要灭此口实，又百般串通地方当局终在一九二九年——在蒋介石投靠英美帝国主义主子发动"四一二"事变后到处屠杀共产党人和爱国志士的黑暗年代里——反动政府接收了这所教养院，不久之后又把全部产业交还给洋教士们，现在的德撒医院即是这个"仁慈堂"的旧址。

陈老太太在当时教养院被接收时，自己还遭受过反动政府持枪包围恫吓，陈老太太感慨地说："我错了吗？中国孩子应该叫人随便害死吗？为什么政府不保护中国人却保护外国强盗呢？"她为此事气愤不过，曾发誓此后永远不叫子女做国民党"衙门"里的事。廿四年后的今天，她看到在解放后的福州，蒋介石党国政府被彻底打垮了，帝国主义分子被人民逐步清除；爱国的高潮在每一角落里激荡，她自己的子女在教育界工作，也逐日给她带来新的见闻和认识。她终于在儿子的启发下，讲出了这段事实经过，正如她自己所说："这口怨气埋在心头二十四年了，现在临老能吐出来，也给我了却一件心头事，这要感谢共产党和人民政府。"

从这一血淋淋惨案里，人们将进一步认清"外面批着羊皮，里面却是残暴的狼"（引自"圣经"句）的帝国主义分子传教士的凶恶面目。

3. "仁慈堂"虐杀婴儿案记实，林翰英（中国人民政治协商会议福建省委员会文史资料编辑室编，《福建文史资料》第一辑，1962 年 11 月第一版，第 167-169 页）

福州南门外斗中街有"仁慈堂"一所，系清光褚年间西班牙籍天主教神甫所创立。对外宣称仁慈，凡贫苦人民无力喂养的婴孩或弃婴，该堂都加以收容。堂内有教堂、修道院、乳婴所、办事室、寝室等。一九二七年前后，常有西班牙修女（俗称师姑）三人出入其间，年皆四十上下，身穿青色大领衣，外出时，额复洁白抄布，值垂至腮下。"仁慈堂"内不雇教外之人，仅见几个女役从事内中勤务，都是被收容成长的女婴充任。该堂素不与邻里接触，其与地方政府公事往来，皆托由法国领事代办。

长期以来，斗中街居民常见有人从堂内边门挑出篓担，行踪鬼祟，均疑有异，但慑于帝国主义者势力，未敢过问。一九二七年春天，正值大革命浪潮震荡福州，群众反帝爱国热情高涨，一月十四日晨，群众又看到有人从堂内挑出篓担，待其行约数武，将近城边街口时向前阻止，揭开篓盖，发现内储裸体女婴尸体十二具，有的是初生数月的婴儿，尸呈熟黄色，阴户肛门均遗血迹，类似被炊致死，询之挑担人，自称江依四，专任掩埋"死仔"（殇子）已十余年，皆挑往西北郊五凤乡马鞍山上埋葬，又说，今年虎年（按一九二六年农历岁次丙寅属虎），当时为农历年底，弃女特多，死亡亦众，至于婴儿如何死亡，尸体何故发黄，则推不知。是时路上集有三四十人之众，遂带江依四回仁慈堂欲查究竟，引起沿途群众百余人跟随到堂。该堂神父来闽已久，本会听讲福州话，但故作不懂，益加令人怀疑，一时激动公愤，秩序混乱。茶亭警察分驻所急电戒严司令部和警察厅，派军队二排和保安队一队赶到弹压，截断交通，进内不分皂白，把前列的群众抓了几个，随即押往戒严司令部，余人尽驱出，并护送三个修女而去；挑担的江依四亦乘乱离开。

事件发生后，仁慈堂内真象大白于社会。该堂于后面搭有一座板阁，楼低矮，屋内黑暗，所收容的婴儿，就是卧在屋内凳子搭架的铺板上。吃饭时，一个傻女仆用竹片往每个婴孩的嘴上抹一些面糊，以度其命。生病更无治疗，甚至有的还没有死，就被抛到死尸堆里去。许多孩子屁股被大小便淹得红肿腐烂，嘴角和脸上，干了的面疙瘩和皮肉粘在一起，老鼠爬在孩子的脸上吃面糊，有的甚至连孩子的嘴和耳朵都咬掉，甚至有被老鼠咬掉中指的，惨状实不忍睹。

事件发生后，当日下午三时，警署通知闽侯地方检察厅派员前往履勘。该厅即派总务值日检察官郑元鼎、总务值日书记官林翰英，带同检验员陈子波和法警一人到达仁慈堂。是时，堂内没有一人，仅医师王兆培、林鹤性几人，站在前庭谈话，似系讨论应如何检验。在进行履勘时，又发现左边墙傍一堵石灰池小冷室，放些冰块，掩着孩尸二十具。有人提议，死因不明，需要解剖，但旧法检验不胜其任，时天色将晚，即将活着的乳婴十三个移送育婴堂，另将年约八九岁至十零岁的女孩四十个送孤儿院收养，当场就履勘笔录，连同孩尸三十二具带厅归案。履勘手续结束后，地方检察厅检察长金启华连夜购料瓶（即粗制玻璃瓶），用药水把全部孩尸分装瓶中，原拟派员送在上海法医学院解剖，据该院函复，每具收费二十元，因费用无从筹划，又因该院系法国人办的，恐有偏颇，只得将尸体保存档案股，至一九四一年四月闽海初度沦陷，遂散失殆尽。

本案在当时受伪法令限制，案经军法审理，司法机关即不再过问，亦未至埋尸坑履勘。当场被捕之人，只有六柱桥边理发店工人一人，当肇事时肩负木椅条一张，捕后被判死刑，押赴西门圭角衕执行枪决。这人才结婚两个月，里人深为呼冤不平。其余的人，押了一段时间后才被释放。

此事发生于何应钦率国民革命军进闽以后，在蒋介石背叛革命前夕，反动军阀官僚，辱国丧权，使堂堂中国儿女，任凭帝国主义者横加杀害，甚至杀害无辜之民以媚敌，留下滔天罪恶，故特记之。

【编者注：根据中国文史出版社 2013 年出版的《民国官场实录》中"旧法院见闻录"一章作者林翰英在文章起首时介绍，"我壮年参加辛亥福州光复之役。翌年（1912 年）春入私立尚宾法政学校学习，同时兼充闽侯地方检察厅录事。毕业后递补书记官，后由检厅并在审厅，又由审厅调回检厅；历办民、刑庭记录和民、刑执行处职务，并为公证处代办公证人，还暂代过监所长，从事旧司法行政达 38 年，直到 1949 年解放，因年老编遣。现将辛亥革命后至 1949 年止，本省法制变动情况以及在闽侯地方法院的亲历亲闻忆述于下，以供参考"。由此可以判定，上文作者即该文作者林翰英】

4. 有关"仁慈堂"案的补充，郭肇民（中国人民政治协商会议福建省委员会文史资料编辑室编，《福建文史资料》第一辑，1962 年 11 月第一版，第 169-170 页）

读了林翰英老先生的《"仁慈堂"虐杀婴儿案记实》，使我回忆起三十余年前此案发生时，我曾十分关注这事，并曾亲往"仁慈堂"察看，现就记忆所及，作三点补充。

一、一月十四日拦获和揭露江依四挑尸事，与当时社会上一妇女陈亘有关。陈亘，即陈藕航，居住水流湾雅道巷，当时一般社会青年称她陈二姐，当地居民称她丁大少奶。她原在私立女子法政学校肄业，在当时社会上妇女界也很活动【"活跃"】。那年，陈亘的丈夫丁谷孙已死，埋葬在西湖邻近的山上，因而时与墓主桃桃有联系。江依四挑尸事，即由墓主桃桃告诉陈亘，而由陈亘策动一些人拦截江依四，后又为群众扩大了的。因该事发生后，常有许多人来往于陈亘家中会商。而我当时与陈亘同住雅道巷丁家祖屋，所以知道较详。

二、"仁慈堂"案发后，将"仁慈堂"改组为"福州贫儿教养院"，有执行委员李文滨、王永祯、陈亘等人。年龄较大的女孩皆留堂教养。这些女孩因有生以来未接触外界，无知识，无文化，整天朦朦胧胧，不知有姓名，也不知有父母，更不知有国家。口里除念天主、师姑外，一切都缺乏认识。有的被师姑名为"名乐那"，有的叫"提多米那"、"旁沙"、"古利稀"、"以米那"，甚至有"土钉"、"洗摆"等怪称号。后经教养院逐渐感化，并一一另予名字。

三、"仁慈堂"事件发生后，南街（即今八一七北路）花巷"尚友堂"，亦曾一度被反基运动的进步青年所捣毁。当时代行政务委员会主席方声涛害怕风潮扩大，即于一月十八日通电漳（漳州）、码（石码）、泉（泉州）、安（安海）各地公安局和各县县长，略谓："……福州南门外斗中街天主教仁慈堂，因掩埋婴孩，发现有虐害嫌疑，彼时民众情激，挤入该堂，致物件有失落情事，旋经派队弹压，即复平静……诚恐传闻失实，发生误会，合行电达……对于辖境内外人生命财产及教会、教堂、各学校暨慈善机关，务须切实慎重保护，免生事端；如有不逞之徒，有意搞乱治安，应派队弹压解散，勿稍疏忽。……"等语。后南京国民党政府成立，西班牙天主教会通过反动蒋政权，令饬福建省政府将"仁慈堂"发还。原西班牙籍神甫等，仍卷土重来，在该院开设德撒医院作掩护，一直到福州解放。

【编者注：根据福建省文史研究馆网页中机构简介《福建馆志》"第五章人物传略"资料，郭肇民生于 1891 年，逝于 1977 年，名则杰，福州人。日本东京大学法科毕业，民国期间曾任集美学校、省立高工学校、私立福建学院、华南女子文理学院、暨南大学等院校教授，福建省救济署办事处专员。1953 年 2 月受聘为福建省文史研究馆馆员。除本篇关于"仁慈堂"的补充外，还在福建文史方面发表多篇文章】

5. 《人民日报》1951 年 3 月 25 日刊登的"读者来信"题目为"福州人民为惨遭虐杀的儿童控诉"，全文如下：

编辑同志：

福州市市民陈老太太最近揭发了福州天主教帝国主义分子所办的"仁慈堂"在二十四年前大规模虐杀中国婴孩的罪行。这一事件已经引起全市人民的愤怒。

一九二六年十二月，陈老太太无意中发现有一壮汉每天清早挑着一担麻袋走过她家墓地。据附近乡民传说：麻袋中装的都是婴儿的尸体。她就请一个墓工暗暗跟着这个壮汉去看个究竟。结果，墓工发现麻袋里装的果真是婴孩的尸体。

一九二七年一月十四日清晨，陈老太太就邀了许多人截住了这个挑孩尸的人，夺下了十一具尸体。据挑孩尸者说：他家三代一直是为"仁慈堂"外国传教士挑埋死婴的，他自己已经挑了十多年了。

愤怒的福州人民拿了十一具婴尸到当时的政府去控诉，但当时的政府却不受理这件事。群众怒不可抑，就冲进了"仁慈堂"，并在暗房里又找出了十四具婴尸。当时"仁慈堂"里还有几十个婴孩。在严寒的天气里他们还穿着单衣，吃饭时，院方煮一钵浆糊，用竹片在每个婴孩嘴上抹一口。

福州市人民自动捐募款项，把"仁慈堂"接收了，改名为"福州儿童教养院"。这个教养院由福州人民办了两年。一九二九年，帝国主义传教士就唆使蒋介石反动政府武装接收了教养院；不久，又把全部产业交还给帝国主义传教士。二十四年来福州人民一直把这口怨气埋在心头。今天，人民自己掌握了政权，福州人民才又揭发了帝国主义这种惨无人性的罪行。

6.《福建日报》1953 年 7 月 24 日关于万童坑的控诉

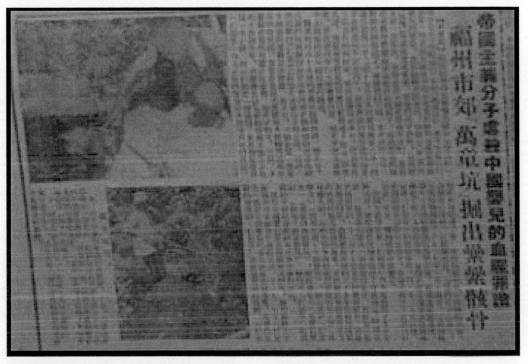

《福建日报》1953 年 7 月 24 版面示意。

帝国主义分子虐杀中国婴儿的血腥罪证，福州市郊"万童坑"掘出累累骸骨

【本报讯】福州市北郊五凤乡马鞍山（该山的一部分又名"奉教山"）上的"万童坑"，是天主教"仁慈堂"内帝国主义分子近百年来在福州市虐杀中国婴儿的屠场。在反动统治的年代，帝国主义者用"屠乡"来威胁当地群众，要他们保守秘密。但帝国主义一切罪恶，在解放后中国是隐藏不住的，最近在老农余麿麿和爱国教徒的揭发下，这个罪恶的秘密终于被发现了，仅仅拨开三个一丈多深的坑口，就已挖出一千二百十七立方尺的婴儿骸骨（另一个正在挖掘的不计在内），如果将这些骸骨装到容量三立方尺的棺材里，可以装满四百多口。因为年代久远，无数被害婴儿的尸体已经烂成了碎骨与骨灰。最近掘出来的大堆累累白骨，就是帝国主义成千上万地虐害中国儿童的铁证。

据丞相村八十九岁的老农民张开秋谈，他在七、八岁的时候就知道天主教西班牙籍和法籍神甫在福州所办的"仁慈堂"经常在奉教山上埋小孩。同村六十四岁的老农民余麿麿，从十五、六岁在这一带看山的时候起，也常看见每天清晨有人从福州挑来用麻袋盛着的死婴往坑里扔，每次少的五、六个，多的十余个不等。余麿麿自己也曾给帝国主义分子埋过一次小孩，到"仁慈堂"领过钱，并且亲眼看见"仁慈堂"的大木榁内盛着许多撒着石灰的孩尸。他清楚地记得：第一个挑孩尸的是江依姆的父亲，以后是江依姆，江依姆死后，由他的儿子江依三、江依四继续挑。一九二七年一月十四日，江依四挑着十一具孩尸绕道往马鞍山来，被群众追踪发现，激起了广大人民的公愤，曾因此发生过群众自发地接办"仁慈堂"的爱国事件，但一九二九年以后，在国民党反动政府支持下，帝国主义分子又把"仁慈堂"夺去，继续虐杀中国婴儿。

帝国主义分子在"仁慈堂"内究竟虐杀了多少中国儿童？虽然由于帝国主义分子有意识地毁灭罪证，一时还难计算出一个确定的数目；但根据已经挖掘出来的一千二百十七立方尺的婴儿碎骨，根据老农张开秋、余麿麿所记忆的六十多年的挑埋孩尸的时间和每天所埋的数量，可以断定这个数目是大得惊人的，比起全国各地如武昌花园山天主堂"育婴堂"（虐杀五万七千余婴儿）、浙江嘉兴"仁慈堂"（虐害四万余婴儿）、广州加拿大"圣婴育婴院"（虐害三万多婴儿），福州市"仁慈堂"所虐杀的中国儿童是只会更多、不会稍少的。

这些中国婴儿是怎样被害死的呢？据中国红十字会福州市分会章仁德院长谈，当一九二七年"仁慈堂"虐杀中国婴孩的事件被群众揭发后，他曾以法医的身份到"仁慈堂"检验过婴儿的尸体；"仁慈堂"被群众接办改名为"福州市贫儿教养院"时，他曾当过该院的院长。他亲眼看见五十多具婴孩的尸体，有的耳朵和眼睛没有了，有的手指断掉了，有的在两颊上露着破伤的窟窿。活着的孩子们，也几乎只剩了一口气，被一排排地丢在接近楼顶的一层藏东西的屋里，不通风，没光线，里面阴森森地，透出一股恶臭。吃饭的时候，一个傻女仆用竹片往每个婴孩的嘴上抹上一些面糊。这些孩子平时少人照顾，病了也没有医生治疗，甚至有的还没有死就被抛到死尸堆里去了。许多孩子屁股被大小便淹得红肿腐烂，嘴上和脸上干了的面疙瘩和皮肉结在一起，老鼠爬在孩子们的脸上吃面糊，有时连孩子们的嘴巴、耳朵都咬掉了。章仁德院长就曾亲自看到一个小孩被老鼠咬掉了嘴唇，一个被老鼠咬掉了中指。就是这样，不知道有多少天真可爱的儿童被帝国主义分子活活地折磨死了，被一麻袋一麻袋地抛在马鞍山上的"万童坑"里，变成了今天所掘出来的累累白骨！而帝国主义分子反美其名曰："灵魂得救。"

帝国主义分子除了虐杀中国儿童的肉体以外，还惨无人道的把侥幸长大的孩子当做奴隶使唤，并恶毒地绞杀他们的思想。当年从"仁慈堂"逃出来的"堂妹"鸿杰嫂说："帝国主义分子把我们当做地狱底层的人，他们吃得胖胖的，屎事不做，我们瘦得皮包骨，从早到黑整天做苦工，做不好就被他们拖在地下毒打。帝国主义分子说：'中国孩子不准读书，读了书就会骄傲，就会写'帝国主义狗仔'。"因此他们什么也不让我们知道，有一天我到他们的房子里偷看一眼，就被罚跪了很久，提起这些没天良的东西，我真是恨透了！"被幽禁在"仁慈堂"里的孩子们，一天到晚念经、做苦役，他们受帝国主义分子的麻醉欺骗，使与祖国隔绝，与人世隔绝。一九二七年群众冲进"仁慈堂"的时候，看到孩子们什么也不懂，他们不但不知道有祖国、有父母，而且连祖国的语言也讲不清楚。群众接办"仁慈堂"后，有一次章仁德院长带着几个大孩子到街上去玩，有一个孩子见了山羊都指着说是狗。一方面是肉体上的折磨与消灭，一方面是思想上的毒害与绞杀，这就是天主教内帝国主义分子对中国天真无辜的儿童们所行的所谓"慈善"。

帝国主义分子欺骗孩子们，说孩子们的父母"心狠"，说中国人穷得养不起自己的孩子。但是近百年来中国人民的贫穷灾难正是这些帝国主义分子造成的，他们给中国人民造成贫穷和灾难，又把中国孩子们从母亲的怀抱中骗去和夺去。一般的欺骗还不算，他们还雇了一些人，专门为他们到各家去搜罗小孩，现在省府新闻出版处工作的王元伦的母亲就是许多受骗的母亲当中的一个。福州市第二次被日寇占领的那年，王元伦家里遭受日寇灾难，穷得揭不开锅，北大路的一个妇女告诉她："北门外有一个农民要抱一个小孩去养。"王元伦的母亲看看家里的情形，忍着心疼说："让孩子去逃活去吧，跟人家总比在家饿死强。"当时王元伦才八岁，一面哭一面追着抱孩子的女人说："不要把妹妹抱去呀，不要把妹妹抱去呀！"可是一转眼的工夫，这个女人就不见了。王元伦的小妹妹从此就没了音信，后来他还经常看见这个女人抱着小孩到"仁慈堂"去，才知道她是"仁慈堂"差出来的骗子。王元伦和他母亲这时才明白：拿枪的日本帝国主义和披着宗教外衣的这些帝国主义分子，他们对中国人都是狠毒的，他们原来是一伙。

　　帝国主义分子就是这样有意识地一大批一大批虐杀中国的婴孩，他们为了掩盖这种不可告人的罪恶和秘密，曾经把收容小孩子的地方划为禁区，把孩子们藏在不见天日的假墙后面，而且都是用不会泄漏秘密的哑巴和亲信来看管小孩。马鞍山上的婴孩尸骨已经烂成了灰烬，千万孩子的母亲已经永久失去了自己的亲骨肉。但是在今天掘出来的累累白骨面前，帝国主义骗子兼刽子手的面目完全被揭穿了，中国的父母亲们和中国人民将永久记住这笔血债！

【编者注：从前述各种文字中可以知道，1951 年初到《福建日报》口述控诉仁慈堂的"市郊市立第三中学教员"丁心若，与 1962 年底写下"福州斗中路仁慈堂孩尸发现经过"的丁心如，实为同一个人。现福州第三中学的官网于 2015 年 12 月 17 日曾发布一条"沉痛悼念丁心如老师"的新闻稿，其中写道："丁心如，男，1926 年 3 月出生于福州市，1948 年 2 月国立暨南大学本科毕业，1950 年 2 月入伍工作。1950.2-1952.9 福州市立第三中学（现福州第七中学）任英语教师兼生活指导委员会主任。1952.10——光荣退休。福州第三中学任教，中学高级教师。曾担任学校广播电台台长、校教育工会主席"。据此可知，1927 年 1 月中旬时，丁心如 10 个月大。我们不知道陈亘是否会写字，当时是否就此事留下些更可靠的文字凭据。但无论如何，到了 1951 年初，时年 25 岁的丁心若来到《福建日报》，口述了他从他妈妈听来的关于仁慈堂事件的经过（包括细节）。想必 1927 年的陈亘即便年轻，但作为一个新丧丈夫又在哺乳期的妇女，也不可能全程参与到丁心如描述的各个场景（从西门、到各个衙门、再到南门外仁慈堂等，另有其他文献说是从 14 日早一直到夜里才暂告一段落），因此他口述的所谓从陈亘听来的内容，则必定包含着陈亘从别人听来的说法（比如上述郭肇民文章所言大家在"陈亘家中会商"时交流的信息），或者丁心如自己从其他人听来的说法】

第二章　当时代新闻媒体对
仁慈堂案的报道

　　如前所述，国内目前主流途径对福州仁慈堂案的论述所引用的素材主要是解放后的几篇明显带有时代色彩的文章，且彼此间多有不一致。本着求真的态度，我们从事件发生后当时的新闻资讯中找到关于该事件的报道，分别是上海的《申报》、北京的《顺天时报》以及国外一些报纸的报道。那个时代的新闻报纸，虽然也可能受当时时局、政党、国家观念的影响，但其可靠性显然远比几十年后当事人陈亘的儿子的转述更加可靠。针对每种报纸，逐日浏览从 1927 年 1 月 14 日开始起一个月内的所有版面，对与该案密切相关的报道，悉数拷贝或抄录如下。之后利用各平台提供的搜索引擎，利用"福州+（仁慈堂/教会/仇教）"等进行搜索，以便大致看对事件的追踪报道。

一、《申报》对福州仁慈堂事件的报道

　　如本书第一部分所述，一般公认《申报》是中国现代报纸开端的标志，于 1872 年由英商合资创办，由中国人主执笔政。业界公认，《申报》十分重视新闻的真实性，包括国际、国内新闻；其次《申报》注重反映社会实际生活，曾连续三年报道"杨乃武冤案"，最后披露了冤案的真相。

1927 年 1 月 16 日

本馆专电

　　福州十四午前有人挑女孩遗体十具，赴西湖近山掩埋，被修墓者发觉，当即留拘公安局。（十五日上午十钟）

福州学生之反教行动

路透社十五日福州电　昨晚福建学生联合会之学生一群，攻击近城之西班牙教会孤儿院、牧师住宅及教堂，将道姑逐出，并掳去孤儿院之华女童数人，继又劫毁财物。道姑出院后避居南台外人住区，今日已偕牧师离此，仅余教长一人未去。福州现共有国民军四万名，毫不遏制此种暴行。

1927 年 1 月 17 日

路透社十六日福州电　当局虽向领事团声明拟派兵保护南台外人，但并未践约。昨夜有人抢劫西班牙教长住宅。今日青年会及二教堂并数教士寓所亦均被劫，某外人途遭群众拦劫，群众多属兵士。惟迄今尚无受伤者。

福州仁慈堂女孩尸计二十五具，地检厅请中外医士十五日午后会同检验。

1927 年 1 月 18 日

福州慈仁堂神父师姑均逃，挑尸江依四并未供尸系炊毙。十五日中籍西医到地厅无表示，拟由西医会电沪请外医负责临验。十六日午前南街基督教尚友堂被一部分人拥入多时，军警到始退。何布告无故扰乱治安者，拿获枪决。但城区青年会已波及（十七日上午十钟）

路透社十七日福州电　英美教会及住宅之被抢毁，昨仅以本城为限，并无死伤，但财产颇多损失。形势现宁靖，外人所居之南台一切皆安。

路透社十七日北京电　福州外人消息：该处骚乱微似拳乱时之情形，外人杀害华童之旧说复兴。西班牙女修道院即因此被攻且波及其他人产业。

1927 年 1 月 19 日

何应钦严禁歧视外人　如横行暴动当治罪

福州十六日午后，外人之教堂、学校、医院等被侵扰者计十三处。何应钦布告，有闻无知之徒歧视外人，甚或结队成群横行暴动，殊失敦睦友邦之道。除查缉外，犯者以扰乱治安论罪等语。在台四五两警署地段，幸免至暴动者。省传非第一军、非民军、非学生。（十七日下午七钟）

福州昨一日中，仁慈堂堂外乳母向公安局缴还女孩新尸计八具。（十七日）

1927 年 1 月 20 日

法提闽案抗议

北京法使对福州案提抗议，谓教堂被烧，孤儿有烧死者。保留将来损害赔偿，并对学生军人参加有指摘。外部答查明再议。（十九日下午八钟）

厦门　厦各界为福州案十九日派员。查市内天主堂教士先避鼓屿，获华童十二，由警署收容，现调查中。（十九日下午十一钟）

福州外人恐慌未减　妇孺仍多离闽大局安静

路透社十九日福州电　军警及海军当局已允保护外人生命、财产，惟外人妇孺因华军无纪律且谣言纷起，故多离此。美女教士及孩童五十九人今日启程赴马尼剌，目下大局安静。

1927 年 1 月 21 日

福州严治骚扰犯　两条新闻

福州十九日午，总部又布告枪决劫掠医院财物孙尚忠、张怀徽两名，系由军警稽查处捕获。（十九日下午七钟）

福州十九日何布告：十八晚有匪徒复在南台治大旅社聚议骚扰，当派密探前往侦捕。该匪开枪拒捕，当场毙匪首王华甫，从张学宾重伤，戴节山拿获。查王尸尚陈该旅社前。（十九日下午七钟）

路透社二十日福州电　外人妇孺共一百二十人，因事态紧急，前途晦暗，故相率离福州。此间形势尚安，当□刻发出安民告示。

路透社二十日北京电　厦门亦发生同于福州之排外运动西班牙教士十人、道姑十二人及华孤儿十一人，因不能托足福州，乘其英船赴香港。学生电致厦门谓天主教士杀死小孩，故该船抵厦门时即有群众登船图阻，启椗后留教士一人为质始得开离厦门。外国租界对面岸滨，现置新生婴儿之尸两具盛于竹篮，衣服微近西式。群众图攻西班牙教会。教士等均登某美船逃已。风潮现犹未已，华字报皆载有煽动之文字。

1927 年 1 月 22 日

西班牙决派巡舰来沪

为福州教案

路透社二十日西班牙京城电　西班牙公报载有决议派巡舰赴沪之消息，

谓政府已慎重考虑中国之形势及西班牙人在华之地位。此间已接到官场报告，证实福州西班牙人教堂与孤儿院被抢，孤儿廿余人被害及西班牙人主教私宅被劫之消息。政府已请有关系国代表详察事态之趋向并报告，便于政府对付之各种消息。政府又谕北京驻使速派使署秘书赴沪，以便与该处西班牙人民直接接洽也。

1927 年 1 月 23 日

福州枪决盗犯

抢教堂者七人

福州报载假冒十九军参谋长熊治平昨日枪决。二十一日晨总部又枪决十四晚南门大教堂抢犯彭坤等七人。

十九晚西门半街蔡训利米店被劫凶逃（二十一日）

1927 年 1 月 24 日

英对汉案决取协商途径

北京美人得汉电，谓南政府并非笼统排外。即福州事件系某军残部参加焚毁教堂，并非党军或民军故。英美看得甚清，而似有憾于某国挑拨。（二十三日下午一钟）

闽党军筹款开拨

福州二十一日总部又枪毙戴节由等四人（二十三日下午十一钟）

湘闽粤之外侨近状

路透社二十三日北京电　闽省内地美教士群趋海滨，豫料两星期中外人均将离境。

路透社二十二日福州电　福州美国妇孺现由美领事劝之离境，海关洋员之眷属已移至罗星塔，英国妇孺离境者则仅数人。

1927 年 1 月 25 日

闽当局竭力保护外侨

英人信任中国官场能负责任

沙市中国军官参观英国军舰

路透社二十二日福州电　兵士前曾加入抢劫西班牙孤儿院，复有仇基督教举动，致外人对于国民党稍失信任。惟英人官场意见以为自一月十六日以来，当地未有事变，可证明外人须全体离闽之谰言。近日中国军民当道颇表示保护外人之意。外人居处有警保卫，桥头亦驻有中国炮艇。劫财造谣者已杀十余人，告示业已颁布劝人民安居无扰。中国官场又电致内地，嘱保护外人生命财产，并向英领事声明力能阻遏乱事。英官场在此情形下，以为负责任之英人应与中国官场合作并示镇静，以表明信任中国官场之意。国民党当局既欲英人在其保辖境内经商传教，则英人应继续留此，希望汉口谈判得以解决。此地位俾英政府得实施其温和好意之意旨。当地情形与汉口九江迥乎不同，因此间华人舆论大都稳健也。

　　路透社二十四日马尼剌电　厦门西班牙籍天主教士四人及其他四西班牙人又一菲列滨女孩，今晨乘康苏洛号轮船抵此。教士皆剃须改装而逃，由日人护送出险。

　　路透社二十四日上海消息　沙市消息。华兵司令三人偕外交员及军官六人，于一月二十一日以友谊的仪式参观英舰考克查佛号。据汉口消息，二月七日将举行纪念一九二五年在汉口被戮诸人之示威大会。

教育消息专电

　　（福州）蔡元培、马叙伦昨到。二十三日假女职学校演说。（二十四日上午九钟）

1927 年 1 月 26 日

　　（北京）福州教案西班牙公使亦有抗议，要求保留赔偿。因拘留之神父为西人，孤儿院亦系西国教堂，外部已发电致福州交涉员查覆。（二十五日下午八钟）

　　东方社二十四日福州电　反基督教运动勃发，外人牧师等惧风潮日益险恶，多纷纷逃避。然此次运动系无组织的，外人牧师之中尚无受生命上危险者。

1927 年 1 月 27 日

　　东方社二十六日北京电　法国及西班牙两国公使对于福州反基督教暴动，向外交部抗议并述须保留事件一切之责任与赔偿损失之权利。

粤闽湘鄂之外侨近状

路透社二十六日北京电　据福州消息，何应钦已捕获排外暴动者二百人，内有十人业经处决。福州区内美人妇孺五分之四已离境，余亦将陆续他往。

1927.1.29-2.4 休刊

1927 年 2 月 5 日

东方社二十九日福州电　数日以来，离福州而去之避难民约有二万左右，但目下此间情形平安。

1927 年 2 月 6 日

江阴

美教士电令离澄。驻澄美国基督教长老会牧师李德理、福音医院院长华尔德、励实学校校长沈文蔚等，来澄传教已三十余年，与地方感情极洽。上月曾接领事急电，因时局不靖，汉口、福州发生外交，恐牵动内地，速即离境，集中上海。李牧师等遂于三十一日率同地澄全体美人男妇老幼，总计三十二人赴沪。所有中外教务，归华牧师胡茂柏等主持。房屋财产，由县保护。当离境时，邑绅吴新芳等均至轮埠恭送。

1927 年 2 月 7 日

闽垣军政消息

（福州）政务委员会因基督教徒呈称十七军劫掠教堂学校医院，昨布告保护。

1927 年 3 月 27 日

福州反教运动

路透社二十六日福州电　此间共产党学生开始作反基督教运动。昨日开会时，演说者劝暴众打倒基督教。学生拘缚华教士一人，戴以纸帽游行各街道，且经过英美教会。学生并揭标语，诋毁宗教及教堂，又扬言欲将华教徒若干置之死地。领事官虽向中国当局抗议，但对于大局颇为忧虑，觉中国之保护殊不足恃。

1927 年 3 月 30 日

福州仁慈堂案，法领于数日前提出交涉，各社甚愤激。（二十八日下午七钟）

1927 年 5 月 1 日

福州何应钦来电取消代总指挥部

福州二十七晚枪决七人，除林梧凤外，朱铭庄、谷亦园、郑长璋、方为灏、郑尚衡、李杜蘅。（三十日下午五钟）

1928 年 3 月 24 日

福州仁慈堂案，法领又提交涉。交署会同公安局函地法院查复。（二十三日下午四钟）

1928 年 3 月 30 日

福州昨民厅令公安局派警保护仁慈堂。福州军厅又有将改绥靖处说（二十九日）

1928 年 4 月 2 日

（福州）各界为仁慈堂案三十一日假市党部开会商对付办法（一日下午四钟）

1929 年 6 月 8 日

（福州）仁慈堂房屋、交署已交还法领，并将字据呈报省府。（七日专电）

二、《顺天时报》对福州仁慈堂事件的报道

《顺天时报》是由日商投资，于 1905 年开始在北京地区创刊发行的报纸。虽然学界指出其对亲日军阀提供舆论支持（甚至还曾因此遭到何应钦的禁报令），但在仁慈堂这件与日方和军阀毫无关系的事件上，大致可以相信其中立性。

1927 年 1 月 16 日

粤闽排外风云：沙面今日开会，福州西侨受害

……福州十五日路透，昨晚有一批学生暴动团，成为福建学生联合会。突而袭击在福州城外之西班牙人

所经营孤儿院及教堂，而驱逐西人看护妇，夺回孤儿子女。虽已被抄没，外人已平稳避难于南台云。该被害西人等，除神父外，均离开福州，当时党军约有四万驻屯福州城，仅旁观之，不为任何弹压云。

1月18日

福州教堂被掠夺一日

福州十六日路透电：虽党政府对于领事团满口应承，对于南台之居留地，并未予以充分保护。昨晚有西班牙神父在租界之住宅惨被掠夺，本日青年会教会两所并有其他教会住宅被抢。闻有英侨一名亦被劫，大部分以军人组成之暴民所抢。迄今日未闻有死伤者，反基督教暴民团，称明日抢劫租界教会想胁迫云。

福州十七日路透电：此次被抢劫之英美教堂及住宅仅限于昨日一天并城内，虽未伤及外人，家产多被抄没云。市面表面上仍平静。外人住宅地域亦平稳。又据外人方面云，本月十五日午后四时至十时，福州城内天主教孤儿院，曾将腐烂之儿童尸体二十具，运至他处。华人见之大惊，当即发生重大事项。华人并将该院财产捣毁多件，且从事抢劫，院内西班牙男女传教士，不得已逃亡香港，只有主教一名，尚留福州城内。发生暴动时，军警均无法制止云。

1月20日

福州仇教运动剧烈

教堂被袭击，何应钦弹压

福州十八日东方电：十五日午前，市中有过街宣传，午后开反基督教大会。学生军人等多数参加，旋进

击城内英人所办教会。行路英人被威胁者不少。夕刻，何应钦军开到始告平静。十七日夜，马尾之天主教孤儿医院，有受侵袭之事件。

福州十九日路透电：粤军政府现已承诺保护外人之生命财产之责，但因该军军规不严，并因外间谣言繁多之故，外侨妇女及小儿，均离闽埠而避难，美侨妇女、子计八十九名，刻已向马尼拉启程云。

1月21日

福州仇教，蔓延于厦门——何应钦镇压，已枪决数名

福州==福州十九日东方电云：关于此间仇教风潮，何应钦逮捕暴行者百名，枪决数名。何之高压政策，博得一部之赞扬，而以为不足恃者颇多。美国领事命美国妇孺退去，美领事家族及美国多数，乘开往香港之轮船前赴马尼拉。

福州十九日路透电：兹因近期所发生之紧张，不料将来何如，妇孺一百二十人，已退出福州，日下情形，尚称安静，并发保护弹压之布告云。

厦门==厦门十九日东方电：福州反教运动骚乱并排外运动已蔓延于当党埠，自福州乘有牧者十名、尼十二名、孤儿十一名之都格拉斯轮船海靖号，开赴香港途中，十八日午前九时开入本地。先是福州反耶教联盟本部来电称，谓船中牧师等人有杀害孤儿之嫌疑，故请官方逮捕。后闻学生等接电后，预有准备。该轮到时，即筑梯而前，与船员间发生纠纷。虽强欲将牧师等拘留，交涉员海军方面，均前赴弹压。结局为查明事情之故，牧师一名留厦，轮船午后四时三十分开赴汕头。厦门之态度，有将扩大之形势。

法使抗议—向北京外交部

中美社云，福州方面进来发生激烈反教运动，法教会曾遭群众之袭击，驻京法使署接查多项报告后，当即照会外交部，提出严重抗议，请求设法制止，履行条约义务，兹闻法教士现也已离去福州，但对于教会财产，法领拟派员保管，尚未得当地官吏之许可。法使署参赞韩桥卫因此曾于日前与外部党局通电，请其即行权力，使福建当局保护法国之教产云云。

1 月 22 日

各地排外风云—外侨到处避难，汕头捕意教士

福州—马尼拉廿一日路透电，由福州开来之美驱逐舰果勒斯柏号，已于本日下午抵此，运来避难教士六十七人，内中多妇孺云。

又福州方面电讯云：福州城内之美侨，现仍纷纷迁移。本月十九日，美国男子三名、妇女三十二名、儿童二十八名，搭乘美国波尔斯伯尔号驱逐舰，逃至他处。此为逃走美侨之第二批，第一批已于十七、十八两日离开福州，前往上海、香港。人数与此次同。闻此间仍发生重大变化，美国主张所有美侨，均需离去闽省，两周内当可悉数走去，大多数美国妇孺，准备一星期内迁移云。

汕头——粤省方面，亦发生反教运动。闽汕尾之学生，近曾侵入当地意国教堂，捕去教士二人，驻汕头意领事鉴于此节，已向当地官宪提出抗议，并有电报到京，报告义使。闻意使已于日前照会外交部，请求注意设法制止该处之反教运动云。

1月23日

粤闽赣湘鄂——群众之排外化，更因排外而又仇教

广州-二十日东方电云：各界关于汉、福案之风云，陆续发表。每日各报篇幅打扮，皆为是等电报所占，英经济绝交委员会，已将英国在华之总数调查清楚；英货不日将移经济绝交委员会处理，已着公卖地点择定。

厦门-厦门十九日电，本地民众因在鼓浪屿发现中国小孩死体两具，认为系被天主教牧师所害，突起猛烈排教运动。思明地方检厅长，本拟运出残尸体至租界外检验，但为租界工部局所拒绝，且决定由华洋医生各一名，及会审公厅委员，民众以外人举动不当，大起反对。由是各国中除日领外，均纷电本国政府，称"厦埠有排外风潮，乞增派军舰前来，以备万一"。

……

长沙-长沙电讯：此间反基督教运动，极为热烈，耶鲁大学及其他教会学校皆闭锁，教师之撤退归国者颇多。

汉口十九日军通电，长沙群众之对英暴动，今犹未熄。十六晚，有数万群众，开对英示威运动，亚细亚燃油公司，遭受数日连累之祸，且因在地英义侨民一律逃去，有屯油车于十六晚被焚之报，加之反耶运动同时并起，故形势愈烈。

　　長沙廿二日中美電，"月十六日，忽有土匪一股，向湘潭英人經營之亞細亞煤油公司加以攻擊，且用火焚燒，致將儲油池一座焚燒云。"

　　長沙十七日東方電云：英艦島德可克號，在湘潭下流保護避難英人搭乘輪船，十六日趕至長沙。該艦在該地保護避難英人，由武裝水兵登岸，曾由中國方面提出抗議，中國民眾以該艦來長，異常激昂，要求其離去。

　　當日社論：

社論：排英風潮與耶穌教

　　近著之倫敦泰晤士報，關於中國排英運動之原因，論列甚多。甲論乙駁，饒有興味。觀其討論之人物，皆當代知名之宗教學家、政治家、新聞記者、實業家、旅行家等，一時議論為之沸騰焉。該討論之發起，係出於大英火輪船公司總辦英沙波卿在該公司年度總會席上之演說。該卿之演說有云"中國目下排英風潮之原因，由於□□□□（四字難辨）宣教隊於中國努力傳教……破壞中國古來之風俗……"關於此說，耶穌教惟正及各方面。或反對之，或贊成之，紛紛不一。其反駁論中最有興味者，即講排英風潮之原因，不在耶穌教之傳教，乃在火輪船公司及其他大公司等擅向中國侵占經濟利益，擴張外國勢力所致云。夫排英風潮，並非發源於傳教問題，其事甚明。何則？若然則被排斥者當不止英國一國，如美如法如瑞典等，無不派有宣教士在中國。果而則舉凡西歐諸國，皆在排斥之列矣。不過，耶穌教在中國之傳教，也不無使中國思想界陷於混亂之影響，不可詳言。換言之，今日中國思想界混亂之原因，耶穌教亦難逃間接的責任也。原來對於半原始的宗教之半蠻人，或不具宗教信仰之蠻人，傳教或有效力，然对于宗教信仰业已发达且有俗□□□之文明民族，强其改宗，非惟无益，反有害也。彼赞成在中国传耶稣教者则曰"因耶稣教之传教，对那些贫于教育或贫穷于文物之进步不少"。然此非传耶稣教之根本宗旨，其根本宗旨在于信仰无疑也。在日本厌视耶稣教传教者甚多，如国本元贞氏既倡此说之一人，福东自有佛教、儒教等之宗教，其哲理的组织、其信仰、其俗赞道德等，皆不亚于耶教。然则又何必遵奉耶教或宣传耶教也？惟耶教在日本，由于佛教徒之社会的贡献、利益甚大，盖日本佛教徒恒有隐遁的倾向，对于在精神上或社会事业上救济群众之事，不慎注重。今受耶教徒之刺激，对于此方面已略事活动矣。至在中国各方面，感觉自都迟钝。佛教徒对于社会的活动，亦不甚注重，然觉悟恐有不远。关于此点，恐已无需耶教徒之刺激。关于此点，非独无耶教徒传教之必要，且恐有害不少。例如宣教士对其本国之报告，自然为本人职业上之威胁所左右，事实之真相为其误者必多。故如政治上或总交易外之问题上往往因之顿生错谬也。

1月24日

排外与仇教——各地之俶扰

上海戒备—上海二十三日国闻电：租界防范甚严，万国义勇队定明日起出防。

英侨离闽—福州廿二日路透社电：由各国在福州领事界来此之英国妇孺，号经领令，离开福州，但实行退出之英国妇孺只有数人，有海关职员眷属，以移至罗星塔云。

湘潭排英—汉口二十一路透社电：据湖南湘潭拍来关于该地闻此报告之暴动，遂于一月十六日，该地发生规模宏大之排英示威运动，并以民船建筑临时浮桥，供群众来渡河，且实行纵火烧毁亚细亚油行，当时所存留之油二千担。闻起火时蔓延亚细亚行之房舍，亦有尽被破坏之说。该省同一地点，排斥教会之风亦盛，教堂多处均被占领，礼堂堂内悬挂之字画及桌椅，均被拆毁，圣经及圣书，多被焚毁云。

1 月 26 日

该日报纸主要与排外相关的题目包括："排外危机似渐见冷静-长沙风潮已和缓"、"四川已保护外侨"、"福建教士无死者：福州二十四日东方电云：反耶运动之勃发，外国教士等恐风潮之恶化而避难者甚多，然此骚动非有组织的，外人教士中无一人受生命之危险者"。

1 月 27 日

何应钦镇压排教风潮

据福州外人电讯云：骚使反对天主教行动之暴徒二百余名，业为何应钦拘捕，匪首十名立即处决。何氏否认抢劫教堂为预订之事，福州之外国妇孺五分之四，均已逸开，逗留者亦预备他往云。

1月31日

如是我闻之浙战消息：浙西-联军将由兰溪攻衢，浙东-国党军分三路入浙。何应钦离福州北上。【详略】

三、国内英文报纸对该事件的报导

1. The North-China Herald and Supreme Court & Consular Gazette （1870-1941）（汉译《北华捷报》）1927年1月22日[008版]连续刊登了之前几天不同日期的新闻报道）

福州的反基暴民
西班牙宗教机构遭袭　主教住宅被洗劫

1月15日，福州

（ANTI-CHRISTIAN MOBS IN FOOCHOW. Spanish Religious Institutions Attacked: Bishop's House Looted.

昨晚，一伙代表福州学联的学生，袭击了位于福州城附近的西班牙道明会育婴堂、牧师住宅并教堂。

这伙学生赶出西班牙修女，并劫持了数个中国孤女，然后洗劫财物，毁坏房屋。

修女们在南台西人居住区寻求安全。今天，所有的西班牙修女及神父，除一位主教之外，都已离开港口。

尽管福州驻扎了四万之众的国民党军队，但他们未动用一兵一卒阻止这一暴行。

1月16日

尽管曾向领事许下承诺，南台的道明会依然未得到任何保护。

昨晚位于西人居住区的西班牙主教的住宅遭洗劫。

今天基督教青年会，两间教堂及某些教会的住宅遭劫掠。一位英籍人士遭主要由士兵组成的暴民抢劫。

不过迄今仍未有人员伤亡。

一伙反基暴民威胁明日将抢劫外国人居住区的教堂。——路透社

老谎新用

福州，1月17日

昨日，对英美教堂及住宅的洗劫和破坏仅发生在城内。

并无人员伤亡，但丢失了不少财物。现在局势很明显地在控制之下。

在外国人居住的南台地区，寂寂无声。

北京，1月17日

来自福州外国人的信息显示那里发生了类似义和团时期的骚乱。外国人杀死中国婴孩的老传闻沉渣泛起。

四处流布的谣言说西班牙修女曾杀害中国孩子,留下约20具婴孩的尸体,据称从女修道院运出时已经开始腐烂。因此，修院遭袭击，修女、神父们不得不化妆逃离。在此之后，其他外国财产亦遭洗劫。——路透社

撤离福州

福州，1月19日

部队及海军首领曾许诺保护外国人和他们的财产。由于军纪松懈，加上阴险的谣言，很多女人和孩子从港口离开。

今天59名美籍女宣教士和儿童离开，前往马尼拉。

目前局势安靖。——路透社

福州，1月20日

因近期发生事件的压力，加之前景暗淡，共计120名妇女和儿童已经或正离开福州。

局势依然安靖，发布了安抚告示。

动乱蔓延到厦门

北京，1月20日

与福州相似的排外骚乱蔓延至厦门。

因在福州面对强烈的敌意，十名西班牙神父、12名修女和11名中国孤儿乘英国轮船前往香港。

学生电报通告厦门，指控这些天主教徒杀害婴孩，因此轮船到达厦门时，一群愤怒的人登上轮船并迅速地占领，试图胁迫全体船员，阻止轮船启航。在把一位神父留在发生动乱的厦门作人质之后，船得以离开。

两具新生婴儿的尸体被放置在厦门外国人居住区对面的岸边。婴儿给放在篮子里，穿着有西式风格的衣服。

西班牙教会所在地遭威胁，四名神父和五名修女被迫逃离，登上港口停泊的一艘美国船。

动乱仍在持续，地方报纸登载怒气冲天的文章。路透社

2. 《字林西报》1927 年 1 月 25 日（The North-China Daily News 1927.1.25）

THE RECENT RIOT AT FOOCHOW

Authorities' Earnest Assurances of Ability to Control Situation

Foochow, Jan. 22.

Although confidence in the Kuomintang was severely shaken in Chinese and foreign circles by the participation of soldiers in the recent rioting, and also by the anti-Christian outbreak concerning the Spanish Orphanage, the British official view here is that no local occurrence since January 16 justifies the wild talk about evacuation of Foochow by foreigners.

The Chinese authorities, civil and military, are showing every desire to protect foreigners. Strong guards are patrolling the foreign quarter and a Chinese gunboat is commanding the bridge. A dozen robbers and rumour-mongers have recently been shot.

Proclamations have been posted enjoining law and order and threatening disturbers thereof. Also, Chinese officials have telegraphed to interior points in the province ordering the protection of foreign lives and property, and they have earnestly assured the British Consul of their ability to prevent the spread of rioting.

In these circumstances the official feeling is that responsible British subjects ought to co-operate with the Chinese officials and show confidence by displaying steadiness. So long as the Kuomintang officials display a desire that British subjects should continue their business and mission work in the area controlled by them, it is felt that Britons should remain at their posts, hoping that the negotiations proceeding at Hankow will liquidate the position and so assist the British Government's expressed desire for conciliation and goodwill. The local situation differs radically from that at Hankow and Kiukiang, as here Chinese moderate opinion prevails.—Reuter.

Manila, Jan. 24.

Four Spanish priests from Amoy, four other Spaniards and one Filipino girl arrived here this morning on the str. Consuelo.

The priests had shaved their beards and donned civilian clothes before escaping, being escorted to the vessel by a Japanese patrol.—Reuter.

福州近日暴乱 官方严肃保证有能力控制局势

福州，1 月 22 日

近日暴乱亦有士兵参加，加之爆发了涉及西班牙孤儿院的反基运动，令华洋人士对国民党的信任产生严重动摇。有言论以为外国人需撤离福州，但是，英国官员对此地的看法，认为自 1 月 16 日以来，并无任何一桩在本地发生的事件能证明这等轻率言论有其合理性。

中国官方无论政府还是军队，都极力表示要保护外侨。外国人居住区有孔武有力的卫兵巡逻，一艘中国炮船守卫着桥梁。十来个抢劫犯和造谣的最近被处以枪决。

官方还发布了强令遵守法律、维持秩序及恐吓骚乱者的公告。中国官员还发电报给本省内地的城市，命令他们保护外国人生命及财产。他们诚恳地向英国领事保证有能力阻止动乱蔓延。

在此情境下，官方感觉有担当的英国公民应与中国官方合作，通过保持稳定表明对他们的信任。只要国民党官员表示愿意，英国公民应继续在其控制的地区做生意，从事宣教工作。他们感觉不列颠人应留在自己的岗位上，希望在汉口正在进行的谈判能有一个结果，从而协助英国政府表明和解的意愿和友善。本地情况与汉口、九江有很大分别，这里占主流的是温和的中国观点。—路透社

马尼拉，1月24日

今天早晨四名从厦门来的西班牙神父、四名西班牙人和一个菲律宾女孩，乘坐康素爱萝号汽船来到本城。

逃跑前，神父们剃掉了胡须，穿上普通人的衣袍，由日本巡逻队送到了船上。——路透社

3. 《字林西报》1927年1月26日（The North-China Daily News 1927.1.26）

福州暴民骚乱

逃亡的女宣教士讲述南部港口骚乱经历；修女神父为何遭攻击；煽动者的冷血故事

外国女性遭虐待

英国海外传道会医院院长的夫人，H.D.马修斯太太昨晚搭乘 I.-C.S. Yusang 抵沪，带来更多福州暴乱的详情，基本情节就是佩戴着十七军徽章的兵匪，加上一伙受雇的乌合之众，残暴地对待外国人，这些外国人主要是宣教士。

马修斯太太自己的戒指被当兵的从指头上硬生生地撸走，当时还有别的当兵的用刀指着她，仿佛说："你要不给我们戒指，就剁掉你的手指头。"几位女宣教士遭到暴力对待，而马修斯太太得以幸免，不过她和女儿的口袋都被刺破，兵匪还洗劫了他们的宅子。

马修斯太太对自己的仆人和医院的佣工赞不绝口，"他们对外国人真是太好了！"医院的本地佣工穿上曾在医院治疗的军人的制服，站在外面守卫。有如此完美的保护服，他们被当作骚乱军队的一部分，在此地执行警卫任务。这样他们保护这些建筑免遭毁坏。她的佣人以各种借口成功地保住了家里很多财物，尽管第一次抢劫时拿走了大部分床上用品和衣服。

马修斯太太称赞她的仆人勇气可嘉，他们的壮举普通中国人连想都不敢想。是骚乱开始的第一个或第二个晚上，仆人们打赢了一群要去洗劫医院的骚乱士兵中的一个。仆人们把他带到警察局，结果他又被转送到军方，次日早上便被处决。

诽谤故事

据马修斯太太说，动乱始于煽动者针对西班牙差会修女和神父的一个谣言和诡计。这些修女的部分工作是救治那些被遗弃户外或饥饿的婴儿免于死亡。煽动者找到 25 具死婴的尸体，并把死因归到天主教宣教士头上，说是他们煮死的。尸体陈放在显眼的地方，演讲者们讲述婴儿是怎样死的——当然按照他们的版本。暴民自然激动起来，不一会儿，人数足以攻击修女和神父。幸运的是，修女和神父已被带到受保护的院子，后来给护送到港口的船上。

逃亡者乘坐的船到厦门的时候，发现两个婴孩的尸体放置在岸边，目的是想让暴民攻击修女，但领事们的安排阻止了暴民的行动。有几个学生登上了船，不过最终被送回岸上。

掠夺了天主教差会房屋之后，士兵们接着转到其他的差会建筑，包括鹤龄英华女校、英国海外传道会医院（女院），以及美以美会居住区。似乎在绝大多数情况下，暴民和兵匪都选择攻击妇人和孩子，而非男人们。在英华女校，兵匪攻击了一位外国护士和一名外国教师。他们用刀把这两位女性的外袍割成碎片，然后抓住她们的内衣，把大部分都撕了下来。女人尖叫着飞跑，匪徒们在后追赶。最后，一些友善的士兵救了她们，顶着暴民的诅咒和谩骂，护送她们到了安全的地方。

马修斯先生被刺

马修斯太太在自己家遭受的屈辱，是被迫把戒指从手上摘下来，并眼睁睁地看着流氓搜她十三岁女儿的口袋。然后，他们拿走了床上的衣服。马修斯太太感觉是，这些人听到别的士兵过来，就惊慌起来，恶事没有做完就走了。当地警察值得外国人好好感谢。他们来救了她和女儿，把她们护送到警察局保护起来，直到她们能去英国领事馆。直到她离开福州，一直未遭受骚扰。马修斯太太还说英国宣教士并未撤离福州。

马修斯先生几天后回到家。某个知道他回来的人，把一颗小炸弹扔过围墙，爆炸的时候击中一个中国孩子。在一次混战中，马修斯先生遭攻击并被轻微刺伤。为避免给中国基督徒带来麻烦，那次袭击后他一直远离自己的家和医院，这也是现在所有的宣教士都采取的对策之一。一家中国医院也被洗劫，该院院长是一名中国基督徒，很可能就是因为院长不同意他们口中修女杀害婴儿的理论。

昨天到达的乘客还有 H. D. 马修斯太太和女儿琼，Stapleton-Cotton 太太（邮政局长夫人）及孩子，和 King 先生。

4. 《字林西报》1927 年 1 月 27 日（The North-China Daily News 1927.1.27）

福州暴行

"爱国学生"把教会机构的孩子卖给妓院

恶心的流言

中国警方未起功用

本报记者

1 月 22 日香港

关于福州的反基游行，学生散布的针对西班牙修女的可怕谎言，是说修女接收中国婴孩，杀害并食用之，这些说法很多人都已熟悉。关于这一有预谋运动的后果，同样家喻户晓。但我们在香港的记者采访了返港的逃亡者，获得更多值得关注的详情，更加清楚地显明了这伙现代派的中国爱国者的行为模式。在叙述了骚乱初期及修女撤离之后，本报记者写道：

西班牙宣教士成功地到了美国道明会处。礼拜六，西班牙主教和西班牙神父逃到离福州不远的寺院。南台的美国领事发现了动乱的苗头，立即命令美国神父离开南台。他们仅带着很少的东西匆忙离开。到达寺院后他们发现西班牙的本尼狄克神父，所遭遇的也不比在南台的同仁们好。这一伙人登上海昌号汽船前往香港。

在动乱中福州警方试图赶散人群、保护外国人，但未能成功。

学生卖掉婴儿

关于被暴民带走的婴儿和孩童，神父们说孩子被以每个几块钱的价格卖掉，或以其他方式处理掉了。年纪大些的女孩，十四五岁的，被送到臭名昭著的所在。

宣教士们本以为自己一旦登上海昌号就安全了。但他们想错了。轮船到厦门时，早先藏在船上的学生们现了身。汽船没有靠岸，不过一些煽动者划小船到了岸上。一上去他们就散布同样关于宣教士的谎言。众人的暴力思想给鼓动起来，海滩上聚集了至少五千人。

英、法、美三国的领事得到骚乱的消息，立即赶到船上。但他们面对的是船上和岸边人群恐吓的态度。学生们强烈要求跟本尼狄克神父在一起的三个中国女孩下船。在此期间，一名中国官员、两位海军军官并一些中国水兵也到了。但在这种情况下，中国官员和外国领事都束手无策。煽动者想上廊桥从而控制汽船，但是 Stewart 船长和他的手下成功地击退了他们。当同意把三个中国女孩和本尼狄克神父交给学生的时候，群众的攻击得到缓解。学生和士兵进一步要求所有的宣教士上岸，但被拒绝。海昌号驶向香港。

到达香港这里时，逃亡者看起来非常可怜。他们急急匆匆收拾的包袱里仅有少得可怜的必需品。有几个男人胡子拉碴。所有人的脸上都显出他们经过的苦难。香港的同仁欢迎神父修女，并为他们预备了舒适安全的住处。

四、国外部分报纸报道

由于 1927 年 1 月 3 日刚刚在汉口英租界发生"一·三"事件（后来称作"汉口九江收回英租界事件"），当时国外对中国的排外活动十分关注。1 月中旬发生的福州仁慈堂事件，倒也在很多人意料之内，所以不少西方报纸对其报道均使用了"福州也发生排外事件"的措辞。我们简略摘译几家澳大利亚报纸当时的报道如下：

1. Advocate 1927.1.17（星期一）报道："据澳大利亚新闻联合会星期六自上海报道，昨晚在福州，一群代表福建学生联合会的学生暴徒袭击了西班牙人开办的孤儿院、宣教士住宅和城外附近的教堂。他们赶出西班牙修女，绑架了孤儿院的女孩，并捣毁财物。修女们平安到达南台的外国人居住区。除了主教以外，修女和神父们今天将乘船离开福州。城内虽然驻扎着 4 万名国军，但对防止暴乱发生，没有发挥任何作用"。

2. Southern Cross 1927.1.21（星期五）报道："虽然使馆得到承诺会受到保护，但事实上并未能够阻止道明会在南台的财产安全受到威胁。周六夜里，位于外国人居住区的西班牙主教住宅被抢劫，周日，基督教青年会（YMCA）和两家宣教医院和几处宣教士住所被抢。属于英国人的一个地方遭到一群主要由士兵组成的暴徒抢劫。目前为止还没有人伤亡。反基督教群众威胁要抢劫位于西人居住区的其他教堂"。

事实上，虽然在西方人眼中，学生们的立足点是反基督教，但对同为东方人的日本人，感受到的则是"排外"。在1.14仁慈堂事件之前，福州的"进步学生"刚刚于1.13洗劫了一处持有政府发放的运营许可证的日货商店，并烧毁大批商品。

3. The Daily News 1927.1.27（星期四）以"福州处决排外暴徒"为题报道说："据1月26日北京消息，驻扎福建的国民党最高长官何应钦将军逮捕了参与福州暴乱事件的人员约200名，并处决了其中的10位"。

4. 就此事，最搞笑的乌龙报道莫过于位于 Lismore 的 Norther Star，在1927.1.28日的报道中竟然写成了"位于福建的国民党最高长官何应钦将军被200名参与近期福州暴乱事件的人员逮捕，并于今天十点被处决"。

五、教会刊物对该事件的报道

1.《真光》1927年【第26卷　第2期，70-72页】

福州之反基风潮

因仁慈堂死孩案而起　何应钦严禁歧视外人

福州函：党军入闽后，反基督教之宣传，即酝酿以起。自一月十四日仁慈堂死孩案发生，反基派对于教育机关，十六日即突生激烈举动。首肇事者为南街之美以美尚友堂。时该堂方举行礼拜日讲经，群众拥入时，该堂职员及基督教信徒均奔散。纷扰中，市上秩序颇紊乱。无知之徒从中骚扰，嗣经警察及正式军队先后到场弹压，但堂内物件已多破坏矣。至午后一时，各教会机关，如安泰桥下之布道堂，南街之青年会，柴井医院，华英女学等，亦发

福州之反基风潮

因仁慈堂死孩案而起

何应钦严禁歧视外人

福州函党军入闽後反基督教之宣传即酝酿以起自一月十四日仁慈堂死孩案发生反基派对於教会机关十六日即突生激烈举动首肇事者为南街之美以美尚友堂时该堂方举行礼拜日讲经群众拥入时该堂职员及基督教信徒均奔散纷扰

生同样事件。旋经当局分派军警到仓前山各处保护外人及领事署，并于青年会等门前张贴何应钦布告。"无故扰乱治安者，拿获枪毙。"三时以后，风潮渐平息。但当局仍虑或有不逞之徒，乘机扰乱，或戕害外人，故于晚间特发布告一道，粘贴尚友堂前，文云："为布告事，照得居留中国之外国人身命财产住宅学校教堂，均应一律保护。近有无知之徒，歧视外人，甚或结众成群，横行暴动，殊非敦睦邻邦交之道。除饬军警随时查缉外，合行布告一体知悉。凡属外国人在本省之身命财产，及其所设立之教堂学校青年会慈善机关，均应一体保护。如敢无故骚扰，定即以扰乱治安论罪，依律处置，决不宽恕。"

当肇事时，东路总指挥部在南台及南街获有乘机抢取教堂物件之北人二，闻系某部退伍兵士，立押往南校场枪决。惟是日之外人住宅，颇有一二处为军队进入驻扎，嗣因当局发出严厉布告，即行撤去。城台等处，当即宣布特别戒严。晚间街上异常寂寞。

政务委员会所委之外交专员杜季良，初本定二十日就职。现因外交问题正多，遂提前于十七日赴交涉署接篆视事。

至仁慈堂之死孩案，所有破获之死孩数十人，现正在检验中。该堂则仍由军警看守。省党部方面因该堂所附设之育婴堂内，尚有甫满周岁之儿童数十，抚养者或拘或逃，遗下儿童嗷嗷待哺。遂一面招人暂任抚哺之责，一面则拟设立市立育婴堂，即以该堂为办事所，已在该堂门前粘贴标志矣。（十七日）

按所谓仁慈堂死孩案，据报载，十四日上午十时许，有苦力一人手提一大包（或云木箱两只），仓促经西门外西湖头地方，经站岗军人向前查问，并经省党部人员加入诘问，强令打开，不谓内有死孩。肢体完全，但均枯瘦如柴，仅余皮骨，且状类将次成熟之猪肉，似经蒸煮者。当即将该苦力送交西湖农林学校内驻军，转解市公安局。经司法科科长丘邦基询问，据供姓江，名依四，年三十八岁，南台河尾巷人。平素服役于南门外斗中街仁慈堂（该堂系天主教，附设有育婴堂，收留贫寒家初生之小孩），专埋死孩。遂一面以电话知照公安局，将死孩照相，连同口供移送地检厅讯办。一面知照地检厅，派员赴该堂搜查。当又发现死孩约数十个，军警当局特派军警将该堂包围，并搜查其他证据。至该堂主理法人，则已闻风先逸。仅将该堂助理之奉教华人男女各一，连同在该堂发见之死孩送交地检厅。地检厅立于十四日晚间开庭预审云云。此未免似是一种无意识举动。记者前在广州，亦常常见官办之育婴堂日有三四十具或十数具婴尸出。盖贫苦人家病婴，不危极不送往婴堂，死乃意中事，不足为异。福州之案之真相如何，我不能知。然倘亦如我所见之广州某婴堂之例，而如此张皇，诚难怪外人之喷有烦言也。

关于福州排教案之杂讯

一月十七日北京电：福州外人消息。该处骚乱，微似拳乱时之情形。外人杀害华童之旧说复兴。西班牙修道院即因此被攻，且波及其他外人产业。同日福州电，英美教会及住宅之被抢毁，昨仅以本城为限，并无死伤。但财产颇多损失。十八日福州电：天主教仁慈堂教士，率儿童乘海澄轮赴香港。十八日晨抵厦，被各界发觉。下午会同军警及各领事交涉员登轮，获华童八人，教士男二女一。同日北京电：十七日夜，法玛使照会，福州南军与学生，十四日抢劫教堂，殴伤教士，教会内孤儿院被毁，杀伤孤儿十七人。似此惨无人道，实属骇人听闻。特提出严重抗议，请中政府设法保护，并从严惩办。院电孙传芳查复，并请就地解决。廿一日福州电：反基风潮渐缓和，各外人已免恐慌。报载假冒十九军参谋长熊治平，昨日枪决。廿一日晨，总部又枪决十四日晚南门大教堂抢犯彭坤等七人。廿六日北京电：据福州消息，何应钦已捕获排外暴动者二百人，内有十人业经处决。福州区内美人妇孺五分之四已离境，余亦将陆续他往。

2. 真光《真光》1927年【第26卷　第4期，70页】

反英运动声中之桂林浸会医院及学校

桂林浸会医院医生区作之来函称，三月廿二日，桂垣因扩大反英运动，内议决一条，收回英国教堂作宣传之用。竟有地痞乘机打毁英美所有教堂及西人住宅。弟闻信，即往见一桂林县党部党员派人来院制止，幸获保全。储才男校、培真女校、培贤妇校及圣经学校，亦幸无事。闻所毁教堂及住宅，地方各团体拟赔偿之意。现在每日夜都有学生在街上演说反

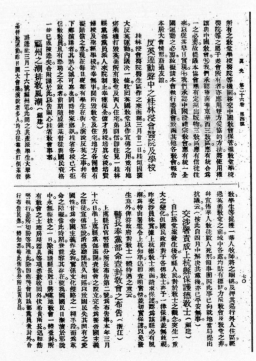

英之事，病友下乡演讲者，其热心诚可嘉也。同时接家乡讯，桂省各校已不拒信教教员，且有恐聘之不就者。前期随感录基督徒与国民资格一条已成陈迹矣。合附识于此，以告关心桂省教会事者。

福州之潮排教风潮（福建）

路透社三月二十六号福州电：此间之共产派学生，大举排基督教运动。昨日开大会议，演说者多人，均力促群众打倒基督教。学生等捉获一华人牧师，将之捆绑及押其巡行外人住区，经过英美教堂之前。城中各处，均有标贴。力斥教会及教堂之非，并宣布华人教徒数人死刑。领事团因此事已向就地当局提出抗议云。（按此四月中解决共党后，亦已平安无事。）

交涉署责成上杭县保护德教士（福建）

自仁慈堂案发生后，各县人民对于教士之观念，突生一重大之变化。但国民政府对于各传教士，亦予一律保护，并无歧视。昨天交涉员林宾，据上杭德教士来函，请求保护，认为该县必有风潮。为特由署电令上杭知事，迅即查明实情，并切实保护，以免发生意外。俾符政府对教士一体待遇之意云。

警长奉党部命查封教会之布告（浙江）

上虞县百官警察分所长布告第二号，为布告事。本年三月十六日，准上虞县党部函开，查教会之设立，完全为养帝国主义之信徒，宣传邪说，淆惑听闻，积久相延，以致国民失其固有之爱国性，甘愿为帝国主义作走狗，实系文化侵略之一类手段，而为革命之障碍。当此时期，岂能容其存在，使我国国民日渐溃于邪说中，永无振拔之一日。除函请县长克日将虞地教会一体查封，所有教会之土地房屋器具等项悉数收回外，伏希贵所长，迅即饬警执行，是所切盼等因，准此，除即饬警会同该部党员查封外，合行布告民众，一体知悉。特此布告。分所长黄克昌。

3. 真光《真光》1927年【第 26 卷　第 5 期，69-72 页】

仁慈堂案真相（福建）

顷接苏州国民党革命军东路总指挥部后方病院李汉雄君函称，昨阅《真光》杂志，见足下为福州仁慈堂剖白，弟甚佩服。当时弟适在福州，此事之发生，查系该教会被革学生，欲借此事以泄其忿。弟早应将此案真相函告足下，只因病院事忙，未暇及此。仅将在福州所剪《闽报》一纸，即仁慈堂西班牙女修士被冤辩诉宣言呈览，虽明日黄花，仍不妨旧事重提，予阅者共知前此各处报纸所传之确系冤诬也。十六年五月十一日

福州仁慈堂西班牙女修士被冤辩诉宣言如下：

中国重男轻女，自古而然。溺女陋习，斑斑可考。虽有慈善家设法补救，捐资创办育婴堂，无如设堂有限，生女无穷，未免有向隅之叹。且也堂内经费无多，不能多雇保姆，以致哺乳不周。因之不免皆有死亡。仁慈堂之设，原为补救育婴堂所不及，创办以来，历有年所。对于办法，虽不敢自诩完美，而乳哺之周，待遇之厚，久脍人口，勿待赘述。本年岁值寅年，贵国俗例迷

信，以为寅年生女不利父母。此风牢不可破，以故产女辄弃。设堂迄今，凡逢寅年，投堂之女尤多。他如无力抚养及厌生多女者，虽其生岁非值寅年，亦多愿投堂，尽无强迫。且敝堂之设，以灵魂为前提，慈善为本旨，纵有临病将危之婴孩前来投堂者，均容之不拒，所以堂内女婴甚多。际此隆冬严寒，失恃之幼儿，初生之弱女，情何能堪？而况投堂女婴中，有远道而来，途中冒风受寒，投堂时已奄奄一息矣。以故死亡逐日皆有数人。本月十四日，突有自称学生江秀清者，前来调查死孩。竟以病死之儿，强加以蒸毙之罪。四造伪言，谣惑视听，传单遍布，宣讲通衢。一唱百和，弄伪成真。查敝堂之设，创自前道光年间，迄今数十余载，倘有此种行为，则当年早罹法网，奚待今日。且堂所又在省市繁华之区，何能作此黑暗违法之事？而堂内所雇乳母及一切佣工，大率均用华人，力能蒙蔽众人之耳目？不亦戛戛乎其难哉？教会素以慈善为怀，自古以来未尝闻及有炊杀婴孩之事发生。如有此种行为，非特于教旨有违，亦人道所不容。即教友们断亦不至盲从拥护。至于前此投堂之女婴，抚养长成之日，择夫而事，而现在尚有未择配成年及未成年之女百数十人，仍在堂内读书、学习女红，以及刺绣缝纫等工。如果孩时炊杀，则何有长成之日？此理昭彰，不言而喻。当法院检验女尸之时，已有兆培医师在场，亦云系因寒病交迫毙命，确无炊杀之情。且医师乃法院所请，断无拥护教会之理。至于造谣炊婴制药一事，此种无知识之言，本不值一辩，诚恐杯弓蛇影真伪难分，无知之人，一被所惑，则公教前途不堪设想，不得不略表而言之。际兹医学昌明，精益求精。以人制药之事，亘古未闻。取脑无用，取目奚为？炊杀婴儿，未知作何究竟也？至于死婴积有二十余人之多，众以为疑。诚不知敝堂之苦心也。敝堂因经费支绌，埋儿工人致未能厚给辛工。每月八元工资，断难专靠此种买卖为生活。数日挑往掩埋一次，向来无异。前曾述过，每日死亡约有数人，则数日之久，奚惑乎有二十余人之多？至于肢体变蚀残缺，实因延期掩埋所致，但敝国教会之人首重灵魂，故于肉体死后视同腐败之物，自非贵国风俗所可比。（死尸肢体变蚀残缺，更无可疑之余地矣）。万望各界仁人君子，主持公道，勿为谣言所惑。至于敝堂有无炊杀婴孩之事，则当待诸法庭公决也。

4. 郑寿萱《圣心报》1927 年【第 41 卷 第 4 期，118-119 页】

福州澳尾巷教难略述　福州郑寿萱稿

去腊十二月十一早，堂中工人挑堂仔尸首赴西门外山埋葬。途中被人捕去，并将死婴四个，挑入公署。旋有本县队长，到仁慈堂调查，并检出死孩尸身十数具。同时有学生数十人、营兵百余人、闲人百余人，聚集堂口，纷纷说是炊死婴孩，甚至愈聚愈多。经堂中人百般解说，不能退去。计午时至四时，人数愈增愈多，神父及修女见势不佳，同时避去。至五时，仁慈堂被劫一空，堂中女孩由学生送往公署。晚七时，天主堂被劫。至十一时，官兵始来弹压，抢者退去。现仁慈堂已被市占去。堂仔小者，如一二岁，交育婴堂抚养，大者仍在仁慈堂，由何军长筹款，派男学生数人、女学生数人维持。目下日日开会，报章并宣传部，种种污蔑难以尽述。教友人人自危，无所安身，真可怜也。

5. 《圣心报》1927 年【第 41 卷 第 5 期，138-139 页】

录福州宋主教告急电

（参见本报上期 118 页又 124 页第十行）

福州孤儿院等遭难。宋主教即发电，报告宗座驻京钦使刚总主教云：北京天主堂刚总主教钧鉴：寒日（即农历十二月十一日）突有冒称学生入仁慈堂调查，妄造谣言，以病故婴孩，强指蒸毙。将孩尸陈列满街，致动外教公愤。军民乘机抢掠，仁慈堂并圣堂，洗劫一空。幼儿四散，教士迫逃，修生出走。日来反对之声，愈演愈烈，倘不从速挽救，此风蔓延，前途不堪设想。用特电恳，万希团结教友，并请速电汉口蒋总理、福州何总指挥及海军陈司令、省市二党部、政务委员会，主持公道，设法制止，急盼电复。福州宋主教铣，即十六号。

录革命军总指挥何君示

福州仁慈堂捣毁后，革命军军长何应钦总司令特发布告曰：为布告事。照得居留中国之外国人，身命、财产、住宅、学校、教堂，均应一律保护。近有无知之徒，歧视外人，甚或结众成群，横行暴动，殊非敦睦邦交之道。除饬军警随时查缉外，合行布告，一体知悉。凡属外国人在本省中生命财产及其所设立之教堂、学校、青年会、慈善机构，均应一律保护。如敢无故骚扰，定以扰乱治安论罪，以律处置，决不宽恕。

旋阅某西报载福州何总指挥出令，拿那些酿祸之人，约捉到二百名。审实后将十名枪毙，余按罪名，惩办有差，毫不宽贷。仇教者，亦当悔悟亦。

6. 时任北京主教的林准写文进行辩白

时任北京天主教主教的林准，在北京西什库天主教堂出版的《真道期刊》上连续发文，题目即为"辩白诬捏福州天主教堂惨杀婴儿之原因"。在各文之前配了插图，并引用了《圣经》中描述当时耶稣受审时的经文，即马尔谷十四章 56 节：因为有许多人说了虚妄的证据，控告耶稣，但是那些证据各不相合。马可福音（和合本圣经译文为"马可福音十四章 56 节：因为有好些人作假见证告他，只是他们的见证各不相合"）。现全文抄录如下：

福州仇教群众，捣毁仁慈堂孤儿院等情已见益世等报，兹不暇叙。惟

在福州一带之报纸内，载有福州天主堂惨杀婴儿之原因一篇，其侮蔑、诬捏之荒诞，明眼人一见即知，本不足辨。然恐局外之人以不辨即为默认，因择其中尤要之处辨白数语，以伸我同教覆盆之冤。然非代该堂呈诉，惟据报中原文，以辨其诬陷之妄诞而已。至于事之结果，无需过虑，此与庚子年诬陷天主教造反，同出一辙。景过情迁，自有水落石出之日。请拭目俟之可也。

原文："福州讯：天主教堂惨杀婴儿案发生后，殊属骇人听闻。至该堂惨杀婴儿原因，究属为何，说者不一。然据实及知内幕者言则为该堂神甫，受某国药房之托，需用婴孩眼睛、心肝、脑浆等物，用制上等补品。本堂设立即本此使命"。

辨白：既言据确实，则当将确实的凭据指明。只说据确实三字，是徒托空言也。既曰知内幕者言，亦当将知内幕者之姓名指明，以便调查。今无名无姓，无从查问。非妄捏避查而何？既系知内幕者，何以万众所通称之神父，亦并不知，而竟臆造以异声无义之神甫二字，是即知内幕者之言乎？既系知内幕而谋坐人以穷凶极恶之罪，何不将国名、药房指明，而只混言受某国药房之托？欲坐人罪，须有证据，且证据当与罪名相符。罪名愈重大，证据愈当明确。今以滔天之罪恶，谋坐于数百年、国家所保护、臣民多崇拜之天主教，而徒以此等泛泛之空言为确据，是其所欲坐者，皆是凭空之所捏造也明矣。用婴孩眼睛、心肝、脑浆等物制药，有何确据？所制何药，何由证之为上等补品，仍是一律的空言捏造，本不值再辨。但唯恐无知的人杯弓蛇影，真伪不分，一被所惑，则不惟公教受累，而诬陷公教之人，终亦难逃神人之法网，是以不得不再表数语以免被惑。近年医学昌明，精益求精，出洋而赴各国学医者有之，漂海而来求吾国之名医，亦不为少。一切制造原料万难隐匿，即请明查暗访，杀孩制药之事，有无实犯。眼心肝脑，各制何药，倘肯略加体查，扪心自问，清夜思之，则自觉其方寸之难安矣。此与同治九年，在天津望海楼因捏造挖眼摘心之谣言，而激成杀害司铎、领事、修女并焚烧仁慈堂之惨案，若合符节，请追查此案之结果，有无一毫之真情。此等挖眼摘心之谣诼，乃通国久已吐弃之牙慧，而一般自诩有新得之学子，反拾之如珍馐美味之香甜，津津乐道，以为新得，真是可怪，亦甚可耻。所说该堂设立即本此使命，亦无非出自杜撰，盖天主教之设立教堂，除教皇主教之命以外，再无一命可使，何能本彼药房之使命？且夫凡本使命者，必以使命之文凭为本。请问查出何项文凭，而敢若是之信口诬罔也？

原文："故阳则假仁慈之名，收育婴孩，阴则实行屠杀，自该堂成立迄今，被杀婴孩已不下万数"。

辨白：杀一人之命案，亦当有确据，凭空诬告，即应反坐。今此不下万数人之命案，有何确据？问此不下万数之婴孩，何从而来？非由其父母亲友送入仁慈堂者乎？若真屠杀，能有人肯送千万之婴孩乎？送此千万婴孩之人，一一皆肯默而不言乎？况且该仁慈堂，自道光年间设在省市繁华之区，军警林立，万目昭彰，几历百年之久，岂能尽避人耳目，而从无一次犯案乎？再者，仁慈堂者，乃数百婴孩，源源而入，时时而出之地，能瞒人乎？源源而入者，或甫生而送堂命，或奶成而送妇教养，道途络绎，常年不断。倘被屠杀，孰肯来送，而能使之源源而入乎？此以源源而入，证其诬罔者也。所谓时时而出者，或交奶母哺乳，或择贤夫出嫁，此亦常年不断之事也。若果屠杀，何能时时而出，以此时时而出，证其诬罔者也。至于日常往来，或入堂与礼，或出野散心，结队成群，络绎街衢，万目所共睹，多人所熟识，休言千万，即杀一婴，能不群起而攻之乎？纵有妙术，亦不能避去"前有后无"四字。杀一婴，则此一婴"前有后无"矣。杀万婴，则此万婴"前有后无"矣，在此大庭广众之地，灭此不下万数婴孩之踪影，有不严究其下落者乎？非丧心病狂，敢以此等明愈观火之妄造，诬陷人乎？

原文："其屠婴方法至为巧妙。法以活泼强壮婴孩置之暗室屠场，先取其眼睛，次脑浆，后取其心肝及其他可用之物。然后将其肉体置之锅中，蒸取其露"。

辨白：屠杀方法言之若是之详尽，是亲见乎？是凭彼知内幕者之言乎？既不指实，则无论言之如何详尽，亦不过一片空言而已。彼欺人者以为言之愈详，愈能取信。殊不知，所以取信于人者，终在事之虚实，不在言之详略。事之实者，固然是言之愈详，愈足取信；事之虚者，则言之愈详，愈露其虚，令人易揭其弊。试即其所捏巧妙至极之方法，思之既云暗室，其中幽情，何能见到？若是之清明详细也，既已见之既明且详，何不将此暗室落实指清：坐落何处，具何形式，有何笼篓器具，显何痕迹气臭以便确查？既言取眼、取脑、取心、取肝，并取其他有用之物，即宜逐一检其孩尸，验其眼脑心肝等物是否挖取一空，抑尚有物存在？如此检验不惟死孩之心肝可见，而诬陷之活人，亦明见其肺肝矣。其焉瘦哉，且勿谓"尸已腐败，难以辨别"，夫腐败与取去，大不相同。腐败者，必有败物在，而取去，则空空焉一无所存矣。

此亦难辨乎？如必曰难辨，则尚有更易辨之二字存焉？二字谓何？一生、一熟是也。既曰将其肉体置于锅甑中蒸取其露，是婴孩之体，皆蒸熟矣，请验其体是生是熟，皂白自分。若除"有无"二字难辨之外，并此"生熟"二字亦不能分，则是人间之事，一概皆不省矣。无怪乎其所捏造之言，句句皆不近乎人情也。

原文："一并运回过重，制作极补药品。闻此药价格甚贵，而该堂神甫所得，亦不下数十万云"。

辨白：凡此仍系一味的自编自造、只言不证，以闻为凭，何能取信？试问何人运回？运回何国？制何补药？何名何票？谁买谁卖？何以知其价格之甚贵也？即神父之名称，亦并不知，而竟冒撰以音义两不相符之神甫二字，谓其所得不下数十万之痴语，非冒撰而何？

原文："按上报告，证之已死婴孩情状，及该堂中暗室设备，毫厘不差"。

辨白：何人证之？何以证之？是经仵作？是经法庭？谁入暗室？见何设备而能证其毫厘不差？始终一味之信口自言，非其亲尼，谁能信之？据该仁慈堂修女辩诉宣言，当法院检验女尸时，有法院所请之医师兆培亦云，系因寒病交迫毙命，确无炊杀之情。看此法院所请医师之证，较彼空言无据之证，孰为可信，请自裁之可也。

原文："又该堂每月烧柴盖在八万斤以上，簿据确鉴，厨房亦自称怪"。

辨白：造此诞妄之人，将教堂之烧柴，果然过称乎？何以知其在八万斤以上也？教堂之簿据，真逐一过目乎？何以证其确鉴乎？彼毁人者，以为造作之愈详确，愈能逞其机巧。殊不知夫被毁者，愈见其撰弄之圆妙，愈觉易揭其弊窦。弄巧反拙，适足自欺。再者，以教堂之人数，妄撰烧柴之斤数，以作蒸杀婴孩之证据，是已自露其辞之穷矣，何值一辩，又何值一笑。

原文："所谓仁慈博爱之天主教，至是真面目，乃尽露人间矣"。

辨白：天主教之所谓仁慈博爱者，决非一时一处、一人一党，自诩自夸之称谓。实乃从耶稣立教至今，几至二千年之久，普天下各国所共识之称谓也。即以公教之在吾中国言之，数百年经无数之谤与毁，来各行省受千万之挫折磨炼，究竟莫不水落石出。而仁慈博爱四字之称谓，不惟毫无所伤，并且随日月而益明。以此数百年、竭尽通国之势力机巧所不能伤者，而少数学生、武夫，一时之野蛮暴动，能伤之乎？多见其不知量也。天主教之真面目，无时无处不尽露于人间。所可惜者，惟彼欲自觉于谋毁之者，拘于成见，闭目掩心，而不肯确查耳。倘肯楷目平心，一确查之则自不应以妄捏之假面具，诬为天主教之真面目也。

原文："此次发觉后，一时福州民气，极形紧张，标语书报，满壁皆是。国民革命军东路总指挥部、政务部、省市党部、各社团遂于十五日下午二时，在省议会召集开市民代表大会，到者五百余人"。

辨白：事之真假，惟在情实证据，不在铺张之声势大小，亦不在拉扯人数之多少。庚子仇教，上自朝廷衙署，下至城镇乡村，全国鼎沸，万口同音，皆诬天主教造反。论其声势，不谓不大矣；言其人数，亦不算不多矣。然而，市中信虎终无虎，聚蚊成雷究非雷。及至水落石出，能将天主教赖成一名造反之真犯乎？能将天主教之真面目，损伤一毫乎？究竟归源，天主教之真面目愈毁愈明，而群谗众奸之肺肝，则播扬天下矣。今到会者，亦不过五百人耳，亦不外乎一般仇教之流，同声相应、同气相求耳；若较之庚子拳祸，则不及一粒之与泰山，其何伤于天主之教乎？

原文："一致表决，请政府接收仁慈堂，并惩办凶首神甫为万余死婴伸冤。开会时间历五时余，场中革命空气，浓厚至极。入晚散会后，犹高呼口号不已。其热烈愤激程度，当可概见"。

辨白：不怕闹的凶，单怕无后劲。千言万语，一音为定。一音维何，惩办是也。试问事后所惩办者，是在何方？是神父，是学生？请问神父之受惩办者，何人？判何罪名？定何刑罚？今不惟未闻有神父受何惩办，而反见报章所载学生之被拿办者，已不下二百余名，定死刑而处决者，亦不下十余名。此亦种因食果，自然之道也；谋害人反受害，其热烈愤激之程度，更当概见。

原文："何总指挥、汪主任及省政府得此警耗，一面派人接收仁慈堂，改为市立贫儿院云"。

辨白：此乃一时之权变，事之有无以及措置之妥善与否与本题之情实，无大关系，是以无辨白之必要。

结论三则：

一、**忠告同胞**。作此辨白，并非与造谣信谣之人有何夙怨，亦非专为公教雪冤。实则特为预防两面一再受害起见。盖谣言之流弊，不惟使受谤者、无辜者受累，而谤人者更将因罪受罚。从古至今，一切教案，小而赔补认罪，大而交涉抵债，率皆谣诼为之厉阶。远者勿论，庚子拳祸堪为明鉴。谣诼之害，可胜道乎？今奉劝我同国同族之可爱同胞，遇有疑端，万不可捕风捉影，造言惑众，亦不可轻信人之言，随声附和，以激事变。务须实地确查以得真相。查清之后，纵有应办之处，亦当用文明的手续，且不可用野蛮的手段，逞一朝之忿，忘其身以及其亲，并及大众。此番忠告，望祈注意。

二、**孤儿院略说**。此番诬罔教堂之传布，皆起自一月十四日群众捣毁福州天主堂孤儿院之惨案，因将孤儿院大概之情形，节略说明，以免误会。孤儿院乃圣婴会收养婴孩之院也。圣婴会者，乃前八十四年，天主教为救婴孩所创立之慈善会也。因吾中华等国之平民重男轻女，自古已然。惨杀女婴，习以为常。天主教人，目击心痛，立一善会，名圣婴会，劝人捐助，以救此等无辜应死之无数婴儿。遂集腋成裘，凑成巨款，分寄中华等国之传教区域，收救无数婴孩之命。幼时雇人哺乳，稍长教以道德、常识、女红，亦有准人收养为义女者，及时为之择配出嫁或亦有成其清修之美意而准其守身务善者。此即圣婴会大概之情形也。惟此项婴孩，较之平常孩童，难养而易死，其故有三：婴孩多系抱自远路，或拾自原野，及至来院，纵不死于路，亦难健全矣。此易死者一也。有时婴孩过多，乳母难找，此易死者二也。人多气污，易受传染，此易死者三也。有此三故，所以积尸能有数具，或一二十具，此亦人力无可如何者也。何怪之有？以上各节，如有疑，即请实地确查可也。

三、**天主教之真面目**。原文以惨杀婴儿为天主教之真面目，此虽大不近人情，然亦不无可原之处。盖此一教，乃天主之教，非世人之教。天主乃造化天地万物之独一真神，所以天主教乃真神之教，乃造物主之教。其教道、教规、教权、教职，大慈大爱、大忍大勇，并一切惊天动地之大功大业，莫不出自天主，而为超性之功效，绝非墙下门外之人、依本性之智能所能测，是以难免有些妄揣妄信等情。为免此等弊端，第一善法，即是使人认明天主教之真面目，不至有混于其余各教，而以超性之眼光视之，按真神之教察之，则不至于若是之妄猜妄信矣。今将天主教之真面目，节略表明，虽不能尽露其于人间，亦可云明露于人间矣。天主教，是普天下合成一会，犹如一个人身一样，各人有各人的本面目，所以同别人混不了。天主教也有自己的本面目，所以同别的各教，全分的清楚，使人认不错。天主教的真面目，有四记号。第一，是至一的；第二，是至圣的；第三，是至公的；第四，是从宗徒传下来的。此四记号，是天主教的本面目。其余各教，万不能一齐有此四记号。休言四个，即一个也难有，所以万不能与天主教相混。

论至一。问：天主教按什么是至一的？答：第一，按当信的道理，是至一的。天主教所信的道理，不分国籍领域，不拘种族阶级，上自教皇主教，下至神父教友，普天之下，从古至今，直到世终，全然一样，用不能有两样。一有两样，就不算天主教之道理。一信异道，而固执不改，即成异教，而不得为天主教之人矣。按此道理，是至一者也。第二，按长教的元首是至一的，盖普天下的天主教，按等次，全属一位教皇总管，就是各堂的神父，全属本区的主教管；天下的主教，全属教皇总管。无论教友、神父、主教，一不服管，即不为教内之人，此按元首，是至一者也。第三，按敬礼，是至一的。天主教不惟阖教所敬的造物真神不能有二，而所献之祭礼，所行之圣事，亦不能有别。此按敬礼是至一者也。所谓天下大同者，一公教外，何教能当？天下公教，皆为大同，天下皆归公教，则天下无不大同矣。（圣事乃天主赐人神恩，所定的礼规，在此单张，不能分解。）

论至圣。问：至圣是什么意思？答：至圣不单是无一毫的罪污缺欠，而且有各样超性的美善，才够至圣。问：超性的美善是什么意思？答：或是天主所赏超过本性的恩典，或是天主所安排得这一样恩典的法子，或是人用这些法子修来的德行，全是超性的美善。问：天主教，按什么是至善的？答：第一，按立教的根源，是至圣的。盖立教的根源是至圣的天主，至圣的天主所立的教，不能不是至圣的。第二，按敬礼，是至圣的。因为天主教，不但所敬的是至圣的天主，而且所用的还全是尽善尽美的礼节。第三，按立教的终向，是至圣的。因为天主立教的为头，就是为使人成圣升天。第四，按道理是至圣的。因为天主教的道理，全是至真、至正、至全、至好的道理。第五，按规矩、按圣事是至圣的。因为天主教的规矩，尽是为成全人。七件圣事，全是赏人灵魂的恩典。这两样，都是成圣人的法子，都是美好至极的。第六，按掌教的本头目，是至圣的。天主教有两样头目，一样是代表的。代表的是教皇、主教、神父。本头目是耶稣。耶稣是结合人性、降生的天主，所以是至圣的总根源。头是至圣的，肢体也算至圣的。教中难免有不遵教规之人，然人不遵教规，是人之过错，非教会的缺点，所以妨碍不着教会之至圣。此至圣之大意也。

论至公。问：至公是什么意思？答：至公，是无私的意思。第一，按地方，是至公无私的，因这个天主教，不单是是为几个地方、或为几个国都立的，是为普天下的人立的。所以，普天下都该传教。无论什么人，也能奉教。只要肯悔改，没有一个不能奉教的人。一奉之后，即成至友，即如一身。看公不公！第二，按时候，是至公无私的。因为天主教不是为几百年或几千年的人立的，是为世世代代的人立的。所以直到世界穷尽，天主教也不断，传教的人也不能缺，也没有一个时候的人，不能奉教。看能再公不能？天主教，亦称公教，看此名、实相符不相符？

论天主教是从宗徒传下来的。问：宗徒是什么人？答：宗徒是耶稣的十二位大徒弟。耶稣是天主教的教祖，耶稣委宗徒为自己的代表，将自己掌教传教的权柄，全交付于宗徒了。所以必须是从宗徒传来的面目，才能算天主教的真面目。问：按什么是宗徒传下来的？答：第一，按所信的道理，是宗徒传下来的，直到如今，普天下，天主教所信的道理，还全是宗徒所传的道理。凡是自己所编的，无论何人所想出来的新道理，皆不能算天主教的道理。第二，按权柄，是从宗徒传下来的。教中的权柄有两样，一样是神品的权柄，一样是管教务的权柄。神品的权柄，是从神品圣事来的，要得这个权柄，总该有宗徒亲自祝圣的主教，再圣别的主教神父，相接不断，才能有此权柄。管教务的权柄，是从宗徒的位来的。教皇、主教，去世接宗徒位的人，从始至今，相接不断，所以皆有此权柄。神父是从教皇主教领受来的，所以亦有此权。

此天主教真面目之大概形容也。此亦天主教、为真教、为神教、为超性教之铁证也，非全能全智之真神，孰能立此尽善尽美之宗教？照此至一、至圣、至公、从宗徒传下来的面目，与原文所诬捏惨杀婴孩之面目，两相比较，孰真孰假，自若观火矣。倘肯因此真面目、而更多阅教中之书籍、多听教中之道理、诉究天主教之性质历史，则不惟天主教之真面目尽露人前，而天主教之真全体亦将深入人心矣，何幸如之。

问：天主教与基督教，是否一教？答：按基督二字，乃基利斯督之省音，本系耶稣之尊号。按字音说，似亦可指天主教。然按习用所指，则独指彼各派之誓反教，亦名耶稣教。按此用意，则基督教与天主教大不相同，一切教务与之刀割水清，毫不相干。盖誓反教者，乃路德等前四百来年，反背天主教，而被弃逐者，非悔过自新，回归原教，永断教务，再不与之相通，如何能成一教？今值内乱，彼教之牧师，皆弃羊逃生，纷纷归国，而天主教之主教神父，则莫不舍生护羊，以遵吾救世主耶稣之命。耶稣以牧人比教士，以羔羊比教友，而设喻曰"善牧为羊舍命，庸牧见狼，弃羊而逃"今彼果逃，则耶稣之预言，字字尽验矣。而两教之公私真假，亦如列眉矣。

7. 外国人/基督徒到底怎么想?

福州仁慈堂事件发生后,再加上汉口一·三事件的影响,当时不少的外国侨民被各自的领事召集躲避或离开。比如当时在江浙福建一带的美国人(主要是宣教士)便被美国领事用电报催着集合到了停泊在福州闽江港湾的军舰上。本来在兴化宣教站服事的 Grace Darling Carson 于 1927 年 1 月 29 日写信给她的朋友,在讲述了最近福州仁慈堂事件及随后的一些躁动后,她如此写道:"目前中国的排外情绪中有很多因素。毫无疑问,由于不平等条约、丢失领土和自然资源,中国在西方国家手中受了很多苦难,在这方面我们对他们甚是同情。当面对给他们带来福音的宣教士,以及来自同样这些国家但带给他们羞辱和苦难的人,他们的迷惑毫不足怪。除此之外,中国邀请苏联作为参谋,来掌管国家的航向。苏联布尔什维克的宣传机器为中国人展现出一幅生活在共产主义王国中幸福无比的图画,看来他们已经赢得了中国的信任和跟从,而我们知道这样的政权在苏联已经造成何等大的灾难,为此我们为中国感到疑虑。而目前的反基督教宣传则完全来自国民党中的布尔什维克分子,但在普通民众中反响了……我们祈祷,也请你们祈祷,我们的人民此刻不必要因为回应对上帝的信心而失去生命。我们也祈祷,能够找到某些途径解决目前的困局,而不是让中国为了保卫他们的领土安全而被迫与基督教国家进入战争……虽然他们的一些领土已被用武力掠走。有时宣教士被指责采用"帝国主义"方法和态度,也许并非毫无缘由,尽管我们没有意识到。目前的僵局促使我们鉴察我们自己以及我们的方法,我们正在史无前例地更加清楚地意识到,我们的职责是在中国人中激发灵命,但要由中国人自己找到他们运作的方法。也许不是循道宗、浸信会或长老会模式的,但当所有宣教士撤离时,仍能有耶稣基督的福音临到中国并留存下来。请为中国祷告,为政府祷告,为基督徒祷告,为宣教士祷告。我们特别迫切地希望你们能继续你们的奉献和支持,因为即便在目前我们不得不离开的情况下,我们也并不能因为目前的光景就解除传道人、教师和带领查经的女士们。我们力所能及地把孤儿院的孩子们送到亲戚或朋友家里去,但还有几十个没有亲戚或朋友照顾的孩子。我们也还不知道下学期时高中是否能够重开,但小学肯定是要继续的。所以我们迫切希望你们能够祷告,并照着上帝加给你们的心力为此奉献,因为目前的状况对中国的教会也是最严峻的试验。

目前宣教士每天都有祷告会，我们需要你们的帮助。祷告求圣灵倾倒在中国，祷告中国能摆托布尔什维克的咒诅，祷告求那些基督教国家象基督对圣灵圣徒那样对待中国，祷告求宣教士和中国的基督徒经历这样的时间后能比之前更多地认识主"。

结语 福州仁慈堂事件及类似事件的真相需要更多研究

中国近代史是一部内忧外患兼备的历史，也是西方科技、文化、宗教等强行进入中国的历史，因此也可以用一系列的冲突性事件作为时间轴的标志。其中，在本来单纯的宗教领域，由于被人为赋予了政治性的作用而被复杂化，也因此导致了一系列教案的发生。其中1927年1月中旬发生在福州的"仁慈堂事件"，无论规模和影响都相对较小，因此在现代文献中较少被提及，了解的人也较少。仁慈堂案同样具有多数教案的典型元素和基本特征，但中国民众方面付出的代价，即无一西人丧命却正法中方20人左右，远超过之前处理任何教案所遵循的"赔款、抵命"的基本原则。但现在回头看这样的结局，也可以理解。当时正处在新旧体制更迭的特殊时期，又刚于1月3日在武汉各界庆祝国民政府迁鄂及北伐胜利大会上发生与英国水兵的冲突（即1.3事件，此不赘述），各地执政者均显内忧外患之虞。1927年1月上旬，蒋介石命令国民革命军东路军总指挥何应钦集结广东、福建、江西等各部部队到富阳，以便向杭州、上海发起总攻。革命军所到之处实行军管，也是情理之中。福州所在的福建省也刚刚成立临时政治会议，何应钦任代理主席（主席由蒋介石兼任）。革命军甫一入城，便赶上仁慈堂事件发生。显然军政府无法容忍这样的动荡因素存在，也没有时间等到外方领事的交涉再酌情处理，而是直接以特殊情况下的"军法"处置。换言之，被处决的若干人等，并非死于攻击了教堂或洋人，而是死于在错误的时间、错误的地点攻击了教堂。遗憾的是，我们迄今没有找到当时的官方对这一事件处理的文件资料，仅在由中国社会科学院近代史研究所、中华民国史研究室编辑出版的《中华民国史资料丛稿第十三辑·大事记·1937年（中华民国十六年）》一书中见有对此事件的如下描述：

"1月14日……福州西班牙天主教"仁慈堂"因屡次掩埋大批死婴，为群众侦知，认为有毒害儿童嫌疑，报告省市党部。当经军警搜查，又发现堂内存尸二十余具，女教士已逃逸，群众强烈反对，涌入该堂，捣毁器物。至

16 日，波及外国教堂、学校、医院十三处。何应钦派军警前往搜查证据，并制止群众行动"。

"1 月 21 日……何应钦在福州对"仁慈堂"事件采取严厉镇压手段，是日枪杀捣毁教会医院之群众七人"。

"1 月 28 日东路军总指挥何应钦由闽入浙，新编第一军军长谭曙卿留守福州。何应钦临行以张贞为福州卫戍司令"。

对于福州仁慈堂事件这样的结局，倘若早已作古的前朝重臣曾国藩（逝于 1872 年 3 月 12 日）在天之灵若看到，相信必有恨铁不成钢的感慨。"天主教育婴堂打着慈悲的旗号虐杀中国婴儿"是谎言，这是在他近 60 年前处理扬州教案、天津教案时就已经代表朝廷得出的结论。无奈，一个甲子过去，历史已经从清朝进入民国，20 世纪已经已经走过四分之一的 1927 年，仍有人对这样的事情深信不疑，这是何等的悲哀。也正应验了犹太智慧书所言"已有的事后必再有；已行的事后必再行。日光之下并无新事"（《圣经·传道书》第一章 9 节）。只是，那些为了这样的"正义"而被正法的十几个人，又是何等地值得同情。

还原历史真相的目的，在于避免历史的悲剧重演。

但愿，不再有人—无论中国人、外国人—因为谎言而无辜被害，也不再有人—无论中国人、外国人—为了一个不明不白的谎言而无谓牺牲。

后来的事，作为后记

　　待历史的车轮进入 20 世纪下半叶，中国这块古老的土地也开启了一个新的篇章。在清算帝国主义、封建主义、官僚资本主义等"三座大山"对中国人民的压迫时，晚清及民国时期（1840-1949）一切外来的力量被冤屈了百余年的中国人民控诉（图 1）。虽然在民国时期，国民政府也好、有识之士或布衣草民也好，对外来宣教士对中国保婴、育婴事业发展的贡献逐渐肯定，但1949 年后站起来了的中国人民，突然意识到这些洋人残害中国人民的本质并没有改变。于是，一批新的"洋教士假慈善残害中国婴孩"的案件被人民群众"侦破"，最著名的如广州圣婴育婴堂案、南京圣心育婴堂案、上海徐家汇育婴堂案等。没有新案发生的地方，则将本地之前发生的案件通过忆苦思甜的方式重新批判（参阅上一部分记录的福州仁慈堂案）。但与前述晚清时期扬州教案、天津教案甚至民国时期福州仁慈堂案唯一不同的是，这次对各种涉外育婴堂等机构一边倒的控诉与批判是在无产阶级专政制度指导下的群众运动，对于现行"反动"溺婴机构的外国工作人员，甚至有依据法律的公开审判。作为引发了各种教案的"宗教"或"洋教"，也面对公开和官方的批判，并继而掀起了以爱国、爱教为主要内容的教会改造运动。

　　上一部分所述解放初期对 1927 年发生的福州仁慈堂案的回顾性声讨，只是当时政治环境中群众运动的一个缩影。即便排除故意人为的虚构，也会因为时间久远且缺乏旁证支持，回忆性批斗中的一些说法（比如当事人之家人回忆其母亲当年口述事件的经过）的真实性值得怀疑。而对当时新揭露的"虐婴案"的真实性，同样值得商榷和调研。比如作为著名案例之一的广州"圣婴育婴堂案"，因为被控虐杀儿童人数众多（"四万余人"）而当时曾引起极大反响，不但是普通群众声讨帝国主义的可用案例，也成为新社会的教会人员所控诉的重要内容。1951 年 4 月份《天风周刊》的"学习专栏"中登载的题为"广州市妇女即宗教界控诉圣婴育婴院虐杀我儿童罪行"的文章，在陈述"事实"后还有作者关于此事的反思，并给出了供讨论的提纲和参考资料（图 2）。1951 年 3 月 27 日的桂林市《桂北日报》登载此消息，说"该堂办理十八年，在这十八年中究竟死了多少孩子，已无法统计"（图 3）。但在广州市民政局接管圣婴院后，在其认证的用于抛弃虐死婴童的"死仔坑"前立了一块石碑，题为"帝国主义的罪证"，碑文见下："原加拿大天主教无原罪女修会圣婴院，打着慈善救济团体的招牌，残酷虐杀中国婴孩。自一九三三年创办至一九五一年三月由人民政府接管时止，十八年被虐杀的婴孩约有四万名，死亡率高达百分之九十四。这里遗留的两个死仔井，就是当时帝国主义掩埋虐杀婴孩尸体的部分罪证。民政局"。这个石碑及其相关的控诉内容，现今仍时常在网络世界流传（比如图4）。而由广州市地方志编纂委员会办公室公开的《广州市志·卷十》，也同样沿用了当时的说法（图 5）

事实上，根据公开的资料，广州市 1950 年总人口约 150 万，当年的出生率约 3.8%，可以粗略推算该案涉及的时间段（1949.10.14-1951.1.10，共 452天）内全市出生婴儿约 7.13 万。根据公开发表的数据（林道善、朱云成、李尚武：广州市人口死因的初步分析，《南方人口》，1987 年第 4 期，13-16 页。林道善、增服民：广州市人口平均预期寿命的初步研究，《中山大学学报（社会科学版）》，1995 年第四期，55-62 页），广州市解放前的婴儿死亡率约 110‰；1949 年、1952 年的婴儿死亡率分别为 103.7‰、45.8‰。假定案发期间婴儿死亡率为上述二年的平均值即约 75‰，那么在上述时段内广州市总死亡婴儿约5350 人。按照这样的算法，当时广州市所有死亡婴儿中约有 40%（即 2116 人）是在该院死去的。另外，根据当时官方数据，在上述时间段内平均每天有五名婴儿被送进该院（在该时段即 452 天内，2251 婴儿进入圣婴育婴院）；至1951.1.10 日该院内有存活婴儿至少 135 名（不包括在 1949.10.14 日之前存留的婴童），照顾这样大量婴儿的工作量对于一个只有"一些老妇和 8 名 13 岁岁左右的孤女（其中 5 名有残疾）"作为工作人员的机构来讲，是难以想象的；这可能也是至 3 月份民政局收回该院时仅有 48 名存活婴儿的原因。果真如此的话，更加令人费解的是，面对如此恶劣的条件，为什么还有那么多父母将弃婴送入院里？

无独有偶，上海徐家汇圣母院育婴堂是另一处常被当做控诉帝国主义残害我国婴儿的样板材料。中国统一战线理论研究会统战基础理论上海研究基地兼职研究员张化曾在《世纪》杂志发表研究文章"徐家汇圣母院育婴堂婴儿死亡率揭谜"（2013 年第四期 49-52 页）。张化根据两处不同来源的数字报道，计算出上海徐家汇育婴堂从 1867 年创办到 1949 年被收归中国政府，收养的 86747 人中，平均存活率约 5.19%。张化对这样高的死亡率的原因进行了分析，比如入院婴儿体质差、保育人员素质低、整体卫生医疗水平低（易发生传染病导致群体性死亡）等。更进一步的真相，仍需要探求。

FIGURE 4: Communist-run demonstration against the Wuchang orphanage in 1951. From Zhongguo fulihui, *Children's Tears* (Shanghai,1952), facing 25.

图 1

Harrison 书中关于控诉育婴堂虐杀中国婴儿的批斗会现场的照片（作者标明该图引自中国福利会出版的"儿童的泪"一书第 25 页。文献来源：Harrison H. A penny for the little Chinese: The French Holy Childhood Association in China, 1843-1951. American Historical Review 2008; 113:72-92）

廣州市婦女及宗教界控訴
聖嬰育嬰院虐殺我兒童罪行　小娥

三月五日中國人民救濟總會廣州分會接管了加拿大「無原罪修女會」所辦的「聖嬰育嬰院」，發現了這一個帝國主義主辦的所謂「慈善事業」機關，竟是一個埋葬嬰兒的屍窟。該院自解放後到現在，共死亡了嬰孩二一一六名，達所收嬰兒的百分之九十四。修女們自己吃的是牛奶、水果、罐頭，給孩子們吃的卻是腐爛發臭的食品，給孩子們住的卻是鐵閘關起來的污穢嬰房、穢室，自己有華麗的臥室和客室，孩子們只有特設的井、亂診斷的井、亂用的藥室和井口。看了這消息和覺悟。一紙上登出的照片，上加蓋上這兩三年學歷的護士充醫生，住的卻是腐爛發臭的隊室和客室，企圖用這些小恩小惠來遮掩它的侵略面目，這是他們所慣用這些小恩小惠來遮掩面目，這是他們所慣用的侵略手段。

一件殘酷的事實，給了我們深刻的教育和覺悟：

（一）帝國主義者用政治、軍事、經濟、文化，乃至於宗教的種種特權，得到許多利潤，假仁假義地來欺騙我們，企圖用這些小恩小惠來遮掩它的侵略面目，這是他們所慣用的侵略手段。我們一面只覺得中國病人太多，很需要帝國主義的偽善機關來救濟，卻不知道中國人民之所以窮苦到如此地步，正是帝國主義及其幫凶們剝削的結果。

（二）外國派到中國來的傳教士，不完全都是真正信主愛主的基督徒，其中有許多都是人面獸心的帝國主義份子，像聖嬰育嬰院的這班天主教的修女們，惨無人道，許多都是美帝國主義做間諜的法籍天主教神父，許多為美帝國主義做間諜的法籍天主教神父，許多為美帝國主義做特務的行為。廣州這一事件中我們能承認他們的特務份子的有宗教信仰嗎？廣州這一事件...

嬰育嬰院」，發現了這一個帝國主義主辦的所謂「慈善事業」機關，竟是一個埋葬嬰兒的屍窟。該院自解放後到現在，共死亡了嬰孩二一一六名，達所收嬰兒的百分之九十四。修女們自己吃的是牛奶、水果、罐頭，給孩子們吃的卻是冰箱內的腐爛發臭的食品，給孩子們住的卻是鐵閘關起來的污穢嬰房、穢室，自己有華麗的臥室和客室，孩子們只有特設的污穢嬰房、穢室。有的用兩三年學歷的護士充醫生，亂診斷、亂用藥，以致屍骨層層堆積。看了這消息和那一紙上登出的照片，上加蓋上這大批死亡後就亂拋在自己特設的井、客室內的井口，這是一件殘酷的事實。

又一次揭發了帝國主義利用宗教毒害我國人民的事實，我們不能不大大地提高警惕，認清敵友。

（三）許多帝國主義者舉辦的所謂兒童慈善事業，在精神上往往是被虐待著的非人的待遇。兒童不但在肉體上往往受著非人的待遇，他們更是被虐待著的，他們只知道自己是有病的，是命該如此的，卻從不知道自己有祖國的，有人權。

（四）過去中國的反動政府，將國家的一切主權都奉送給帝國主義者，對外國人、對帝國主義在中國開辦的事業，都是不合理的。我們是無權過問的，許多學校、土地上所辦的，都是不知寄了多少中國人民的血汗。因此通過這件事使我們知道，過去中國的反動政府對人民的虐殺兒童，他們可以自由地向兒童進行奴化教育，甚至像聖嬰育嬰院這樣的虐殺兒童，同時支持帝國主義這種狼子野心的團體，在全國不止一個。要求政府嚴懲虐害兒童的兇手，一面通過這件事更警惕到帝國主義在中國傳播奴化教育、傳播這件事，發現有類似的團體，我們更應該站在正義的立場予以揭發。

民救濟總會廣州分會接管了加拿大「無原罪修女會」所辦的「聖嬰育嬰院」，發現了這一個帝國主義主辦的所謂...

討論提綱

（一）你對聖嬰育嬰院事件有何感想？
（二）過去帝國主義者在中國辦了許多所謂的「慈善救濟事業」，這些事業對於中國人民究竟益處多呢還是害處多？

參攷資料

（一）美帝是怎樣奴化中國兒童的？見四月六日上海解放日報
（二）美國對中國的救濟是怎麼一回事？見時事手册第六期

廖蕃隆

图2

基督教杂志《天风周刊》刊登会众控诉圣婴育婴院的文章（1951 年第 11 卷总第 182 页）。

图 3

1951 年 3 月 27 日《桂北日报》第一版摘登关于圣婴育婴院罪行及扣压涉事加拿大修
女的文章（引自孔夫子旧书网）。

sina 新闻中心 新浪首页 ＞ 新闻中心 ＞ 综合 ＞ 正文

小学生在淘金坑发现建国初广州市民政局所立
的"帝国主义的罪证"石碑(图)

http://www.sina.com.cn 2004年07月13日09:16 广州日报大洋网

周馨 摄

　　本报讯（记者许俏文通讯员邱丽华、张谨）昨天，记者从广州市东山区中星小学了解到，该校六年（4）班的学生在淘金坑发现了一块记载帝国主义借办圣婴院为名，残酷虐杀中国婴孩的历史石碑（见上图）。日前，该校学生向有关领导和有关部门写了一封建议信，希望能将石碑利用好，成为一个爱国主义教育基地。

图 4

网络流传的关于控诉圣婴育婴院罪恶的石碑（新浪网截图。为保护未成年人权益，本书对两位学生的图像进行了虚化）。

第三节　婴儿福利单位

一、加拿大天主教无原罪女修会圣婴婴院

圣婴婴院创办于清宣统元年（1909），初与圣灵孤儿院同在大新路。民国 22 年（1933），圣婴婴院迁至淘金坑黄华堂新庄慈母岗，有楼舍 3 座，园地百多亩。民国 35 年收养弃婴 110 名，由 5 名修女管理。

该院专收贫民女婴，收养时家长须具结，订明婴儿入院后家属不得探望（交费的除外），婴儿死亡院方不负责任。收婴后先置于地下室半天至一天，如存活转入婴房。日常负责照料婴儿的是一些老妇和 8 名 13 岁左右的孤女（其中 5 名有残疾）。婴儿有病得不到认真治疗，只由一个略懂医理的修女给药。院中常发生老鼠咬伤婴儿等事故，婴儿死亡率甚高。仅从 1949 年 10 月 14 日至 1951 年 1 月 10 日止，收养婴儿 2251 名中，死亡竟有 2116 名，死亡率达 94％。婴儿死亡后剥去衣服，装进布袋，扔入设在院后山岗的 3 个深坑（人称死仔坑）。每个坑五六尺见方，深二三丈，长年累月坑内尸骨累累。

1951 年 3 月，市救济分会接管圣婴婴院时，仅存婴儿 48 名，皆骨瘦如柴，大部分还患有疾病，另还有两岁以上幼儿和老弱残人员 42 名。同年 11 月 2 日，市人民法院在中山纪念堂召开公审圣婴婴院残害婴孩案大会，宣判原圣婴院院长潘雅芳、副院长高忠臣（均是加拿大籍）虐待残害中国婴孩罪，均处以 5 年徒刑，刑满后永久逐出中华人民共和国国境，另两名修女永久逐出国境，1 名驱逐出境。

图 5

官方出版物《广州市志》关于圣婴育婴院事件的大事记（网址：http://www.gzsdfz.org.cn/dfz/pdf.jsp?type=1&id=10&page=637 ）。

值得高兴的是，目前也有更多的人开始关注晚清和民国时期非官办或者外国教会举办的保婴、育婴机构在当时代对中国儿童福利事业发展的贡献，或者对特定的年代中对"帝国主义虐婴"等这一类事件的真相进行重新的调研。刘建平在《二十一世纪双月刊》2008 年六月号（69-77 页）中发表"虐婴还是育婴？--1950 年代初育婴堂问题"的文章，在综述了 1950 年前后著名的类似案例后，通过实名访谈部分当年曾被各处育婴堂收养的老人，得出如下的结语："这些有限的个案却给我们提供了一种认识问题的新视角，使我们对许多定论有充足的理由提出质疑。在有关建国初期新政权宗教政策的一手档案资料基本上还不予开放的情况下，口述历史的搜集和研究，也许应该成为研究者为数不多的努力方向之一"。而广州市残疾人联合会巡视员梁左宜，在2015 年第四期《残疾人研究》（49-52 页）中发表"广东省残疾人事务史料研究"，在"近代史阶段，传教士对残疾人事业的作用值得研究"章节中，列举了传教士在广东卓有成效且被公认的贡献后，也再次引用当年圣婴育婴院的案例，然后论述道："笔者认为，历史研究应该实事求是，不隐恶，不虚饰，既不厚今薄古，也不厚古薄今。对于历史上在其他领域大有作为的人物，受到当时社会发展水平、科学文明发达程度制约而对残疾人行为有亏、对残疾人事业有损害的事实，应该如实记载。或者反过来，在某些方面备受批评的某届政府、某些当事人，只要在残疾人领域做了有益工作，就应该站在历史唯物主义的立场在残疾人事务历史给予客观的反映和评价"。

本书的呈现，正是上述相似异象的实施。我们通过整理当时代权威报章就溺婴、育婴问题的实时记录，展示溺婴、育婴这一问题在社会整体事务中的重要性。通过代表性教案的中外资料汇总，展示当时中外双方之间的互动，更重要的是借助双方的调查和沟通、揭示引起所谓教案的原因：表面看为虚假的谎言，其实为内心的仇恨。

虽然今日的世界格局已与当年迥异，今日的中国不再是"任人宰割"的弱者，今日的中国人民也不再是当时的"东亚病夫"。但，以往的历史在中国人民或这个民族心中留下的烙印，仍时常隐隐作痛。但凡遇到中外关系的阴天下雨，便会激起强烈的反应。人心渴望真理，人民追求真理，然而正如著名的彼拉多之问，"真理是什么？"。笔者相信，真理不单单隐藏于真相中，也显明在人心里。

如果我们愿意用心寻求真相，便离真理更近。不拘婴儿、成人，不拘国人、洋人，也不拘历史、现在或未来。

是为记。

关于本书资料来源的说明与致谢

1. 《申报》。本书编入资料最大来源为上海《申报》，使用的版本是由北京爱如生数字化技术研究中心开发的《申报》数据库。数据库提供多种检索方式（如分类检索、条目检索、全文检索等），本书编辑过程中主要使用全文检索模式。据悉国内不少高校或研究机构（如苏州大学图书馆）订阅该数据库网络版。该数据库也通过爱如生网站对个人用户开放订阅。其网址为 http://er07.com/home/pro_134.html。

2. 《清末教案》（全六册），是由中国第一历史档案馆与福建师范大学历史系联合编辑，由中华书局于 1996 年 6 月出版第 1 版、新华书店公开发行。

3. JSTOR（网址 https://www.jstor.org）是非盈利机构 ITHAKA 的一部分，ITHAKA 致力于创建一个包括古今海量出版资料的虚拟图书馆。JSTOR 部分目前收录了 75 个领域共 1200 万份（条）的学术论文、书籍和原始资料（比如早期报纸）。该数据库对个人开放，有偿使用。本书第二部分关于婴儿塔报道的多份早期外文报纸和书目均通过该平台获取。

4. 网络资源。部分资料经由中文搜索引擎百度或英文搜索引擎 google 搜索获取线索，然后进一步搜索可以追踪至尽可能原始的资料。此不赘述。

5. 图书期刊资源。本书中引用的多数中文图书、期刊资料来自苏州大学图书馆的订阅书库。部分资料来自国外图书馆的收藏，比如来自 Duke 大学神学院图书馆的"婴儿塔照片"，均在相应位置标明出处。

编者对上述所有资料的收集者、整理者表示感谢。编者也已尽最大努力对每一引用文献、资料的版权人进行标注。若有遗漏，恳请读者指正。

《基督教文化研究丛书》

主编：何光沪、高师宁

（1-5 编书目）

初　编　（2015 年 3 月出版）

ISBN：978-986-404-209-8　　　　　　　定价（台币）$28,000 元

册　次	作　者	书　名	学科别（／表示跨学科）
第 1 册	刘 平	灵殇：基督教与中国现代性危机	社会学／神学
第 2 册	刘 平	道在瓦器：裸露的公共广场上的呼告——书评自选集	综合
第 3 册	吕绍勋	查尔斯　泰勒与世俗化理论	历史／宗教学
第 4 册	陈 果	黑格尔"辩证法"的真正起点和秘密——青年时期黑格尔哲学思想的发展（1785 年至 1800 年）	哲学
第 5 册	冷 欣	启示与历史——潘能伯格系统神学的哲理根基	哲学／神学
第 6 册	徐 凯	信仰下的生活与认知——伊洛地区农村基督教信徒的文化社会心理研究（上）	社会学
第 7 册	徐 凯	信仰下的生活与认知——伊洛地区农村基督教信徒的文化社会心理研究（下）	社会学
第 8 册	孙晨荟	谷中百合——傈僳族与大花苗基督教音乐文化研究（上）	基督教音乐
第 9 册	孙晨荟	谷中百合——傈僳族与大花苗基督教音乐文化研究（下）	基督教音乐
第 10 册	王 媛	附魔、驱魔与皈信——乡村天主教与民间信仰关系研究	社会学
	蔡圣晗	神谕的再造，一个城市天主教群体中的个体信仰和实践	社会学
	孙晓舒 王修晓	基督徒的内群分化：分类主客体的互动	社会学
第 11 册	秦和平	20 世纪 50－90 年代川滇黔民族地区基督教调适与发展研究（上）	历史
第 12 册	秦和平	20 世纪 50－90 年代川滇黔民族地区基督教调适与发展研究（下）	历史
第 13 册	侯朝阳	论陀思妥耶夫斯基小说的罪与救赎思想	基督教文学
第 14 册	余 亮	《传道书》的时间观研究	圣经研究
第 15 册	汪正飞	圣约传统与美国宪政的宗教起源	历史／法学

二　编 （2016 年 3 月出版）

ISBN：978-986-404-521-1　　　　　　定价（台币）$20,000 元

册　次	作　者	书　名	学科别（／表示跨学科）
第 1 册	方　耀	灵魂与自然——汤玛斯·阿奎那自然法思想新探	神学／法学
第 2 册	劉光順	趋向至善——汤玛斯·阿奎那的伦理思想初探	神学／伦理学
第 3 册	潘明德	索洛维约夫宗教哲学思想研究	宗教哲学
第 4 册	孫　毅	转向：走在成圣的路上——加尔文《基督教要义》解读	神学
第 5 册	柏斯丁	追随论证：有神信念的知识辩护	宗教哲学
第 6 册	張文擧	基督教文化论略	综合
第 7 册	李向平	宗教交往与公共秩序——中国当代耶佛交往关系的社会学研究	社会学
第 8 册	趙文娟	侯活士品格伦理与赵紫宸人格伦理的批判性比较	神学伦理学
第 9 册	孫晨薈	雪域圣咏——滇藏川交界地区天主教仪式与音乐研究（增订版）（上）	基督教音乐
第 10 册	孫晨薈	雪域圣咏——滇藏川交界地区天主教仪式与音乐研究（增订版）（下）	
第 11 册	張　欣	天地之间一出戏——20 世纪英国天主教小说	基督教文学

三 编 （2017 年 9 月出版）

ISBN：978-986-485-132-4　　　　　　　定价（台币）$11,000 元

册　次	作　者	书　名	学科别（／表示跨学科）
第 1 册	赵　琦	回归本真的交往方式——托马斯·阿奎那论友谊	神学／哲学
第 2 册	周兰兰	论维护人性尊严——教宗若望保禄二世的神学人类学研究	神学人类学
第 3 册	熊径知	黑格尔神学思想研究	神学／哲学
第 4 册	邢　梅	《圣经》官话和合本句法研究	圣经研究
第 5 册	肖　超	早期基督教史学探析（西元 1~4 世纪初期）	史学史
第 6 册	段知壮	宗教自由的界定性研究	宗教学／法学

四 编 （2018 年 9 月出版）

ISBN：978-986-485-490-5　　　　　　　定价（台币）$18,000 元

册　次	作　者	书　名	学科别（／表示跨学科）
第 1 册	陈卫真　高　山	基督、圣灵、人——加尔文神学中的思辨与修辞	神学
第 2 册	林庆华	当代西方天主教相称主义伦理学研究	神学／伦理学
第 3 册	田燕妮	同为异国传教人：近代在华新教传教士与天主教传教士关系研究（1807～1941）	历史
第 4 册	张德明	基督教与华北社会研究（1927～1937）（上）	社会学
第 5 册	张德明	基督教与华北社会研究（1927～1937）（下）	社会学
第 6 册	孙晨荟	天音北韵——华北地区天主教音乐研究（上）	基督教音乐
第 7 册	孙晨荟	天音北韵——华北地区天主教音乐研究（下）	基督教音乐
第 8 册	董丽慧	西洋图像的中式转译：十六十七世纪中国基督教图像研究	基督教艺术
第 9 册	张　欣	耶稣作为明镜——20 世纪欧美耶稣小说	基督教文学

五　编 （2019 年 9 月出版）

ISBN：978-986-485-809-5　　　　　　　定价（台币）$20,000 元

册　次	作　者	书　名	学科别（／表示跨学科）
第 1 册	王玉鹏	纽曼的启示理解（上）	神学
第 2 册	王玉鹏	纽曼的启示理解（下）	
第 3 册	原海成	历史、理性与信仰——克尔凯郭尔的绝对悖论思想研究	哲学
第 4 册	郭世聪	儒耶价值教育比较研究——以香港为语境	宗教比较
第 5 册	刘念业	近代在华新教传教士早期的圣经汉译活动研究（1807～1862）	历史
第 6 册	鲁静如 王宜强 编著	溺女、育婴与晚清教案研究资料汇编（上）	资料汇编
第 7 册	鲁静如 王宜强 编著	溺女、育婴与晚清教案研究资料汇编（下）	
第 8 册	翟风俭	中国基督宗教音乐史（1949 年前）（上）	基督教音乐
第 9 册	翟风俭	中国基督宗教音乐史（1949 年前）（下）